NIVEAU A1

ÉDITO

Méthode de français

Marion Alcaraz
Céline Braud
Aurélien Calvez
Guillaume Cornuau
Anne Jacob
Cécile Pinson (DELF)
Sandrine Vidal

didier

Couverture : Ellen Gögler
Principe de maquette : Christian Dubuis-Santini © Agence Mercure
Déclinaison maquette : Sabine Beauvallet
Mise en page : Sabine Beauvallet
Relecture pédagogique : Dominique Richard
Édition : Justine Daffas et Carole San-Galli
Illustrations : Hervé Baudry (88, 126, 144, 179), Camille Besse (19, 47, 75, 103, 131, 159), Lise Herzog (13, 18, 37, 60, 65, 81, 99, 106, 149, 169), Bertille Mennesson (12), Loïc Schvartz (33, 61, 89, 117, 145, 173, 177, 183)
Documents iconographiques : Dany Mourain
Photogravure : IGS-CP (16)
Enregistrements, montage et mixage du CD : Eurodvd
Montage et interface graphique du DVD : INIT Productions

PAPIER À BASE DE FIBRES CERTIFIÉES

éditions didier s'engagent pour l'environnement en réduisant l'empreinte carbone de leurs livres. Celle de cet exemplaire est de :
850 g éq. CO_2
Rendez-vous sur www.editionsdidier-durable.fr

ISBN 978-2-278-08318-3
Dépôt légal : 8318/01 - 08687/01

Achevé d'imprimer en Italie en avril 2016 par L.E.G.O.

AVANT-PROPOS

Édito A1 s'adresse à des étudiants adultes ou grands adolescents souhaitant acquérir le niveau A1 du *Cadre européen commun de référence pour les langues* (CECRL).
Il couvre le niveau A1 du CECRL et permet aux apprenants de se présenter au DELF A1 (des productions de type DELF au fil des unités et une épreuve blanche à la fin de l'ouvrage).

Ce manuel privilégie l'approche par tâches communicatives authentiques grâce auxquelles l'apprenant développera des savoir-faire en interaction.

- Le livre de l'élève comprend 12 unités, centrée chacune sur un thème qui sera abordé au travers des quatre compétences. Les unités sont composées de supports variés : principalement des documents authentiques didactisés (écrit, audio ou vidéo) provenant de divers horizons ou médias francophones, mais aussi des dialogues enregistrés tirés de la vie quotidienne.
- Un accent particulier est mis sur la découverte de la grammaire et du lexique. *Édito A1* propose une démarche guidée de la grammaire qui va de l'observation (Échauffement) à la systématisation (Entraînement) en passant par l'explication de la règle (Fonctionnement). Des tableaux offrent une vision synthétique des points traités et des listes de vocabulaire illustré permettent l'acquisition d'un vocabulaire vivant.
En fin d'unité, « L'essentiel » permet de faire le point sur les acquis grâce à des activités grammaticales et lexicales.
- La phonétique est intégrée dans chaque unité afin d'aider l'apprenant à perfectionner sa prononciation, à le sensibiliser à l'intonation et à la graphie grâce à des exercices ciblés et ludiques.
- Les activités de productions écrite et orale proposées favorisent les échanges interculturels et mettent l'étudiant en situation de communication authentique, lui permettant ainsi de s'adapter à des situations concrètes qu'il pourrait vivre dans un contexte francophone. Des encadrés d'aide à la communication ainsi que des encarts « Au fait ! » jalonnent les unités pour guider l'étudiant dans ses productions mais aussi lui donner des informations sur des points linguistiques ou culturels.
- Les documents des pages « Civilisation », avec un cliché sur les Français, abordent de nombreux aspects de la vie en France et dans la francophonie : les vacances, la cuisine, les animaux, le monde du travail…
- À la fin de chaque unité, une page « Ateliers » (dont un Atelier tech' qui repose sur l'utilisation des nouvelles technologies) rassemble des tâches/projets à réaliser en groupes. Les apprenants peuvent ainsi réutiliser activement les savoirs acquis tout au long de l'unité, en faisant appel à leur créativité.
- En fin d'unité, en alternance, on trouvera soit une page « Détente » avec des activités récréatives soit une page de stratégies d'apprentissage et de préparation au DELF A1.
- Un précis de phonétique, un index des contenus, la transcription des enregistrements audio et des vidéos complètent ce manuel.

Structure du livre de l'élève :
- 12 unités centrées sur un thème
- des stratégies et des entraînements pour préparer le DELF A1
- des annexes :
  – épreuve blanche du DELF A1
  – index des contenus grammaticaux
  – transcriptions des CD et DVD

Sur les rabats de couverture : une carte de France, un plateau de jeu de l'Oie, les CD et DVD, une carte des événements culturels en francophonie, des conjugaisons.

Une page d'ouverture

un dessin de presse pour entrer avec humour dans la thématique de l'unité

les principaux objectifs communicatifs de l'unité

une phrase communicative ou idiomatique représentative du thème de l'unité

Une phrase extraite du document audio
pour aborder le thème

Une double page de documents et grammaire

- 2 documents (audio ou écrit) pour croiser les compétences
- une démarche de compréhension pas à pas
- une phase de production (écrite et orale)
→ *En scène !* Des jeux de rôles pour se projeter dans la vie quotidienne
- une démarche guidée et progressive de la grammaire
  des encadrés de communication pour guider les productions

Une page Vocabulaire

pour approfondir le lexique découvert dans les documents, à travers des activités ciblées et illustrées

Des productions de type DELF

Des encarts « Au fait ! »
un clin d'œil linguistique
ou culturel

Au fil de l'unité :

Des encarts « Francophonie »
le français dans toute sa diversité

Une page Civilisation
pour découvrir des aspects
culturels francophones

Un encart « Oh, le cliché ! »
Comment sont les Français ?
Vrai ou faux, qu'en pensez-vous ?

Une vidéo authentique
pour découvrir le thème
sous un nouvel angle

Deux demi-pages Phonétique
la phonétique contextualisée
et dans une démarche progressive

Une demi-page L'essentiel
le point sur ce qu'il faut retenir

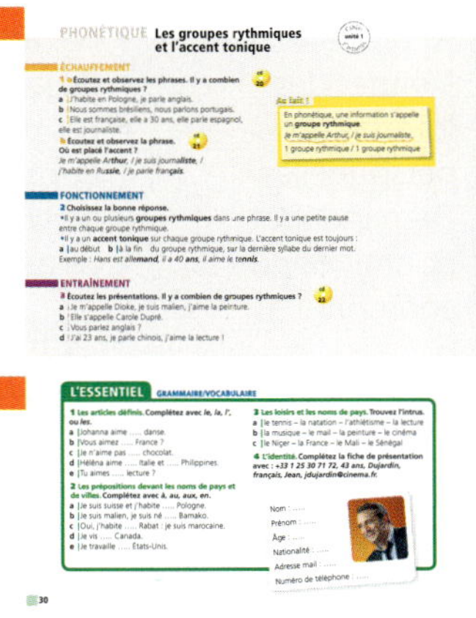

Une page Ateliers
Deux propositions d'ateliers
pour réaliser des tâches concrètes
et réinvestir les acquis de l'unité
→ 1 atelier « tech' » à réaliser
à l'aide des nouvelles technologies

En alternance :

Une page DELF
des stratégies et
des entraînements
pour réussir le DELF A1

Une page Détente
pour compléter et renforcer
les savoirs socioculturels
grâce à des activités ludiques

TABLEAU DES CONTENUS

Unité 3 p. 47

Qu'est-ce qu'on mange ?

Faire des courses au marché, au supermarché
Commander au restaurant

Communication	Grammaire	Vocabulaire	Phonétique	Socioculturel
• Comprendre/Donner des horaires d'ouverture • Faire des courses • Commander au restaurant, au café • Exprimer ses goûts (*aimer, adorer, détester*)	• Le singulier et le pluriel des noms • Les prépositions de lieu (1) • La quantité non définie (partitifs + *un peu de/d', beaucoup de/d'*) • Le pronom *en* **VERBES** *payer* *acheter* *faire* *manger*	• Les magasins, la nourriture : les commerces et commerçants, les rayons, les aliments, les quantités, les moyens de paiement • Au restaurant, au café : les plats, les boissons, la vaisselle, les points positifs/négatifs	• Le *e* final non prononcé, le *é* final prononcé • La consonne finale non prononcée	**CIVILISATION** Québec (Canada)/France : qu'est-ce que vous mangez ? **Oh, le cliché !** *En France, les repas sont importants !* **FRANCOPHONIE** Des spécialités québécoises **▶ VIDÉO** La recette de la tarte provençale
Ateliers	1. Créer la carte d'un bar à jus	ATELIER TECH' 2. Créer un album de selfies avec des commerçants		
Détente	Les spécialités régionales françaises			

Unité 4 p. 61

Les soldes, c'est parti !

Faire des achats dans un grand magasin
Contacter le service des objets trouvés

Communication	Grammaire	Vocabulaire	Phonétique	Socioculturel
• Situer un moment dans l'année • Donner une appréciation sur un vêtement • Comprendre une appli pour s'habiller selon la météo • Parler de la météo • Demander/Dire la taille et la pointure • Décrire un objet, dire à quoi ça sert • Demander/Dire un prix	• Le genre et le nombre des adjectifs • La place des adjectifs • Le futur proche et le passé récent • L'adjectif démonstratif **VERBES** *venir*	• Les vêtements et accessoires, les matières, les couleurs • La météo et les températures • Les objets technologiques, les objets du quotidien, les caractéristiques des objets (forme, taille, poids)	• L'élision (*j', c', l', n', d'*) • Les liaisons en [z] et en [n]	**CIVILISATION** La marinière, un vêtement à succès **Oh, le cliché !** *Les Français sont élégants.* **FRANCOPHONIE** Quelques noms de vêtements au Québec **▶ VIDÉO** Vive les soldes !
Ateliers	1. Créer un objet	ATELIER TECH' 2. Utiliser une application pour choisir des vêtements		
DELF A1	Stratégies et entraînement : Compréhension de l'oral			

Unité 5 p. 75

C'est quoi le programme ?

Raconter sa journée
Sortir entre amis

Communication	Grammaire	Vocabulaire	Phonétique	Socioculturel
• Parler de ses activités quotidiennes • Demander/Dire l'heure • Proposer une sortie/Fixer un rendez-vous • Accepter/Refuser un rendez-vous • Réserver par téléphone	• Les verbes pronominaux au présent *(se préparer, s'occuper)* • La fréquence *(jamais, de temps en temps, souvent, tous les…, tout le temps, toujours)* • L'impératif (*être, avoir, regarder*) • L'antériorité et la postériorité **VERBES** *pouvoir* *vouloir*	• L'heure, les activités quotidiennes, les tâches ménagères, le temps libre • Les sorties, les activités culturelles	• Les sons [i]/[y] • Les sons [y]/[u]	**CIVILISATION** On change d'heure ! **Oh, le cliché !** *Les Français sont toujours en retard !* **FRANCOPHONIE** Expressions imagées **▶ VIDÉO** Tâches ménagères : qui fait quoi ?
Ateliers	**1.** Créer un mini-article sur un loisir	ATELIER TECH' **2.** Publier un guide virtuel sur votre ville		
Détente	Une journée dans la Francophonie			

Unité 6 p. 89

Félicitations !

Parler de sa famille et annoncer un événement familial
Raconter une rencontre

Communication	Grammaire	Vocabulaire	Phonétique	Socioculturel
• Comprendre un arbre généalogique • Présenter sa famille • Féliciter, adresser un souhait • Décrire le physique et le caractère d'une personne	• Les adjectifs possessifs • Le passé composé (1) avec *avoir (téléphoner)* • *C'est un(e) - Il/Elle est* • Les indicateurs de temps du passé et du futur	• La famille, l'entourage, la situation familiale, les événements de la vie • La description physique et le caractère	• Les voyelles nasales [ɑ̃]/[ɔ̃] • Les voyelles nasales [ɑ̃]/[ɛ̃]	**CIVILISATION** Les fêtes en France **Oh, le cliché !** *Les Français, romantiques ?* **FRANCOPHONIE** • Quelques fêtes • Des acteurs belges **▶ VIDÉO** Les Bouglione, un air de famille
Ateliers	**1.** Créer les personnages d'une famille pour un film	ATELIER TECH' **2.** Créer une affiche pour une fête		
DELF A1	Stratégies et entraînement : Production écrite			

Unité 7 p. 103

Chez moi

Emménager dans un appartement (l'état des lieux, l'équipement)
Contacter un professionnel pour un problème domestique

Communication	Grammaire	Vocabulaire	Phonétique	Socioculturel
• Comprendre un état des lieux simple • Se renseigner sur un logement • Comprendre un règlement intérieur d'immeuble • Exprimer des règles de vie commune • S'excuser dans un message • Expliquer un problème domestique/ Réagir	• Les pronoms COD *(le, la, l', les)* • Les prépositions de lieu (2) • L'obligation et l'interdiction (1) (infinitif, impératif) • Le pronom *y*	• Le logement : les pièces, les meubles, l'électroménager • L'immeuble, les réparations, les professionnels	• Les sons [f]/[v] • Les sons [b]/[v]	**CIVILISATION** Profession : designers ! **Oh, le cliché !** *Les Français adorent acheter de vieilles maisons.* **FRANCOPHONIE** • Des designers francophones • Quelques meubles traditionnels **▶ VIDÉO** Au Salon Maison et Objet

Ateliers	**1.** Écrire les règles d'un établissement — ATELIER TECH' **2.** Dessiner le plan d'un appartement
Détente	Le jeu des 7 erreurs

Unité 8 p. 117

Bonnes vacances !

Organiser un voyage
Parler de ses vacances

Communication	Grammaire	Vocabulaire	Phonétique	Socioculturel
• Comprendre un site de réservation en ligne • Exprimer la préférence • Hésiter • Écrire un mail formel • Écrire une carte postale • Exprimer des sensations, une émotion positive • Exprimer la surprise	• La comparaison (1) : *moins/aussi/plus* + adjectif + *que* • Les verbes en *-ir* au présent *(choisir, partir)* • Le passé composé (2) avec *être* • L'imparfait des verbes impersonnels (*c'était, il y avait, il faisait*)	• Les voyages : l'hébergement, le transport, les services, les objets • Les sensations, les émotions • À l'aéroport	• Les sons [wa]/ [wɛ̃] • Les sons [k]/[g]	**CIVILISATION** Culture voyage **Oh, le cliché !** *Les Français n'aiment pas voyager à l'étranger.* **FRANCOPHONIE** Écrivains voyageurs **▶ VIDÉO** Embarquement immédiat

Ateliers	**1.** Écrire une liste de voyage — ATELIER TECH' **2.** Réserver un voyage sur un site
DELF A1	Entraînement : Production écrite

Unité 9 p. 131

Pas de chance !

Raconter une succession d'événements
Parler de son état de santé et contacter les urgences

Communication	Grammaire	Vocabulaire	Phonétique	Socioculturel
• Se plaindre/Plaindre quelqu'un • Donner une explication (*pourquoi*/*parce que*) • Exprimer une émotion négative • Comprendre des règles de sécurité routière • Demander/Dire le poids et la taille • Demander/Dire comment on se sent	• Le passé composé (3) (verbes pronominaux ; *s'amuser*) • L'obligation et l'interdiction (2) *(falloir, devoir)* • Les pronoms COI *lui* et *leur* • Le conseil	• Les petits problèmes du quotidien, les émotions négatives • Les parties du corps, chez le médecin, chez le pharmacien	• Les sons [ʃ]/[ʒ] • L'enchaînement consonantique	**CIVILISATION** Chance et malchance **Oh, le cliché !** *Les Français ne sont pas superstitieux !* **FRANCOPHONIE** Quelques superstitions **▶ VIDÉO** Je n'ai pas de chance !

Ateliers	**1.** Créer un calendrier de la santé ATELIER TECH' **2.** Tourner une mini-série comique
Détente	Tous malades !/Les superstitions

Unité 10 p. 145

Beau travail !

Découvrir l'université et l'entreprise
Parler de ses études, de son emploi

Communication	Grammaire	Vocabulaire	Phonétique	Socioculturel
• Comprendre un programme d'échange universitaire • Décrire une expérience positive • Exprimer le but • Exprimer le souhait, un projet professionnel • Exprimer une capacité, une compétence • Comprendre des tâches professionnelles	• La condition (*si* + présent) • La durée, la continuation • Les pronoms relatifs *qui* et *que* • L'intensité	• L'université : le campus, les personnes, les études, les disciplines • L'entreprise, la vie professionnelle : les services, les personnes, les conditions de travail, les tâches, les compétences	• Prononcer [R] • Les sons [t]/[d]	**CIVILISATION** Universités 2.0 **Oh, le cliché !** *Le système éducatif français est un des meilleurs du monde.* **FRANCOPHONIE** L'AUF **▶ VIDÉO** Premiers jours à l'université

Ateliers	**1.** Créer un quiz d'orientation ATELIER TECH' **2.** Réaliser un CV en vidéo
DELF A1	Stratégies et entraînement : Production orale

Au grand air

Vivre dans un nouvel environnement
Parler d'un changement de vie

Communication	Grammaire	Vocabulaire	Phonétique	Socioculturel
• Comprendre une BD sur un changement de vie • Exprimer son insatisfaction • Exprimer un choix de vie • Décrire son mode de vie	• La comparaison (2) : *moins/plus de* + nom + *que* • Le pronom COI *y* • Les articles contractés (rappel) • La comparaison (3) : l'équivalence	• La ville et la campagne : les lieux, les personnes, les inconvénients, le changement de vie • La nature : les lieux, les professions, les loisirs, faune et flore	• Les sons [p]/[b] • L'enchaînement vocalique	**CIVILISATION** Je cultive mon jardin **Oh, le cliché !** *Les Français vivent à la campagne dans des petits villages.* **FRANCOPHONIE** Jardins communautaires à Montréal et en Suisse **▶ VIDÉO** Vivre et travailler au vert

Ateliers	**1.** Créer un calendrier du jardinier — ATELIER TECH' **2.** Créer une fiche interactive de sortie « nature »
Détente	Des sites inscrits au patrimoine mondial de l'UNESCO

C'était bien ?

Parler de son apprentissage du français
Connaître la presse magazine

Communication	Grammaire	Vocabulaire	Phonétique	Socioculturel
• Parler de ses difficultés • Encourager, rassurer • Comprendre un horoscope • Parler d'un projet • Exprimer son accord/son désaccord • Exprimer son intérêt	• Les pronoms COD et COI (1re et 2e personnes) • Les indicateurs de temps (rappel) • Les temps (présent, passé composé, futur proche/impératif) • Les pronoms compléments (rappel)	• Parler une langue étrangère, les stratégies • La presse	• Les sons [j]/[w]/[ɥ] • e prononcé, e non prononcé	**CIVILISATION/** **Oh, le cliché !** Les Français en chanson **▶ VIDÉO** Ana, Francesco, Adriana et Noé (épisode 2)

Ateliers	**1.** Créer l'horoscope de la classe — ATELIER TECH' **2.** Réaliser un kiosque à journaux numérique
DELF A1	Entraînement : Production orale

Annexes

Bienvenue !

C'est en français !

1 Observez les documents. Vous connaissez quelles langues ? Trouvez les mots en français.

2 Écoutez et associez une photo à un enregistrement. cd 2

1 | 

2 | 

3 | 

3 Retrouvez les mots.

Exemple :
IMACNE → CINEMA

COOLTCHA

NTAIR

ESTLETIOT

NEHPOLETE

4 Vous connaissez d'autres mots en français ?

Oh, le cliché !

« Le français est une langue difficile. »
Vous connaissez déjà des mots ! Dans la langue française, il y a des mots **allemands** (*valse*), **anglais** (*week-end, sandwich*), **arabes** (*orange, zéro*), **chinois** (*feng-shui, kung-fu*), **espagnols** (*paella, guitare*), **hollandais** (*kermesse*), **italiens** (*ciao, opéra*), **japonais** (*manga, zen*).
Et plein d'autres !

Salut, ça va ?

1 Écoutez et associez un dialogue à une image. cd 3

1 – Bonjour, madame Dupuis.
– Bonjour, monsieur Delage.
– Vous allez bien ?
– Très bien, merci !

2 – Bonne journée les enfants !
– À ce soir, maman !

3 – Salut Manon ! Tu vas bien ?
– Salut Alice ! Oui, ça va, et toi ?
– Ça va.

4 – Bonne soirée, au revoir !
– Au revoir monsieur, à bientôt !

a

b

c

d

2 Je serre la main ou je fais la bise ?

a | à un(e) ami(e)
b | à ma famille
c | à des enfants
d | à un(e) inconnu(e)

Au fait !

Je dis ***vous*** quand je ne connais pas la personne ou pour être poli(e).
Je dis ***tu*** à ma famille, à un(e) ami(e) ou à un enfant.

Pour saluer

- Bonjour / Bonsoir (madame, monsieur).
- Salut ! (*fam.*)

- Au revoir (Pauline).
- Salut ! À plus ! Ciao ! (*fam.*)

Pour demander/dire comment ça va

- – Ça va ?
  – Oui, merci.
- – Vous allez bien ?
  – (Très) bien, merci. Et vous ?
- – Tu vas bien ?
  – Ça va, et toi ?

L'alphabet

Amélie Blaise Céline Didier Émilie Fabien Géraldine Hector Inès Jonathan Karine Lilian

A [a]	**B** [be]	**C** [se]	**D** [de]	**E** [Ø]	**F** [ɛf]
G [ʒe]	**H** [aʃ]	**I** [i]	**J** [ʒi]	**K** [ka]	**L** [ɛl]
M [ɛm]	**N** [ɛn]	**O** [o]	**P** [pe]	**Q** [ky]	**R** [ɛʀ]
S [ɛs]	**T** [te]	**U** [y]	**V** [ve]	**W** [dubləve]	**X** [iks]
Y [igʀɛk]	**Z** [zɛd]				

A, E, I, O, U, Y sont des **voyelles**. Les autres lettres sont des **consonnes**.

Manon Octave Pascale Quentin Renée Sabine Thomas Ursule Victor William Xavier Yvon Zoé

1 Écoutez et répétez. cd 4

2 Associez les sigles aux photos.

a | PDG **b** | SMS **c** | RATP **d** | BD

Au fait !

SNCF est un *sigle* : **s**ociété **n**ationale des **c**hemins de fer **f**rancais.

a

b

c

d

Je m'appelle…

1 Écoutez et complétez le dialogue avec les bons prénoms. cd 5

Alexandre – Ella – Élodie – François – Léo – Lou – Julie – Théo

– Bonjour à tous, je m'appelle .....
– Bonjour ..... !
– Moi je m'appelle ....., et vous ?
– .....
– Et moi, je m'appelle .....
– Bonjour ....., bonjour ..... !

Francophonie

Les noms courants dans les pays francophones

- Belgique : *Dubois*
- France : *Martin*
- Québec : *Tremblay*
- Sénégal : *Diallo*
- Suisse : *Jeanneret*

2 Associez un prénom à un nom. cd 6

a	Hector	**1**	Garnier
b	Jean-Baptiste	**2**	Huron
c	Magalie	**3**	Lardy
d	Pétra	**4**	Rioux

3 À deux, vous vous présentez.

Exemple : – *Bonjour, je m'appelle… et vous ?*
– *Je m'appelle Ana.*

Au fait !

En français, on utilise toujours ***je, tu, il, elle, nous, vous, ils, elles*** avec le verbe.

Les pronoms	
Je	→ Moi
Tu	→ Toi
Il/Elle	
Nous	
Vous	→ Vous
Ils/Elles	

4 a Écoutez le dialogue. cd 7

– *Je m'appelle Enzo Tellier.*
– *Comment ça s'écrit ?*
– *Enzo E.N.Z.O, Tellier T.E. deux L.I.E.R. Et vous ?*

b À deux, vous épelez votre prénom et votre nom.

Un, deux, trois… partez !

1 **Observez les photos et trouvez les nombres.**

2 a **Écoutez.** cd 8

0 zéro	**1** un	**2** deux	**3** trois	**4** quatre	**5** cinq	**6** six	**7** sept
8 huit	**9** neuf	**10** dix	**11** onze	**12** douze	**13** treize	**14** quatorze	**15** quinze
16 seize	**17** dix-sept	**18** dix-huit	**19** dix-neuf	**20** vingt	**21** vingt et un	**22** vingt-deux	**23** vingt-trois
24 vingt-quatre	**25** vingt-cinq	**26** vingt-six	**27** vingt-sept	**28** vingt-huit	**29** vingt-neuf	**30** trente	**31** trente et un

b **Dites les nombres des photos.**

3 À deux, vous faites des additions.

Exemple : – *Neuf + quatre = ?*
– *Treize !*

Au fait !

+ plus
– moins
= égal

Aujourd'hui, c'est le…

1 Lisez les jours de la semaine.
Aujourd'hui, c'est quel jour ? et demain ?
Exemple : *Aujourd'hui, c'est dimanche. Demain, c'est lundi.*

Au fait !

Aujourd'hui	**Demain**
lundi	*mardi*

Les jours de la semaine
- lundi
- mardi
- mercredi
- jeudi
- vendredi
- samedi
- dimanche

2 Observez les affiches. Trouvez les mois de l'année et les saisons.
Exemple : *document a* → *octobre et novembre / automne*

a

b

c

d

Les mois de l'année

• janvier	• juillet
• février	• août
• mars	• septembre
• avril	• octobre
• mai	• novembre
• juin	• décembre

3 Quelle est la date aujourd'hui ?
Exemple : *mercredi 6 avril*

4 À deux, vous dites une date et la saison qui correspond.
Exemple : *– Le 14 Juillet ?*
– L'été !

Au fait !

Attention ! ***1er*** se dit ***premier***.
Exemple : *le 1er mars*

Les saisons
- le printemps
- l'été
- l'automne
- l'hiver

Dans la classe

Écoutez et associez les phrases aux images. cd 9

a

1 « *Je ne comprends pas.* »

b

2 « *Comment on dit… en français ?* »

c

3 « *Vous pouvez répéter s'il vous plaît ?* »

d

4 « *Excusez-moi, je suis en retard.* »

e

5 « *Comment ça s'écrit ?* »

Pour demander, s'excuser

- S'il vous plaît ? / S'il te plaît ?
- Pardon. / Excusez-moi. / Excuse-moi.

ET VOUS ?

Objectifs

- Demander de se présenter, se présenter
- Donner des informations personnelles

Comment vous vous appelez ?

DOCUMENTS

A Présentations

cd 10

COMPRÉHENSION ORALE

« *Bonjour et bienvenue !* »

Entrée en matière

1 Vous connaissez le TGV ?

1re écoute

2 Les personnes sont…
a | dans le bus.
b | dans le train.
c | dans la voiture.

3 Elles…
a | se présentent.
b | se disent au revoir.
c | racontent un voyage.

2e écoute

4 Associez les prénoms aux photos : *Adelina, Alberto, Boris, Daniela, Julia, Oskar.*

…..

….. et …..

….. et …..

…..

5 Trouvez la nationalité des personnes.
a | Adelina : …..
b | Alberto : …..
c | Boris : …..
d | Daniela : …..
e | Julia : …..
f | Oskar : …..

1

mexicain(e)

2

suédois(e)

3

russe

4

italien(ne)

6 Trouvez la bonne réponse.
a | Adelina a *6 ans / 8 ans / 16 ans.*
b | Julia a *23 (vingt-trois) ans / 43 (quarante-trois) ans / 63 (soixante-trois) ans.*

Vocabulaire

7 Associez.

a | Oskar
b | Boris
c | Julia
d | Alberto
e | Daniela
f | Adelina

est…

1 | une femme
2 | un homme
3 | un enfant

Au fait !

Pour présenter quelqu'un, on peut dire ***Voici*** ou ***Voilà*** + le prénom.
Exemple : *Voici Pauline !*

PRODUCTION ORALE

8 À deux, vous vous présentez (nom, nationalité, âge).

Exemple : *Je m'appelle Patrick, je suis anglais, j'ai 23 ans. Et vous ?*

Pour demander de se présenter, se présenter

- – Comment vous vous appelez ? / Comment tu t'appelles ?
  – Je m'appelle…
- – Vous êtes anglais(e) ? / Tu es anglais(e) ?
  – Oui.
  – Non, je suis français(e), suédois(e), russe…
- – Vous avez quel âge ? / Tu as quel âge ?
  – J'ai 30 ans.

Avoir

J'**ai**
Tu **as**
Il/Elle **a**
Nous **avons**
Vous **avez**
Ils/Elles **ont**

S'appeler

Je m'appell**e**
Tu t'appell**es**
Il/Elle s'appell**e**
Nous nous appel**ons**
Vous vous appel**ez**
Ils/Elles s'appell**ent**

GRAMMAIRE > les adjectifs de nationalité

Cahier d'activités unité 1

ÉCHAUFFEMENT

1 Observez les adjectifs soulignés. Classez les adjectifs dans le tableau.

a | Vous êtes <u>français</u>, Oskar ?
b | Non, je suis <u>suédois</u>.
c | Moi je suis <u>russe</u> et Julia est <u>italienne</u>.
d | Elle est <u>mexicaine</u>.

Masculin	Féminin
…..	mexicaine …..

FONCTIONNEMENT

Les adjectifs de nationalité

2 Complétez le tableau.

Masculin	Féminin	
français	+ e	→ français**e**
…..	+ e	→ suédois**e**
…..	+ e	→ mexicain**e**
allemand	+ …..	→ allemand**e**
…..	+ e	→ espagnol**e**
italien	+ *ne*	→ …..
coréen	+ …..	→ coréen**ne**
russe	=	→ …..

- Pour former le féminin des adjectifs de nationalité, **on ajoute en général un *e*** à l'adjectif masculin.
- On ajoute *ne* aux adjectifs masculins terminés par *ien* ou *éen*.
- Les adjectifs masculins terminés par *e* ne changent pas : *russe, belge, slovaque…*

REMARQUE

grec → *grecque*
turc → *turque*

3 Écoutez les adjectifs : la prononciation est identique ou différente ? cd 11

ENTRAÎNEMENT

4 Homme ou femme ? Accordez les adjectifs de nationalité si nécessaire.

a | Elle est indien…
b | Tu es coréen…, Paula ?
c | Tao est un garçon chinois…
d | Angela est allemand…
e | Madame Mukete est sénégalais…
f | Vous êtes américain…, madame ?

PRODUCTION ORALE

5 À deux, un(e) étudiant(e) dit le nom d'un acteur, d'un chanteur ou d'un sportif (homme ou femme), vous dites sa nationalité.

Exemple : – *Laure Manaudou ?*
– *Elle est française !*

Être

Je **suis**
Tu **es**
Il/Elle **est**
Nous **sommes**
Vous **êtes**
Ils/Elles **sont**

DOCUMENTS

B Qu'est-ce que vous aimez ?

COMPRÉHENSION ÉCRITE

Lecture

1 Sara, Daniel et Émilie sont…
a | français.
b | francophones.
c | anglais.

2 Ils ont quel âge ?
a | Sara : …..
b | Daniel : …..
c | Émilie : …..

3 Retrouvez les loisirs préférés de Sara, Daniel et Émilie.

GRAMMAIRE > les articles définis *le, la, l', les*

Cahier unité 1 d'activités

ÉCHAUFFEMENT

1 Trouvez les noms. Quels mots sont placés avant ?
Exemple : ***le*** *tennis*
a | J'aime le tennis et la natation.
b | J'aime le cinéma (les films d'action !).
c | J'aime la danse et l'athlétisme.

FONCTIONNEMENT

Les articles définis

2 Complétez le tableau.

	Singulier	Pluriel
Masculin	….., **l'**	**les**
Féminin	….., **l'**	

• On utilise les articles définis pour parler de quelque chose de général.
• Devant un nom qui commence par une voyelle, on utilise ***l'***. Exemple : ***l'****athlétisme*

REMARQUE
Il y a un article devant les **noms de pays**.
• Les noms de pays terminés par la lettre ***e*** sont féminins : ***la*** *France,* ***la*** *Chine.*
Sauf : ***le*** *Mexique,* ***le*** *Mozambique,* ***le*** *Cambodge,* ***le*** *Zimbabwe.*
• Les noms de pays terminés par ***s*** sont au pluriel : ***les*** *États-Unis,* ***les*** *Pays-Bas.*

ENTRAÎNEMENT

3 Complétez les phrases.
a | J'aime ….. escalade et ….. boxe.
b | Julia aime ….. basket.
c | Tu aimes ….. France ?
d | J'aime ….. Comores, ….. Brésil et ….. Chine.

PRODUCTION ÉCRITE

4 Vous vous présentez sur le site des francophones de Londres. Écrivez la fiche.

VOCABULAIRE > les personnes, les loisirs, les nombres (1)

Les personnes

la femme ♀	l'homme ♂
la fille	le garçon

Les loisirs

l'athlétisme *(m.)*	la musique
le cinéma	la natation
la danse	la peinture
la lecture	le tennis

1 Complétez les phrases.

a | J'aime .....

b | Il aime .....

c | Tu aimes ..... ?

d | Elle aime .....

e | Tu aimes ..... ?

f | J'aime .....

Les nombres de 32 à 69

cd 12

32 trente-deux	39 trente-neuf
33 trente-trois	40 quarante
34 trente-quatre	41 quarante et un
35 trente-cinq	50 cinquante
36 trente-six	51 cinquante et un
37 trente-sept	60 soixante
38 trente-huit	69 soixante-neuf

2 Écoutez et trouvez les nombres entendus.

cd 13

	13		32		50	62
6		23	39		57	
	16	26		43		64

3 Ils ont quel âge ? Lisez les dates de naissance et écrivez en lettres les âges des célébrités.

Natalie Portman
9 juin 1981
..... ans

Katherine Pancol
22 octobre 1954
..... ans

Michelle Yeoh
6 août 1962
..... ans

Youssou N'Dour
1er octobre 1959
..... ans

Teddy Riner
7 avril 1989
..... ans

Javier Bardem
1er mars 1969
..... ans

PRODUCTION ORALE

4 Faites une liste de personnes célèbres.
À deux, vous dites un nom et vous imaginez l'âge de la personne.
Exemple : – *Penelope Cruz ?*
– *Elle a 41 ans ?*

DOCUMENTS

C Ana, Francesco, Adriana et Noé (épisode 1)

dvd 1

COMPRÉHENSION AUDIOVISUELLE

1er visionnage

1 Vrai ou faux ?

a | Ils sont français. b | Ils parlent français.

2 Les informations données sont :

a | la date.
b | le prénom.
c | le nom.
d | la nationalité.
e | l'âge.
f | la profession.

2e visionnage

3 Complétez les phrases.

a | Noé a ..... ans.
b | Ana a ..... ans.
c | Francesco a ..... ans.
d | Adriana a ..... ans.

4 Qui est...

a | colombien(ne) ?
b | espagnol(e) ?
c | italien(ne) ?
d | brésilien(ne) ?

Vocabulaire

5 a Associez une profession à une photo.

avocat – architecte – médecin – pilote

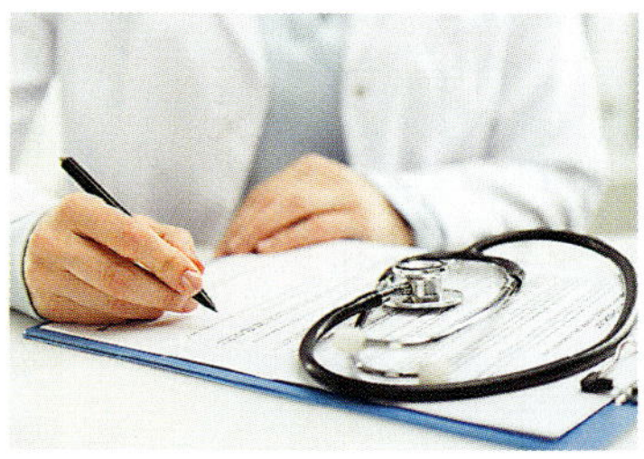

b Retrouvez la profession d'Adriana, Ana, Francesco et Noé.

PRODUCTION ÉCRITE

6 Écrivez des phrases pour présenter Adriana, Ana, Francesco et Noé (nom, nationalité, âge, profession).

PHONÉTIQUE Prononcer une phrase simple

Cahier unité 1 d'activités

ÉCHAUFFEMENT

1 Écoutez et observez la phrase. Est-ce qu'il y a une pause entre les mots ? cd 14

Je m'appelle Francesco.

FONCTIONNEMENT

2 Choisissez la bonne réponse.

Quand je prononce une phrase...

a | je fais une pause entre les mots. b | je ne fais pas de pause entre les mots.

ENTRAÎNEMENT

3 Écoutez et répétez les phrases. cd 15

4 a Complétez la fiche.

Je m'appelle ...
Je suis ...
J'ai ... ans.

b Prenez la fiche de votre voisin(e) et dites les informations.

Exemple : *Tu t'appelles Lucia.*

CIVILISATION

D Vive les artistes francophones ! cd 16

COMPRÉHENSION ORALE

1re écoute

1 **Associez les noms aux photos : *Tahar Ben Jelloun, Xavier Dolan, Mariam Doumbia, Charline Vanhoenacker.***

Au fait !

Xavier Dolan ***parle français****. Le film est* ***en français****.*

a

« *Elle s'appelle Mariam Doumbia.* »

b

2e écoute

2 **Qui est...**

a | belge ?
b | malien(ne) ?
c | marocain(e) ?
d | québécois(e) ?

c

d

3 **Qui est...**

a | acteur ?
b | chanteuse ?
c | écrivain ?
d | journaliste ?

4 **Associez les titres et les personnes.**

a | *Dimanche à Bamako*	**1** | Tahar Ben Jelloun
b | *La nuit sacrée*	**2** | Xavier Dolan
c | *Mommy*	**3** | Mariam Doumbia
d | *Si tu écoutes, j'annule tout !*	**4** | Charline Vanhoenacker

Vocabulaire

5 **Complétez les phrases avec les mots : *disques, émissions, films, livres.***

a | Tu aimes les ..... avec Marion Cotillard ?
b | Les ..... de Stromae sont en français.
c | J'aime les ..... de Victor Hugo.
d | À la radio, j'aime les ..... de musique.

PRODUCTION ORALE

6 **Vous connaissez des célébrités francophones ? Quelle est leur nationalité ?**
Exemple : *Diane Kruger, elle est allemande.*

Francophonie

Au Canada, au Mali et en Belgique, le français est une ***langue officielle*** (une langue nationale). À l'**OIF** (l'Organisation internationale de la Francophonie), il y a plus de 50 pays francophones ! En 2014, 274 millions de personnes parlent français. Chaque année, 49 millions de personnes apprennent le français comme langue étrangère. Comme vous !

Oh, le cliché !

« Les Français parlent... français. »
Les Français ne sont pas les champions des langues étrangères ! Et quand ils parlent anglais, espagnol, allemand..., ils ont souvent un accent... français !

→ **Et chez vous ?**

unité 1 Et vous ?

E Vous êtes volontaire ?

COMPRÉHENSION ÉCRITE

Entrée en matière

1 Observez l'affiche.

a | Vous connaissez le volontariat international de la Francophonie (VIF) ?

b | À votre avis, ils ont quel âge ? Ils sont français ?

Lecture

2 Qui est volontaire international de la francophonie ?

a | Léonie : « Je parle français, j'ai 28 ans. »

b | Marc : « J'ai 40 ans. »

c | Simon : « Je suis belge et j'ai 30 ans. »

d | Katty : « J'ai 16 ans. Je suis haïtienne. »

J'ai 21, 22, 23… 34 ans ?
Je suis francophone ?
J'aime travailler à l'étranger ?

Je suis volontaire international de la Francophonie !

ORGANISATION INTERNATIONALE DE la francophonie

F Rencontres de volontaires

cd 17

« J'habite au Niger, et vous ? »

COMPRÉHENSION ORALE

1re écoute

1 Que font les volontaires ?

2e écoute

2 Complétez le tableau.

	Ville ou pays	Lieu de naissance
Simon	.....	
Léonie	.....	
Peter	.....	.....
Abel	.....	
Maria	.....	.....
Lien	.....	

3 Complétez les badges d'Abel, Maria et Lien.

Prénom : *Maria*
Langues : .....

PRODUCTION ÉCRITE >>> DELF

4 **Vous assistez à la réunion des volontaires internationaux. Complétez la fiche de renseignements.** ***(30 à 40 mots)***

Pour donner des informations personnelles
- J'habite aux Comores.
- Je vis à Mexico.
- Je viens de Moroni.
- Je suis né(e) à Toronto.

Pour dire les langues parlées
- Je parle français, anglais…

VOLONTARIAT INTERNATIONAL DE LA FRANCOPHONIE

Nom : …..

Prénom : …..

Pays / Ville : …..

Lieu de naissance : …..

Langues parlées : …..

GRAMMAIRE > les prépositions devant les noms de villes et de pays

Cahier unité 1 d'activités

ÉCHAUFFEMENT

1 **Trouvez les noms de villes et de pays dans les phrases. Quels mots sont placés avant ?**

Exemple : *J'habite **à** Paris.*

a | J'habite en Belgique.
b | Je vis à Madrid.
c | Je suis née au Vietnam.
d | J'habite aux Comores.

FONCTIONNEMENT

Les prépositions devant les noms de villes et de pays

2 **Complétez le tableau.**

	Ville	Pays au masculin	Pays au féminin ou pays commençant par une voyelle	Pays au pluriel
	Madrid	*le Vietnam*	*la Belgique*	*les Comores*
j'habite, je vis je suis né(e)	**à**	…..	…..	…..

Avec les verbes *j'habite, je vis, je suis né(e)*, on utilise :
- **à** devant un nom de ville (**à** *Toulouse*) ;
- ***au*** devant un nom de pays au masculin (***au*** *Sénégal*) ;
- ***en*** devant un nom de pays au féminin ou commençant par une voyelle (***en*** *Roumanie,* ***en*** *Angola*) ;
- ***aux*** devant un nom de pays au pluriel (***aux*** *Pays-Bas*).

ENTRAÎNEMENT

3 **Complétez avec *à, au, en, aux*.**

a | J'habite ….. Pérou, ….. Lima.
b | Je suis né ….. Amsterdam, ….. Pays-Bas.
c | Vous habitez ….. Toronto ?
d | Tu vis ….. Uruguay ?
e | Tu es née ….. Italie ?
f | J'habite ….. Brésil.

PRODUCTION ORALE

4 **Avec la fiche de l'activité 4 ci-dessus, vous vous présentez.**

Exemple : *Je m'appelle Vlad Antonescu. J'habite en Roumanie…*

DOCUMENTS

G On reste en contact ?

cd 18

« C'est quoi, ton numéro ? »

COMPRÉHENSION ORALE

1re écoute

1 Qui parle ?

2 Ils échangent… *(plusieurs réponses)*

a | des informations professionnelles.
b | des numéros de téléphone.
c | des adresses mail.

2e écoute

3 Écrivez les numéros de téléphone de Maria et Abel.

	Téléphone portable	Téléphone fixe
Maria		…..
Abel	…..	…..

4 Écrivez les adresses mail de Maria et Abel.

a | Maria : …..
b | Abel : …..

Au fait !

@ = arobase
. = point
- = tiret

Vocabulaire

5 Associez.

a | L'indicatif du pays
b | Le numéro de téléphone
c | L'adresse mail

1 | 02 35 67 32 00
2 | isabelle@edito.fr
3 | +33

PRODUCTION ORALE

6 À deux, vous échangez vos coordonnées : téléphone (portable et fixe) et adresse mail.

Pour demander et donner des coordonnées

- Quel est ton numéro ?
- Ton numéro, c'est quoi ?
- Mon numéro, c'est le…
- Tu as mon (adresse) mail ?
- Ton (adresse) mail, c'est quoi ?
- Mon (adresse) mail, c'est…

GRAMMAIRE > la négation

Cahier unité 1 d'activités

ÉCHAUFFEMENT

1 Observez les phrases. Retrouvez les deux mots de la négation dans la phrase b.

a | Je suis italien. b | Je ne suis pas italien.

FONCTIONNEMENT

La négation

2 Complétez.

Pour faire une phrase négative, on utilise :
ne + verbe + …..

REMARQUE

Devant une voyelle ou *h*, *ne* devient *n'*.
Exemple : *Je **n'**aime **pas** les téléphones portables.*

ENTRAÎNEMENT

3 Mettez les éléments de la phrase dans l'ordre.

a | aime / Je / pas / musique. / n' / la
b | en / habites / n' / France ? / Tu / pas
c | chinois. / pas / parles / Tu / ne
d | est / cubain. / Il / n' / pas
e | pas / n' / est / Elle / chanteuse.

4 Transformez les phrases à la forme négative.

Exemple : *J'habite à Paris.* → *Je n'habite pas à Paris.*

a | J'aime le sport.
b | Nous sommes belges.
c | Paul a le numéro de Marie.
d | Je vis à Hong-Kong.
e | Elle est chanteuse.

VOCABULAIRE > les pays et nationalités, l'identité, les nombres (2)

Les noms de pays et les nationalités

l'Algérie – algérien(ne)
l'Allemagne – allemand(e)
l'Argentine – argentin(e)
la Belgique – belge
le Brésil – brésilien(ne)
le Canada – canadien(ne)
la Chine – chinois(e)
la Colombie – colombien(ne)
les Comores – comorien(ne)
l'Espagne – espagnol(e)
les États-Unis – américain(e)
la France – français(e)
l'Inde – indien(ne)
l'Italie – italien(ne)
le Mali – malien(ne)
le Maroc – marocain(e)
le Mexique – mexicain(e)
le Niger – nigérien(ne)
la Pologne – polonais(e)
la Russie – russe
le Sénégal – sénégalais(e)
la Suisse – suisse
la Tunisie – tunisien(ne)
le Vietnam – vietnamien(ne)

1 Observez les photos et retrouvez les pays.

la .....

l'.....

l'.....

le .....

la .....

le .....

Les éléments de l'identité

le nom, le prénom
la date de naissance
le lieu de naissance
le pays, la ville

2 Complétez la carte d'identité française avec les mots : *à, prénom, né(e) le, nom.*

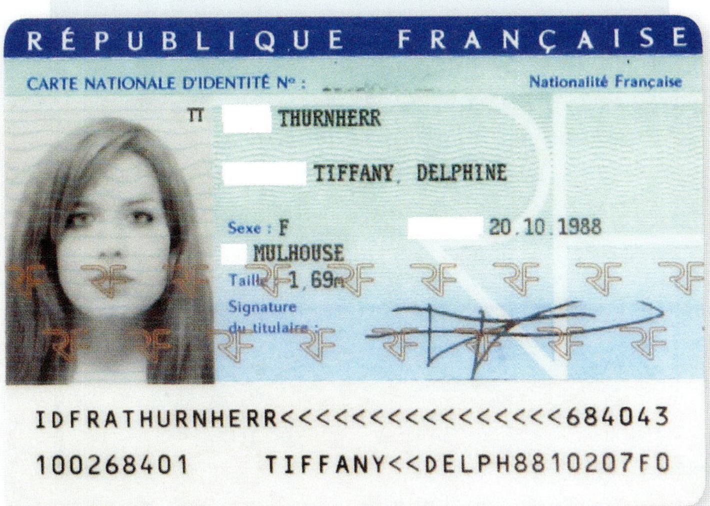

Les coordonnées

l'adresse mail *(f.)*, le mail
l'indicatif du pays *(m.)*
le numéro de téléphone
le téléphone fixe, le portable

Les nombres de 70 à 100

70	soixante-dix
71	soixante et onze
72	soixante-douze
79	soixante-dix-neuf
80	quatre-vingts
81	quatre-vingt-un
90	quatre-vingt-dix
91	quatre-vingt-onze
99	quatre-vingt-dix-neuf
100	cent

Au fait !

En France et au Québec, on doit dire ***courriel***. Mais en France, on dit souvent ***mail***.

Francophonie

En Suisse et en Belgique, on dit *septante* (70) et *nonante* (90). En Suisse, on dit *huitante* (80) !

3 Écoutez et écrivez les numéros de téléphone. cd 19

a | ..... **b** | ..... **c** | .....

PHONÉTIQUE Les groupes rythmiques et l'accent tonique

Cahier unité 1 d'activités

ÉCHAUFFEMENT

1 a Écoutez et observez les phrases. Il y a combien de groupes rythmiques ? cd 20

a | J'habite en Pologne, je parle anglais.
b | Nous sommes brésiliens, nous parlons portugais.
c | Elle est française, elle a 30 ans, elle parle espagnol, elle est journaliste.

b Écoutez et observez la phrase. Où est placé l'accent ? cd 21

*Je m'appelle Ar**thur**, / je suis journa**liste**, / j'habite en Ru**ssie**, / je parle fran**çais**.*

Au fait !

En phonétique, une information s'appelle un **groupe rythmique**.

Je m'appelle Arthur, / je suis journaliste.

1 groupe rythmique / 1 groupe rythmique

FONCTIONNEMENT

2 Choisissez la bonne réponse.

• Il y a un ou plusieurs **groupes rythmiques** dans une phrase. Il y a une petite pause entre chaque groupe rythmique.

• Il y a un **accent tonique** sur chaque groupe rythmique. L'accent tonique est toujours :
a | au début b | à la fin du groupe rythmique, sur la dernière syllabe du dernier mot.
Exemple : *Hans est alle**mand**, il a 40 **ans**, il aime le te**nnis**.*

ENTRAÎNEMENT

3 Écoutez les présentations. Il y a combien de groupes rythmiques ? cd 22

a | Je m'appelle Dioke, je suis malien, j'aime la peinture.
b | Elle s'appelle Carole Dupré.
c | Vous parlez anglais ?
d | J'ai 23 ans, je parle chinois, j'aime la lecture !

L'ESSENTIEL GRAMMAIRE/VOCABULAIRE

1 Les articles définis. Complétez avec *le, la, l',* ou *les*.

a | Johanna aime . ... danse.
b | Vous aimez ..... France ?
c | Je n'aime pas ..... chocolat.
d | Héléna aime .... . Italie et ..... Philippines.
e | Tu aimes ..... lecture ?

2 Les prépositions devant les noms de pays et de villes. Complétez avec *à, au, aux, en*.

a | Je suis suisse et j'habite ..... Pologne.
b | Je suis malien, je suis né ..... Bamako.
c | Oui, j'habite ..... Rabat : je suis marocaine.
d | Je vis ..... Canada.
e | Je travaille ..... États-Unis.

3 Les loisirs et les noms de pays. Trouvez l'intrus.

a | le tennis – la natation – l'athlétisme – la lecture
b | la musique – le mail – la peinture – le cinéma
c | le Niger – la France – le Mali – le Sénégal

4 L'identité. Complétez la fiche de présentation avec : *+33 1 25 30 71 72, 43 ans, Dujardin, français, Jean, jdujardin@cinema.fr.*

Nom : .....
Prénom : .....
Âge : .....
Nationalité : .....
Adresse mail : .....
Numéro de téléphone : .....

ATELIERS

1 RÉALISER UNE FICHE D'IDENTITÉ

Vous réalisez la fiche d'identité d'une personnalité francophone.

Démarche
Formez des groupes de deux ou trois.

1 Préparation

- Choisissez une célébrité : un artiste, un acteur, un sportif (homme ou femme)...
- Trouvez quelques informations sur la personne.

2 Réalisation

- Sur une feuille, écrivez :
– le prénom, le nom (ou le nom d'artiste) ;
– la nationalité ;
– la profession ;
– l'âge ;
– le lieu de naissance ;
– le pays, la ville ;
– la/les langue(s) parlée(s).
- Vous pouvez ajouter des photos.

Nom : Stromae
Nationalité : belge
Profession : chanteur
Date de naissance : 12 mars 1985
Né à : Etterbeck (Belgique)
Vit à : Bruxelles, Belgique
Langue : français

3 Présentation

- Montrez la fiche d'identité à vos voisins. Ils posent des questions :
– *Comment il/elle s'appelle ?*
– *Il/Elle a quel âge ?*
– *Il/Elle parle anglais ?*
– *Sa profession ?*
– *Sa nationalité ?*
– *Sa ville ?*
- Mettez les fiches sur les murs de la classe.

2 FAIRE UNE VIDÉO DE PRÉSENTATION

ATELIER TECH'

Vous enregistrez une vidéo pour vous présenter sur un réseau social (Instagram, Facebook, Snapchat...).

Démarche
Formez des groupes de deux ou trois.

1 Préparation

Préparez vos phrases pour :
– saluer ;
– vous présenter ;
– terminer la vidéo.

2 Réalisation

Avec un téléphone portable, tournez la vidéo !

3 Présentation

Montrez les vidéos à la classe.

DÉTENTE

Trouvez la célébrité !

Formez des groupes. Choisissez une célébrité francophone. Les personnes du groupe posent des questions pour deviner la personne choisie.

Exemples : *C'est une femme ? Elle a quel âge ?*

Lilian THURAM

né en 1972 à Pointe-à-Pitre (France)
Français
Sportif

Philippe GELUCK

né en 1954 à Bruxelles (Belgique)
Belge
Dessinateur

Fatou DIOME

née en 1968 à Niodior (Sénégal)
Sénégalaise
Écrivaine

Zaz

née en 1980 à Tours (France)
Française
Chanteuse

Enki BILAL

né en 1951 à Belgrade (Yougoslavie)
Français
Dessinateur

Bérénice BEJO

née en 1976 à Buenos Aires (Argentine)
Franco-argentine
Actrice

Mots mêlés

Retrouvez les 7 mots :

- adresse
- âge
- mail
- nationalité
- prénom
- profession
- téléphone

N	A	T	I	O	N	A	L	I	T	E
H	G	B	T	P	O	Z	N	S	M	L
E	P	R	E	N	O	M	I	N	V	M
V	C	R	L	A	X	V	S	A	P	A
M	A	G	E	T	G	M	T	Q	A	I
L	K	N	P	U	V	N	R	D	S	L
P	O	Z	H	W	A	X	D	S	U	W
I	P	R	O	F	E	S	S	I	O	N
S	E	B	N	H	P	J	E	G	R	E
A	D	R	E	S	S	E	B	F	T	C

ON VA OÙ ?

Objectifs

- Demander/Indiquer le chemin
- Comprendre un itinéraire
- Se déplacer

C'est où ? C'est loin ?

DOCUMENTS

A Bienvenue à Bordeaux

cd 23

« C'est parti pour la visite de la ville ! »

COMPRÉHENSION ORALE

Entrée en matière

1 a **Vous connaissez quelles villes de France ?**
b **Trouvez la ville de Bordeaux sur le rabat I de la couverture.**

2 **Observez le document. Sur bordeaux-tourisme.com, on peut *(plusieurs réponses possibles)* :**
a | découvrir une ville
b | envoyer des photos.
c | parler avec des personnes.
d | préparer un week-end.

1re écoute

3 **Qu'est-ce que les personnes font ?**

2e écoute

4 **Retrouvez les lieux visités dans chaque dialogue.**

	Lieu a	Lieu b	Lieu c	Lieu d	Lieu e	Lieu f
Dialogue 1						
Dialogue 2						

Pour présenter une ville
- Nous sommes ici…
- Ici, c'est la place. Et là(-bas), il y a le fleuve.
- Vous voyez… ? Ça, c'est…
- Voici… et voilà…
- C'est près d'ici. ≠ C'est loin d'ici.

Vocabulaire

5 Retrouvez dans les documents :

a | un musée : *le CAPC (musée d'art contemporain)*
b | un jardin : .....
c | une cathédrale : .....
d | un quartier : .....
e | une place : .....

PRODUCTION ORALE

6 Regardez le document.
Qu'est-ce que vous voulez visiter à Bordeaux ?

GRAMMAIRE > les articles définis et indéfinis

Cahier unité 2 d'activités

ÉCHAUFFEMENT

1 Observez les mots soulignés et répondez aux questions.

– Nous sommes ici dans un quartier historique, avec des monuments et des rues commerçantes. C'est le quartier Saint-Pierre.
– Excusez-moi, j'ai une question.

a On utilise *un* avec un nom **a** | masculin **b** | féminin **c** | singulier **d** | pluriel.
On utilise *une* avec un nom **a** | masculin **b** | féminin **c** | singulier **d** | pluriel.
On utilise *des* avec un nom **a** | masculin **b** | féminin **c** | singulier **d** | pluriel.

b *un quartier* : on parle d'un quartier **a** | en général **b** | en particulier.
le quartier : on parle d'un quartier **a** | en général **b** | en particulier.

FONCTIONNEMENT

Les articles définis et indéfinis

	Singulier		Pluriel	
	Masculin	**Féminin**	**Masculin**	**Féminin**
Articles indéfinis	**un**	**une**	**des**	
Articles définis	**le**	**la**	**les**	

• On ne peut pas identifier la personne ou l'objet : on utilise les articles **indéfinis**.
• On peut identifier la personne ou l'objet : on utilise les articles **définis**.
• Attention ! *Le* et *la* deviennent *l'* devant un nom qui commence par une voyelle ou un *h* muet.
Exemples : ***l'****école,* ***l'****histoire.*

ENTRAÎNEMENT

2 Trouvez la bonne réponse.

a | Dans le quartier historique, il y a *un/le* musée.
b | *Une/La* tour Eiffel est à Paris.
c | Ici, vous avez *un/l'*opéra Garnier.
d | Je visite *des/les* villes en Suisse.
e | C'est *une/la* cathédrale magnifique.

3 Complétez avec *un, une, des, le, la* ou *les*.

a | ..... site lyon-france.com est ..... site touristique.
b | Il y a ..... visites de ..... cathédrale ?
c | Elle visite ..... rue dans ..... quartier du Grand Théâtre.
d | ..... Canada est ..... grand pays.
e | Voici ..... quais et voilà ..... place de la Bourse.

PRODUCTION ÉCRITE >>> DELF

4 Vous répondez au mail d'Alex, vous présentez votre quartier. *(30 à 40 mots)*

De : alex.domi@gmail.com
À : didier@edito.fr
Objet : des nouvelles

Salut Didier, comment tu vas ? Tu es content ?
Qu'est-ce qu'il y a dans ton quartier ?

À bientôt !
Alex

DOCUMENTS

B Strasbourg et son centre-ville

cd 24

COMPRÉHENSION ORALE

1re écoute

1 Où sont les personnes ?

2 Elles cherchent quels lieux ?

2e écoute

3 Réécoutez les deux dialogues et relevez les expressions qui permettent de demander ou d'indiquer le lieu.

4 Tracez leur chemin sur le plan.

« Excusez-moi, je suis perdue… »

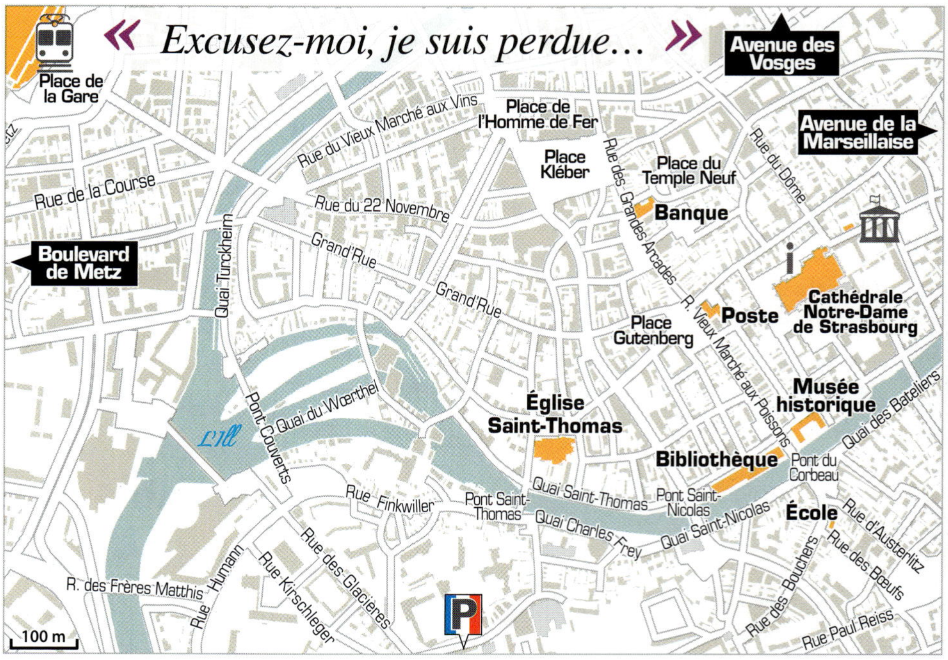

Vocabulaire

5 Retrouvez les lieux sur le plan.

a | la mairie
b | l'office de tourisme
c | la gare
d | la police

aller

Je **vais**	Nous **allons**
Tu **vas**	Vous **allez**
Il/Elle **va**	Ils/Elles **vont**

Pour demander/indiquer le chemin

- Excusez-moi, je cherche la rue des Bœufs.
- Où est la cathédrale, s'il vous plaît ?

- Vous allez tout droit/à gauche/à droite.
- Vous prenez la première rue à droite.
- Vous tournez à gauche/à droite.

Au fait !

Pour indiquer l'ordre :
la première (1re),
la deuxième (2e),
la troisième (3e)…

GRAMMAIRE > les verbes en *-er* au présent

Cahier d'activités unité 2

ÉCHAUFFEMENT

1 Quel est le point commun des verbes *chercher, continuer, tourner, passer, traverser* ?

2 Observez les phrases. Qu'est-ce que vous remarquez à la fin des verbes soulignés ?

a | Je cherche la rue des Bœufs. b | Vous continuez. c | Vous tournez à droite. d | Vous traversez la rivière.

FONCTIONNEMENT

Les verbes en *-er* au présent

- Pour conjuguer un verbe en *-er*, on écrit la base du verbe (exemple : *continu-*) et on ajoute la terminaison.
- Les terminaisons sont différentes pour chaque personne.

3 Complétez.

Continuer

Je continu…..	Nous continu**ons**
Tu continu**es**	Vous continu…..
Il/Elle continu**e**	Ils/Elles continu**ent**

ENTRAÎNEMENT

4 Conjuguez les verbes.

a | Elle *(poser)* ….. des questions.
b | Nous *(visiter)* ….. la ville.
c | Vous *(regarder)* ….. la cathédrale.
d | Ils *(chercher)* ….. la rue Voltaire.

PRODUCTION ORALE

5 À deux ! À Strasbourg, une personne demande son chemin, l'autre personne indique l'itinéraire.

Exemple (vous partez de la place Kléber) :
– *Vous tournez à droite, vous prenez la rue…*

VOCABULAIRE > la ville

Les voies

l'avenue *(f.)*
le boulevard
le carrefour
le fleuve
la place
le pont
le quai
la rivière
la rue

Les lieux, les monuments

la banque
la bibliothèque
la cathédrale, l'église *(f.)*
le centre-ville
l'école *(f.)*
la gare
le jardin (public)
la mairie
le musée
la police
la poste
le quartier
le théâtre
la tour

1 Trouvez l'intrus.

a | la cathédrale – la gare – le pont – la banque
b | l'avenue – la banque – le quai – la rue
c | la poste – l'école – la place – le musée
d | le théâtre – le quartier – le boulevard – la tour

2 Retrouvez les lieux.

a | Je rencontre le professeur à .....
b | Nous cherchons des livres à .....
c | La ..... Eiffel est à Paris.
d | La nature dans la ville ? Visitez le .....

3 Retrouvez dans l'image les mots des listes ci-dessus.

PRODUCTION ÉCRITE

4 Vous passez devant quels lieux pour venir à l'école de langues ? Faites une liste.

Au fait !

Sur un **plan** :
r. = rue
bd, boul. (Canada) = boulevard
av. = avenue

DOCUMENTS

C Circuler à Montréal

dvd 2

COMPRÉHENSION AUDIOVISUELLE

Entrée en matière

1 Regardez la photo : à votre avis, quel est le nombre total de personnes dans les voitures ?

1er visionnage

2 Dans quelle ville ça se passe ?

3 Il y a combien de moyens de transport ?

4 Vérifiez le nombre total de personnes.

2e visionnage

5 Classez les moyens de transport dans l'ordre de la vidéo (1 à 5).

a | en bus
b | en auto
c | à pied
d | à vélo
e | en autopartage

6 L'autopartage, c'est :

a | prendre la voiture seul.
b | prendre la voiture avec des voisins.

7 Quel est le conseil de la vidéo ?

a | Utiliser les moyens de transport en commun.
b | Utiliser la voiture tous les jours.

PHONÉTIQUE L'intonation montante et descendante

Cahier d'activités unité 2

ÉCHAUFFEMENT

1 a Écoutez et observez les phrases. La phrase *a* est une phrase interrogative et la phrase *b* est une phrase déclarative. La prononciation de ces deux phrases est identique ou différente ? cd 25

a | Vous allez à la poste ? b | Vous allez à la poste.

b Écoutez les phrases. Quelles phrases sont interrogatives ? Quelles phrases sont déclaratives ? cd 26

FONCTIONNEMENT

2 Complétez avec les mots : *phrases interrogatives, phrases déclaratives.*

- Dans les ....., l'intonation est montante ↗ sur le dernier mot.
- Dans les ....., l'intonation est descendante ↘ sur le dernier mot.

ENTRAÎNEMENT

3 Écoutez et répétez les phrases. cd 27

4 À vous ! Écrivez deux questions sur votre cahier. Ensuite, posez ces questions à votre voisin(e). Il/Elle répond et il/elle vous pose ses deux questions. Vous répondez. Attention à votre intonation !

D Deux villes à découvrir

Paris - Montréal

Quelques chiffres
2,2 millions d'habitants
105 km²
463 parcs
173 musées

À VOIR

La tour Eiffel : construite par l'architecte Gustave Eiffel, ouverte en 1889

Les Champs-Élysées, célèbre avenue de Paris

La cathédrale Notre-Dame de Paris : construite de 1163 à 1272

Le musée du Louvre : 9 millions de visiteurs par an, 29 000 visiteurs par jour

Quelques chiffres
1,7 million d'habitants
364 km²
455 parcs
41 musées

Le Vieux-Montréal et la place Jacques Cartier (premier Européen à découvrir le Canada en 1534)

Le parc du Mont-Royal

Le musée des Beaux-Arts

Le musée d'Art contemporain

COMPRÉHENSION ÉCRITE

Entrée en matière

1 Observez le document et les photos. Vous connaissez ces villes ?

1re lecture

2 Le document donne des informations sur :
a | les habitants.
b | les lieux utiles (poste, banque…).
c | les monuments.
d | les restaurants.
e | l'histoire.

3 Dans le document, retrouvez une place, une avenue, des musées.

2e lecture

4 Vrai ou faux ?
a | 2,2 millions de personnes habitent à Paris.
b | 9 millions de personnes visitent le Louvre tous les jours.
c | Gustave Eiffel découvre le Canada en 1534.
d | Le parc du Mont-Royal est à Paris.

PRODUCTION ORALE

5 Vous préférez visiter quelle ville ? Pourquoi ?

6 Donnez quatre lieux à voir dans votre ville !
Exemple : *Dans ma ville, il y a une cathédrale…*

Francophonie

Vous connaissez des villes francophones ?
Associez le pays et la ville, puis regardez la carte de la Francophonie (rabat VI de la couverture).

a | Le Sénégal	**1** | Bamako
b | La Belgique	**2** | Genève
c | Le Canada	**3** | Dakar
d | Le Mali	**4** | Bruxelles
e | La Suisse	**5** | Québec

Réponses : a 3 – b 4 – c 5 – d 1 – e 2

Oh, le cliché !

« Les Français sont désagréables avec les touristes. »
85 % des touristes interrogés sont satisfaits de l'accueil des Français. Et 72 % des touristes parlent facilement dans une langue étrangère avec les Français pendant leur voyage.
www.l'expansion.lexpress.fr

→ Et vous, qu'est-ce que vous en pensez ?

DOCUMENTS

E Se déplacer à Lille

a

b

Salut Luc, tu vas bien ? C'est ok pour aller à la braderie samedi ! Quelle est ton adresse ? Je peux venir en métro de la gare Lille-Europe ? Quelle est la ligne ? Quelle est la direction ? Je descends à quel arrêt ?
Merci !
Fabien

c

Salut Fabien ! Super pour samedi. Voici l'itinéraire pour venir chez moi : tu prends le métro ligne 2 direction Saint-Philibert et tu changes à la station Gare Lille-Flandres. Là, tu prends le bus 10 en direction de Hegel et tu descends à l'arrêt Voltaire. Mon adresse, c'est : 15 rue Saint-André.
À samedi !
Luc

Au fait !

La **Braderie de Lille** est le plus grand marché aux puces d'Europe. Tous les ans, pendant le premier week-end de septembre, il y a deux ou trois millions de visiteurs.

COMPRÉHENSION ÉCRITE

Entrée en matière

1 **Observez la photo (document a). Où sont les personnes ?**

1re lecture (documents b et c)

2 **Qui écrit les SMS ?**

3 **Quelle est l'adresse de Luc ?**

2e lecture (documents b et c)

4 **Que disent les messages ?**

5 **Pour aller à cette adresse, Fabien utilise *(deux réponses)* :**

a | la voiture.
b | le métro.
c | le bus.
d | le taxi.

Pour se déplacer en métro ou en bus

- Pour aller à …,
- Tu prends la ligne 10 jusqu'à…, (en) direction (de)…
- Tu changes à la station…
- Tu descends à l'arrêt…

6 **Suivez l'itinéraire sur le plan et écrivez les noms des lieux A et B.**

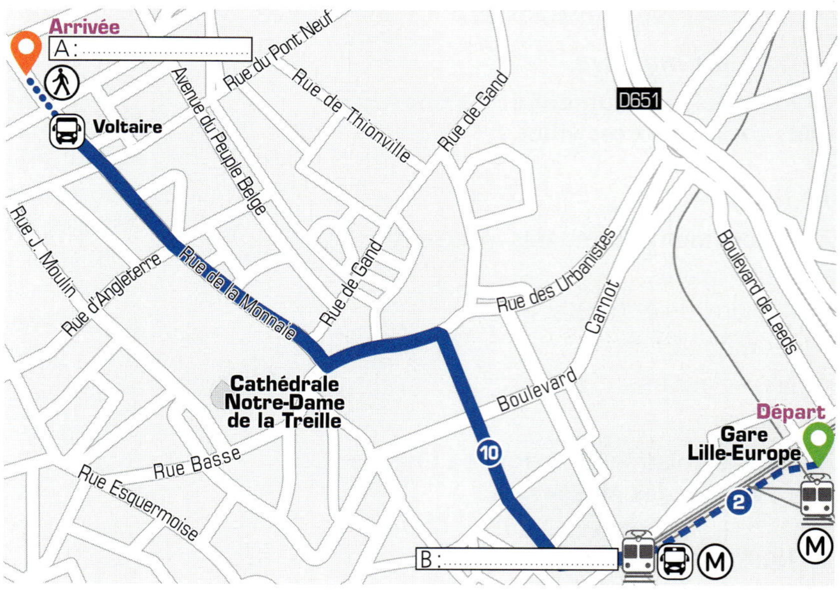

PRODUCTION ÉCRITE

7 **Par SMS, indiquez à votre voisin(e) l'itinéraire pour aller de l'école de langues à chez vous.**

Prendre

Je **prends**	Nous **prenons**
Tu **prends**	Vous **prenez**
Il/Elle **prend**	Ils/Elles **prennent**

Descendre

Je **descends**	Nous **descendons**
Tu **descends**	Vous **descendez**
Il/Elle **descend**	Ils/Elles **descendent**

F La Braderie de Lille

cd 28

« *Les bus 1 et 12 roulent toute la nuit.* »

Au fait !

Liane = une ligne de bus à Lille

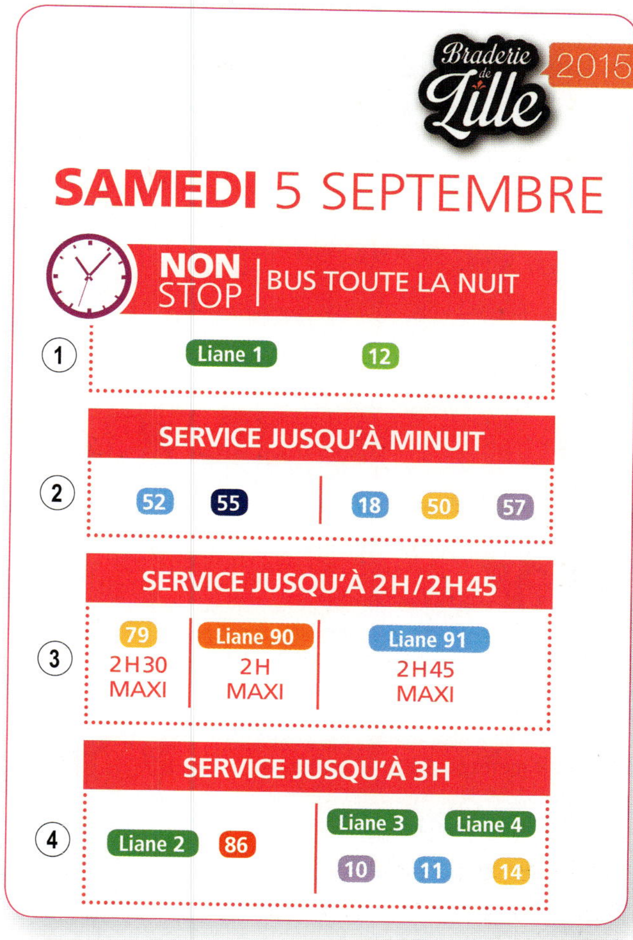

COMPRÉHENSION ORALE

Entrée en matière

1 **Observez le document.**
C'est quel transport ? Ça se passe quand ?

1re écoute

2 **Qui parle ? À qui ?**

3 **L'homme téléphone pour :**

a | aller à la braderie.

b | rentrer à la maison.

2e écoute

4 **Regardez le document.**
Dans le dialogue, les personnes ne parlent pas de la partie :

a | 1 **b** | 2 **c** | 3 **d** | 4

5 **Corrigez l'erreur dans la partie 4 du document.**

Vocabulaire

6 **Associez.**

a | Le bus — **1** | fonctionne.

b | La ligne — **2** | continue.

c | Le service — **3** | roule.

GRAMMAIRE > l'adjectif interrogatif *quel*

Cahier d'activités unité 2

ÉCHAUFFEMENT

1 **Observez les phrases. *Quel/Quelle* : féminin ou masculin ?**

a | Quelle est la ligne ? **b** | Je descends à quel arrêt ? **c** | Il roule jusqu'à quelle heure ?

FONCTIONNEMENT

L'adjectif interrogatif *quel*

	Singulier	Pluriel
Masculin	quel	quels
Féminin	quelle	quelles

- *Quel* est un adjectif : il s'accorde avec le nom qu'il accompagne.
- Il permet de poser une question.

ENTRAÎNEMENT

2 **Choisissez la bonne réponse.**

a | Il y a *quel/quelle* ligne de bus ici ?

b | Il y a *quels/quelles* bus ici ?

c | Vous prenez *quel/quelle* métro ?

d | C'est dans *quel/quelle* rue ?

e | *Quels/Quelles* sont les quartiers sympas de la ville ?

PRODUCTION ORALE

3 **Et vous ? Vous utilisez quel(s) moyen(s) de transport tous les jours ?**

DOCUMENTS

G À pied ou en bus ?

COMPRÉHENSION ÉCRITE

QuoMag, le magazine du quotidien — 10 octobre 2015

Vélo, métro, voiture…
Quels moyens de transport les Français utilisent le matin ?
Ils répondent à la question…

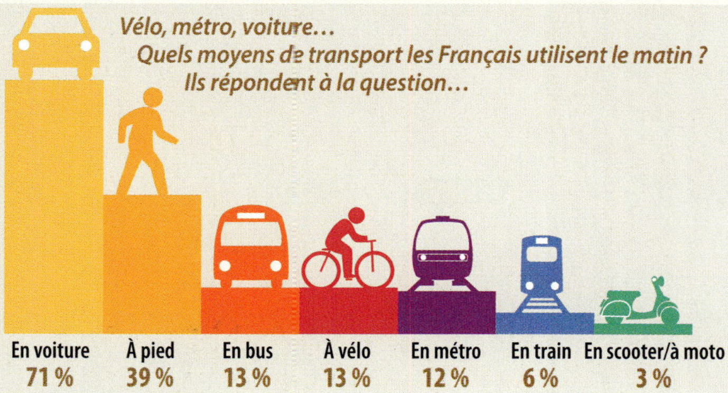

Jean, 37 ans, infirmier. Sophia, 38 ans, médecin
« Nous, le matin, nous allons ensemble à l'hôpital en voiture, c'est plus rapide. »

Sabrina, 24 ans, coiffeuse
« Moi, c'est le vélo bien sûr Mais le week-end, je prends le métro pour aller au centre-ville. »

Christophe, 43 ans, pharmacien
« Tous les jours, je prends le bus pour aller au travail, j'aime beaucoup le bus et aussi le tramway ! »

Émilie, 29 ans, professeure
« Le matin, je vais à l'école à pied, comme les enfants ! »

Source : OpinionWay pour *Le Sofinscope*, septembre 2015

Entrée en matière cd 29

1 Écoutez et associez les sons aux photos.

a 
Son n° …..

b 
Son n° …..

c 
Son n° …..

d 
Son n° …..

Lecture

2 Retrouvez le titre de l'article.
a | Les professions des Français
b | Les moyens de transport des Français

3 Quels sont les trois premiers moyens de transport utilisés par les Français ?

4 Associez.

a | Jean	1 | à pied
b | Sophia	2 | en métro
c | Sabrina	3 | en bus/en tramway
d | Christophe	4 | en voiture
e | Émilie	5 | à vélo

PRODUCTION ÉCRITE

5 Et vous ? Vous écrivez au magazine pour répondre à la question posée dans le document.

GRAMMAIRE > le masculin et le féminin des professions

ÉCHAUFFEMENT

Cahier d'activités unité 2

1 Trouvez les noms au féminin.
a | infirmier b | coiffeuse c | pharmacien d | professeure

FONCTIONNEMENT

Le masculin et le féminin des professions

2 Complétez le tableau.

Masculin	Féminin
-e → *journaliste*	….. → *journaliste*
-r → *professeur*	***-e*** → …..
-er → …..	***-ère*** → *infirmière*
-….. → *coiffeur*	***-euse*** → *coiffeuse*
-teur → *traducteur*	***-trice*** → …..
-ien → …..	***-ienne*** → *pharmacienne*

ENTRAÎNEMENT

3 Complétez avec une profession au masculin ou au féminin.
a | Élodie est musicienne. Léo est …..
b | Alexandre est ingénieur. Julie est …..
c | Elle est photographe. Il est …..
d | François est animateur. Margot est …..

VOCABULAIRE > les professions, les transports, les nombres (3)

Les professions

le coiffeur, la coiffeuse
l'infirmier, l'infirmière
le/la médecin
le/la pharmacien(ne)
le/la professeur(e)

1 Associez les définitions et les professions.

a | Il travaille pour la télévision.
b | Il travaille à l'université.
c | Elle distribue les lettres et les cartes postales.
d | Il travaille dans un hôpital.
e | Elle travaille avec un ordinateur.

1 | l'infirmier
2 | le professeur
3 | le présentateur
4 | la factrice
5 | l'informaticienne

PRODUCTION ORALE

2 Faites deux équipes pour le jeu des professions ! Vous devez retrouver cinq paires de professions masculin et féminin. Posez des questions à votre voisin(e). Quel est le groupe le plus rapide ?

Exemple :
– *Tu es infirmier ?*
– *Non, je suis factrice.*
Tu es facteur ?
– *Oui !*

Les transports

en bus *(m.)*
en métro *(m.)*
en moto *(f.)*
à pied *(m.)*
en scooter *(m.)*
en taxi *(m.)*
en train *(m.)*
en tramway *(m.)*
à vélo *(m.)*
en voiture *(f.)*

3 Regardez l'image. Vous connaissez quels moyens de transport ?

Les nombres de 100 à 1 000 000 000

100	cent
200	deux cents
463	quatre cent soixante-trois
1 000	mille
5 000	cinq mille

1 000 000	1 million
2 000 000	2 millions
1 000 000 000	1 milliard
8 000 000 000	8 milliards

PHONÉTIQUE La prononciation des verbes en *-er* au présent

Cahier unité 2 d'activités

ÉCHAUFFEMENT

1 a Écoutez et observez la conjugaison du verbe *visiter*. cd 30

Je visite
Tu visites
Il/Elle visite
Nous visitons
Vous visitez
Ils/Elles visitent

b Réécoutez. Pour quelles personnes la prononciation du verbe est identique ? Pour quelles personnes la prononciation du verbe est différente ? L'écrit est identique ou différent ? cd 30

FONCTIONNEMENT

2 Choisissez la bonne réponse.

• Les verbes en *-er* conjugués au présent ont
a | une prononciation identique
b | une prononciation différente
aux personnes *je, tu, il/elle, ils/elles.*

• La prononciation des verbes en *-er* conjugués au présent est **a** | identique **b** | différente des autres personnes pour les personnes *nous* et *vous.*

ENTRAÎNEMENT

3 Observez, écoutez et répétez. cd 31

Je travaille
Tu travailles
Il travaille
Elle travaille
Ils travaillent
Elles travaillent
Nous travaillons
Vous travaillez

4 a À vous ! Observez les deux listes suivantes. Votre voisin(e) choisit une personne de la liste 1 et un verbe de la liste 2. Vous conjuguez le verbe à la personne demandée et vous prononcez.

Exemple : 3 et 10 → *Il continue.*

Liste 1	Liste 2
1. je	9. chercher
2. tu	10. continuer
3. il	11. tourner
4. elle	12. passer
5. nous	13. traverser
6. vous	
7. ils	
8. elles	

b Avec les listes de l'activité 4 a, formez des phrases courtes.

Exemple : *Il continue tout droit.*

L'ESSENTIEL GRAMMAIRE/VOCABULAIRE

1 Les articles définis et indéfinis. Complétez avec *un, une, la, les*.

a | ….. bus 32 est dans ….. rue des Lilas.
b | J'habite dans ….. rue historique.
c | Je prends ….. voiture de Céline pour aller travailler.
d | Il y a ….. bateau sur ….. rivière Dordogne.

2 Le présent des verbes en *-er*. Conjuguez les verbes au présent.

a | Nous *(visiter)* ….. Bruxelles : nous *(marcher)* ….. beaucoup.
b | Tu *(travailler)* …. . rue de la République ? J' *(habiter)* ….. dans le quartier !
c | Vous *(traverser)* ….. le fleuve et vous *(tourner)* ….. à droite.
d | Jeanne *(raconter)* ….. son voyage au Brésil. Ses amis *(regarder)* ….. les photos.

3 Les lieux de la ville et les moyens de transport. Trouvez l'intrus.

a | une école – un musée – une place – une bibliothèque
b | une voiture – un bus – un taxi – un vélo
c | une cathédrale – un théâtre – une rue – un musée
d | un boulevard – une rivière – un carrefour – une avenue

4 Les professions. Trouvez la bonne profession.

a | Un *photographe/médecin* travaille à l'hôpital.
b | Un *musicien/journaliste* fait de la musique.
c | Un *facteur/acteur* joue dans des films.
d | Un *serveur/pharmacien* travaille dans un restaurant.

ATELIERS

1 RÉALISER UN QUESTIONNAIRE SUR LA VIE DANS UN QUARTIER

Vous allez préparer un questionnaire pour mieux connaître les quartiers de votre ville.

Démarche

Formez des groupes de trois ou quatre.

1 Préparation

Préparez un questionnaire de cinq questions sur la vie de quartier.
Exemple : *Dans votre quartier, quel est votre lieu préféré ?*

2 Réalisation

• Posez vos questions à un autre groupe.
• Mettez en commun les résultats de vos deux groupes : vous remarquez des points communs ?
• Préparez un document écrit avec les réponses au questionnaire.

3 Présentation

Présentez les résultats à la classe.

2 RÉALISER UN REPORTAGE-PHOTOS DANS LA VILLE

ATELIER TECH'

Vous allez marcher dans votre ville et vous allez prendre des photos du trajet !

Démarche

Formez des groupes de trois ou quatre.

1 Préparation

• En groupes, imaginez un parcours dans la ville en trois étapes à partir de votre école.
• Choisissez et notez :
– les trois lieux ;
– les moyens de transports utilisés.
• Échangez vos notes avec un autre groupe.

2 Réalisation

• À partir des notes, suivez le parcours dans la ville et prenez des photos du trajet : les lieux, les transports, des éléments drôles, etc.
• Postez les photos sur un réseau social avec quelques commentaires d'explication.

3 Présentation

En classe, présentez les photos et votre parcours aux autres groupes.

Stratégies Comprendre un document écrit

Ces stratégies sont utiles pour préparer et réussir le DELF A1 (cf. épreuve blanche p. 187). L'épreuve dure 30 minutes.

Qu'est-ce que vous devez faire ?

Répondre à des questions sur 4 ou 5 documents de la vie de tous les jours.

- Exercice 1 : vous montrez que vous comprenez ce qu'on vous demande de faire dans un message personnel (un petit mot, une carte, un mail) de vos amis, de vos voisins.
- Exercice 2 : vous repérez les informations principales d'un document court (mail, affiche, etc.) et vous suivez des indications pour aller dans un lieu public. Vous utilisez un plan.
- Exercice 3 : vous repérez des informations générales et temporelles dans un document professionnel (agenda, mail, programme d'une conférence, horaires, etc.).
- Exercice 4 : vous cherchez des informations dans un document sur l'éducation, la formation (article, carte de visite, publicité, petite annonce, etc.).

À quoi vous devez penser ?

- Qu'est-ce qu'on me demande de faire ? → Lisez bien la consigne.
- À quoi sert le document proposé ? Pour qui est ce document ? Où est-ce qu'on peut le trouver ? Dans quelle situation ? → Observez attentivement la totalité du document (texte + images).
- Quelles sont les informations ? → Lisez bien les questions.
- Est-ce que mes réponses sont correctes ? → Relisez le document et vérifiez vos réponses.

Préparation au DELF A1

Vous lisez cette affiche dans une gare en France. Répondez aux questions.

1 Le document parle d'une ligne de train. Il :

☐ invite à l'inauguration de la ligne H, après de longs travaux.
☐ annonce des travaux sur la ligne H.
☐ annonce la fermeture de la ligne H.

2 Le 12 avril :

☐ vous pouvez prendre la ligne H pendant la journée.
☐ vous pouvez prendre la ligne H le soir.
☐ vous ne pouvez pas prendre la ligne H.

3 On parle de la ligne D du RER. Cette ligne :

☐ remplace la ligne H pendant les travaux.
☐ est en travaux pour rénovation.
☐ a de nouveaux horaires pendant les travaux.

4 IDVROOM, qu'est-ce que c'est ?

....

QU'EST-CE QU'ON MANGE ?

Objectifs

- Faire des courses alimentaires
- Commander au restaurant
- Exprimer ses goûts

Ça sera tout ?

DOCUMENTS

A Au marché

COMPRÉHENSION ÉCRITE

Entrée en matière

1 **Observez la photo et l'affiche. Vous connaissez ce type de lieu ?**

Lecture

2 **Qui sont les personnes sur l'affiche ?**

3 **Quand est-ce que c'est ouvert ?**

4 **Quel est le numéro de téléphone pour avoir des informations ?**

Pour donner des horaires d'ouverture
- Le marché ouvre à 9 heures.
- Le marché ferme à 20 heures.
- C'est ouvert de 9 à 20 heures.

Vocabulaire

5 **Quels aliments sont sur l'affiche ?**

une baguette de pain

une tomate

un croissant

une salade

une poire

B On fait les courses ! (cd 32)

« Je voudrais une baguette, s'il vous plaît. »

COMPRÉHENSION ORALE

1re écoute

1 **Les personnes sont où ?**

2 **Qui dit les phrases suivantes ? le marchand ou le client ?**

a | Qu'est-ce que je vous sers ? → .....
b | Je voudrais… → .....
c | Et avec ça ? → .....
d | Ce sera tout. → .....

2e écoute

3 Combien les clients paient ? en espèces ou par carte bancaire ?

Exemple : *Le client paie 10 € par carte bancaire.*

a | Dialogue 1 : la cliente paie .....
b | Dialogue 2 : le client paie .....
c | Dialogue 3 : la cliente paie .....

Payer

Je pai**e**/pay**e**
Tu pai**es**/pay**es**
Il/Elle pai**e**/pay**e**
Nous pay**ons**
Vous pay**ez**
Ils/Elles pai**ent**/pay**ent**

Vocabulaire

4 Qu'est-ce que les clients achètent ? Retrouvez les aliments dans la liste.

baguette – fraise – citron – raisin – orange – pomme – poivron – salade – pêche – croissant – carotte

5 Complétez avec les mots : *barquette, bouteille, kilo, morceau, part.*

a | un ..... de raisin
b | une ..... de jus de pomme
c | une ..... de fraises
d | un ..... de camembert
e | une ..... de tarte

Pour faire des courses

Le marchand
- C'est à qui ?
- Qu'est-ce que je vous sers ?
- Vous payez comment ?

Le client
- Des pommes, s'il vous plaît.
- Je voudrais… *(forme de politesse)*
- Est-ce que vous avez… ?
- Combien coûte… ?
- Ce sera tout.

PRODUCTION ORALE

6 Et chez vous, il y a des marchés ? Vous achetez quoi ? En général, vous payez comment ?

GRAMMAIRE > le singulier et le pluriel des noms

Cahier unité 3 d'activités

ÉCHAUFFEMENT

1 Observez les phrases. Qu'est-ce qu'on voit à la fin des noms soulignés ?

a | Des fruits s'il vous plaît. Combien coûte le raisin ?
b | Alors, 1 kilo de raisin et deux barquettes de fraises. Est-ce que vous vendez des bouteilles de jus de pomme ?

FONCTIONNEMENT

Le singulier et le pluriel des noms

En général, on ajoute un ***s*** quand un nom est au pluriel.

	Singulier	Pluriel
Masculin	un citron	des citron**s**
Féminin	une pomme	des pomme**s**

ENTRAÎNEMENT

2 Singulier ou pluriel ? Complétez les noms si nécessaire.

Boulangerie *Le bon pain*

2 baguette.....	1,80 €
1 croissant.....	1,10 €
1 tarte..... aux fraise.....	2,70 €
total	**5,60 €**

Primeur *Les 4 saisons*

2 poivron.....	1,30 €
3 tomate.....	1,50 €
1 citron.....	0,20 €
2 salade.....	1,10 €
total	**4,10 €**

PRODUCTION ORALE >>> DELF

3 À deux ! Vous êtes au marché. Vous achetez les aliments sur la liste. Jouez la scène : il y a un client et un marchand.

5 pommes – 3 poivrons – 2 salades – une bouteille de lait – une baguette de pain

Exemple : – *Bonjour, qu'est-ce que je vous sers ?*

DOCUMENTS

C Au supermarché

COMPRÉHENSION ÉCRITE

1re lecture

1 Observez le document.
a Qu'est-ce que c'est ?
b Qu'est-ce qu'on fait au supermarché ?

2e lecture

2 Complétez le tableau.

Produits	Rayon
.....	Boulangerie
.....	Primeur
Poissons, fruits de mer	.....
Viande, charcuterie	.....
Fromage, yaourts, beurre, lait	.....

Les rayons de votre magasin

LA BOUCHERIE / LA CHARCUTERIE
Chez le boucher-charcutier, des viandes à petits prix !

LA BOULANGERIE
Chez votre boulanger, du pain et des pâtisseries pour le petit déjeuner ou pour les grands événements !

LE PRIMEUR
Les fruits et légumes en libre-service pour des déjeuners équilibrés.

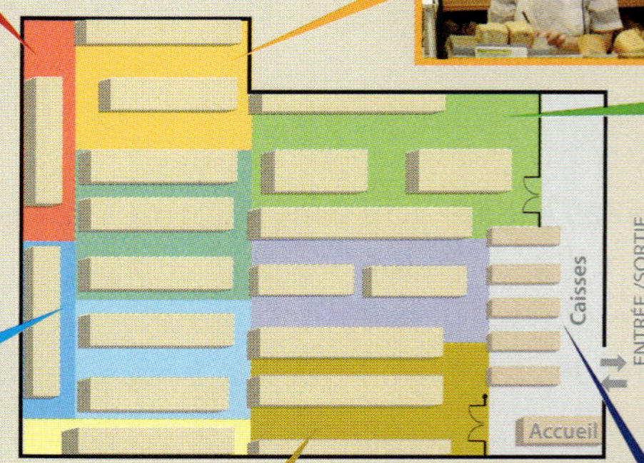

LA POISSONNERIE
Le poisson et les fruits de mer viennent de l'océan Atlantique. Ils arrivent tous les matins à la poissonnerie pour vos dîners de fête…

LES PRODUITS LAITIERS
Un grand choix de fromages. Et bien sûr, le beurre, le lait et les yaourts au rayon des produits laitiers.

LES CAISSES
Avant de partir, rendez-vous aux caisses… pour nos promotions.

Vocabulaire

3 Retrouvez les noms des repas.

Acheter

J'achèt**e**	Nous achet**ons**
Tu achèt**es**	Vous achet**ez**
Il/Elle achèt**e**	Ils/Elles achèt**ent**

GRAMMAIRE > les prépositions de lieu (1)

Cahier d'activités unité 3

ÉCHAUFFEMENT

1 Observez les expressions. Quels mots désignent un lieu ? Quels mots désignent une personne ? Qu'est-ce que vous remarquez ?

a | chez le boulanger
b | chez le boucher-charcutier
c | à la poissonnerie
d | à l'entrée
e | au rayon des produits laitiers
f | aux caisses

FONCTIONNEMENT

Les prépositions de lieu

• Les prépositions *à* et *chez* indiquent le lieu où on est ou le lieu où on va (la destination). On utilise ***à, à la, à l', aux*** avec un **lieu**.
Exemple : *Je suis/Je vais* ***à la*** *poissonnerie.*

• On utilise ***chez (le), chez (la), chez (l'), chez (les)*** avec une **personne**.
Exemples : *Je suis/Je vais* ***chez le*** *poissonnier.*
Je vais ***chez*** *Paula.*

2 Complétez le tableau.

à + ...	→	**au** (rayon)
à + la	→	**à la** (poissonnerie)
à + l'	→	..... (entrée)
à + ...	→	..... (caisses)

REMARQUE
La préposition *de* indique le lieu d'où on vient (la provenance). On utilise ***du, de la, des***.
Exemple : *Je viens* ***du*** *rayon produits laitiers.*

ENTRAÎNEMENT

3 Complétez les phrases avec : *au, à la, aux, chez le.*
Julien va ..... boulangerie et ..... fromager. Moi j'achète les fruits ..... marché et je vais ..... boucher pour la viande. Rendez-vous ..... halles pour le cadeau d'anniversaire !

PRODUCTION ORALE

4 Et vous ? Où est-ce que vous faites vos courses ?

VOCABULAIRE > les magasins, la nourriture

Les commerces / les commerçants et les rayons

le marché
le/la marchand(e)
la boucherie/le boucher, la bouchère
la boulangerie/le boulanger, la boulangère
la fromagerie/le fromager, la fromagère
la poissonnerie/le poissonnier, la poissonnière
le primeur

Au fait !

Les noms de commerçants finissent généralement en *-er/-ère* :
le boulanger, *la boulangère*
le fromager, *la fromagère*...

Les aliments

les fruits : l'ananas, la banane, le citron, la fraise, l'orange, la pêche, la poire, la pomme, le raisin, la tomate...
les légumes : la carotte, l'oignon, le poireau, le poivron, la pomme de terre, la salade...
le pain, les viennoiseries, les pâtisseries : la baguette, le croissant, le pain au chocolat, la tarte...
les produits laitiers : le beurre, la crème, le fromage, le camembert, le lait, le yaourt...
l'œuf *(m.)*
le poisson
la viande

Au fait !

Sur l'étiquette d'un produit, on trouve :

Les quantités

une barquette de...	un morceau de...
une bouteille de...	une part de...
un kilo de...	une tranche de...

1 Complétez avec les mots de la liste.

Exemple :
un kilo de pommes

..... de lait

..... de framboises

..... de pain

..... de gâteau

PRODUCTION ORALE

2 Qu'est-ce que vous mangez le matin ?

PRODUCTION ÉCRITE

3 Écrivez une petite liste de courses.

Les moyens de paiement

la carte bancaire/la carte bleue
le chèque
les espèces : la pièce, le billet

4 Complétez avec les mots de la liste.

À la caisse, je peux payer en espèces, avec des ..... et des .....

par .....  ou par ..... 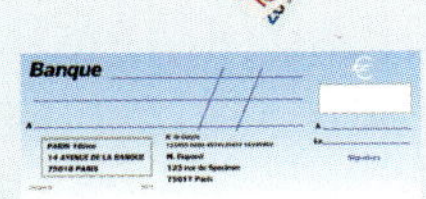

DOCUMENTS

D La recette de la tarte provençale

dvd 3

Ingrédients
- 1 pâte
- 2 courgettes
- 2 tomates
- 2 cuillères de moutarde
- 200 g de thon
- 3 œufs
- 20 cl de crème fraîche
- 20 g de fromage râpé
- sel, poivre

COMPRÉHENSION AUDIOVISUELLE

Entrée en matière

1 Observez la photo. À votre avis, qu'est-ce que c'est ?

1er visionnage

2 La vidéo...

a | explique comment faire des courses.
b | explique comment faire un plat.
c | raconte l'histoire c'un plat.

2e visionnage

3 Associez une image à un verbe : *couper, faire bouillir, fouetter, mélanger, préchauffer*.

une cuillère : *étaler*

une casserole : .....

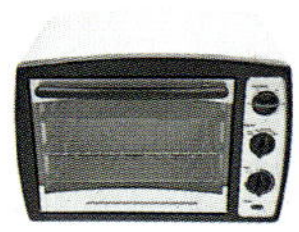
un four : .....

un couteau : .....

un fouet : .....

4 À quelle température est le four ? La tarte cuit combien de temps ?

5 Observez la liste des ingrédients. Il y a quelle quantité...

a | de thon ?
b | de crème ?
c | de fromage ?

Faire

Je **fais**
Tu **fais**
Il/Elle **fait**
Nous **faisons**
Vous **faites**
Ils/Elles **font**

Au fait !

cl = centilitre
l = litre (= 100 cl)
g = gramme
kg = kilogramme (1 000 g)
° = degré

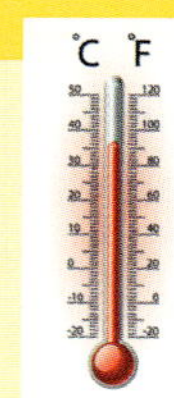

En France, les températures sont en degrés Celsius (°C), et au Québec, en degrés Farenheit (°F).

PHONÉTIQUE Le *e* final non prononcé, le *é* final prononcé

Cahier unité 3 d'activités

ÉCHAUFFEMENT

1 Écoutez et observez les mots. Barrez les lettres finales non prononcées. Qu'est-ce que vous remarquez ?

cd 33

Exemple : *chèque*

a | dimanche **b** | surgelé **c** | pâtisserie **d** | supermarché

FONCTIONNEMENT

2 Choisissez la bonne réponse et complétez les exemples.

• **a** | Je prononce **b** | Je ne prononce pas
le *e* écrit à la fin d'un mot.
Exemples : *dimanche*, ...

• **a** | Je prononce **b** | Je ne prononce pas
le *é* écrit à la fin d'un mot.
Exemples : *surgelé*, ...

ENTRAÎNEMENT

3 Écoutez et répétez les phrases.

cd 34

4 À vous ! Trouvez deux mots avec un *e* à la fin et un mot avec un *é* à la fin. Dites ces trois mots dans le désordre à votre voisin(e). Il/Elle écrit ces mots en quinze secondes maximum. Regardez et vérifiez s'ils sont écrits correctement.

CIVILISATION

E Qu'est-ce que vous mangez ?

Au fait !

Peter Menzel est photographe. Dans son livre, il prend en photo des familles du monde entier avec leur nourriture pour une semaine.

a

© Peter Menzel/Cosmos extrait du livre *Hungry Planet*

Québec (Canada)

© Peter Menzel/Cosmos extrait du livre *Hungry Planet*

France

b

La tarte tatin
des pommes, du beurre, du sucre

La tire d'érable
du sirop d'érable

Les escargots de Bourgogne
des escargots, de l'ail, du persil

La poutine
des frites, du fromage (cheddar)

COMPRÉHENSION ÉCRITE

Entrée en matière

1 **Observez les documents. Qu'est-ce que c'est ?**

1re lecture (document a)

2 **Quelles sont les nationalités des familles ?**

3 **Quels aliments on voit sur chaque photo ?**

2e lecture (document b)

4 **Observez les plats et les ingrédients.**
À votre avis, ils viennent de France ou du Québec ?

PRODUCTION ÉCRITE

5 **Et vous, qu'est-ce que vous mangez ? Donnez les ingrédients de votre plat préféré.**

Oh, le cliché !

« En France, les repas sont importants ! »

Les Français passent du temps à table : environ 2 heures et 22 minutes par jour.

Insee, octobre 2012

Et 70 % des Français mangent un sandwich à l'heure du déjeuner au travail.

www.club-sandwich.net

→ **Et dans votre pays ?**

Manger

Je mang**e**	Nous mang**eons**
Tu mang**es**	Vous mang**ez**
Il/Elle mang**e**	Ils/Elles mang**ent**

DOCUMENTS

F À table ! cd 35

« *L'addition, s'il vous plaît !* »

Le Bistrot du Marché — Menu

À la carte

ENTRÉES

Gazpacho	5,30 €
Salade de concombres	5,20 €
Assiette de charcuterie	6 €

PLATS

Pâtes aux courgettes	13,90 €
Bœuf bourguignon	14,30 €
Steak-frites	11 €

DESSERTS

Mousse au chocolat	5,10 €
Fraises au sucre	4,70 €

Petit-déjeuner 6 €
Café ou thé, croissant, jus d'orange

Nos formules

Plat du jour	10 €
Entrée + plat ou plat + dessert	15 €
Entrée + plat + dessert	20 €

BOISSONS

Soda	2 €
Jus de fruits	2,50 €
Thé	2,30 €
Café	1,70 €
Café crème	2 €

COMPRÉHENSION ORALE

Entrée en matière

1 Observez l'image. Où est-ce qu'on trouve ce document ?

a | au supermarché b | au restaurant

1re écoute

2 Associez les dialogues aux images.

a | 

dialogue n°......

b | 

dialogue n°......

c | 

dialogue n°......

3 Dans le dialogue 2, quelles formules choisissent les clients ? Complétez l'addition.

2 formules	40 €
1 café	1,70 €
TOTAL	41,70 €

2e écoute

4 Qui parle ? Complétez le tableau avec les phrases.

a | L'addition, s'il vous plaît !
b | Et pour vous, madame ?
c | Garçon, s'il vous plaît !
d | Je peux prendre les commandes ?

Le serveur	Le client
Pour prendre les commandes :	Pour appeler le serveur : .... Pour payer : ....

Au fait !

Pour exprimer un choix, on utilise *ou*.
*Thé **ou** café ?*
*Tu prends une entrée **ou** un dessert ?*

Pour commander au restaurant/au café

Le serveur
- Qu'est-ce que vous prenez ?

Le client
- (Je voudrais) un café et un verre d'eau.
- Pour moi, une formule.
- Je prends un gazpacho. Et comme plat, le steak-frites.

Vocabulaire

5 Réécoutez le dialogue 2.

a Le plat du jour, qu'est-ce que c'est ?

b Pourquoi il s'appelle *plat du jour* ?

6 Le *pourboire*, c'est :

a | le total de l'addition. **b** | le moyen de paiement. **c** | de l'argent qu'on donne au serveur.

7 Complétez avec les mots : *café, eau, frites, jus.*

un verre de .....

une assiette de .....

une carafe d'.....

une tasse de .....

PRODUCTION ORALE

8 À deux ! Vous êtes dans un café. Vous posez des questions sur la carte au serveur. Jouez la scène.

Exemples : *– Qu'est-ce qu'il y a dans la formule à 20 € ?*
– Combien coûte une mousse au chocolat ?

Au fait !

En France, la **carafe d'eau** est gratuite dans les cafés, les bars et les restaurants.

GRAMMAIRE > la quantité non définie

Cahier d'activités unité 3

ÉCHAUFFEMENT

1 Observez les phrases. Est-ce qu'on peut compter ces produits ?

a | du vinaigre, du sel

b | de la mousse au chocolat

c | un peu d'huile, un peu de vinaigre

d | beaucoup de sauce

FONCTIONNEMENT

La quantité non définie

2 Complétez le tableau.

Quand on ne connaît pas une quantité (on ne peut pas ou on ne veut pas compter), on utilise les **articles partitifs** *du, de la, de l', des.*

Masculin singulier	de + le = ... (café)
Féminin singulier	**de la** (mousse au chocolat)
Masc. ou fém. singulier devant une voyelle / un *h*	de + l' = ...
Pluriel	de + les = **des** (céréales)

REMARQUES

• Pour dire des quantités, petites ou grosses, on utilise aussi :
un peu de/d' ***beaucoup de/d'***
Exemple : *Dans le gazpacho, il y a* ***beaucoup de*** *tomates et* ***un peu d'****huile.*

• À la forme négative, on utilise ***pas de/d'***.
Exemple : *Il n'y a* ***pas de*** *sel et il n'y a* ***pas d'****huile dans la salade.*

ENTRAÎNEMENT

3 Complétez les phrases avec : *du, de la, de l', des.*

a | Un café crème, c'est ..... café et ..... lait.

b | Je veux une grenadine avec ..... sirop et ..... eau.

c | Ce midi, on mange ..... poisson et ..... chips !

d | Tu vas acheter ..... viande ?

PRODUCTION ÉCRITE >>> DELF

4 Un ami vous demande une recette. Vous rédigez la recette. Vous précisez les aliments et les quantités. *(30 à 40 mots)*

Exemple : *Dans la tarte au thon, il y a du thon, beaucoup de crème, un peu de fromage…*

DOCUMENTS

G J'en veux !

COMPRÉHENSION ÉCRITE

Entrée en matière

1 Observez le document. Qu'est-ce que c'est ?

1re lecture

2 Qui écrit ? À quel sujet ?

2e lecture

3 Qu'est-ce que les clients aiment ? Qu'est-ce qu'ils n'aiment pas ?

Vocabulaire

4 Retrouvez les contraires dans le document et complétez le tableau.

Positif (+)	Négatif (-)
agréable	*désagréable*
.....	mauvaises
joli	.....
.....	malpolis
.....	pas sympas

Pour exprimer ses goûts

- J'aime (bien) (+) / J'adore (++).
- Je n'aime pas (-) / Je déteste (- -).
- Quelle terrasse !
- Génial !
- Il est sympa !

Le Petit Marseille Café

J'aime | Contacter | ...

Journal | À propos | Photos | Avis | Plus

Le Petit Marseille Café
19 octobre, 15:22
Un nouveau menu à découvrir au Petit Marseille Café !
J'aime | Commenter | Partager

Karine
Génial ! J'adore le PMC ! C'est un lieu agréable !

Jean-Marc
Bonne nouvelle ! Moi j'aime bien vos tartes, elles sont très bonnes…

Clémentine
J'en veux ! J'en veux !

Le Petit Marseille café
Combien vous en voulez ?

Clémentine
@PMC : dix, cent !!

Cécile
Bon, le menu est bien, mais je déteste la décoration. C'est moche.

Clémentine
C'est vrai ^^ mais quelle terrasse !

Karine
Les serveurs sont très sympas et polis !

Ölaf
@PMC : Vous avez une salle privée ?

Le Petit Marseille café
@Ölaf : Non, on n'en a pas.

GRAMMAIRE > le pronom *en*

Cahier d'activités unité 3

ÉCHAUFFEMENT

1 Observez les phrases. Le pronom *en* remplace quel mot ?

a | – Moi j'aime bien vos tartes…
– J'en veux ! J'en veux !

b | – Vous avez une salle privée ?
– Non, on n'en a pas.

FONCTIONNEMENT

Le pronom *en*

2 Choisissez la bonne réponse.

- Le pronom *en* remplace un nom pour éviter une répétition.
- Il se place : a | avant b | après le sujet et avant le verbe.

Exemple : *J'**en** mange beaucoup.*

ENTRAÎNEMENT

3 Transformez les phrases avec *en*.

Exemple : Vous voulez des tartes ?
Oui, je veux des tartes. → ***Oui, j'en veux.***

a | Tu veux du sucre ? → Non, ...

b | Tu commandes du jus d'orange ? → Oui, ...

c | Vous voulez du café ? → Oui, ...

PRODUCTION ORALE

4 À deux ! Vous êtes dans un café : un client pose des questions au serveur.

Exemple : – *Est-ce que vous avez de la mousse au chocolat ?*

VOCABULAIRE > au restaurant/au café

Au restaurant

l'addition *(f.)*
la carte, le menu
le/la client(e)
la commande
l'entrée *(f.)*, le plat, le dessert
la formule
le plat (du jour)
le pourboire
le sel et le poivre
le serveur, la serveuse
le sucre

La vaisselle

l'assiette *(f.)*
la bouteille
la carafe
la fourchette, le couteau, la cuillère
la tasse
le verre

1 Trouvez les mots de la liste dans la photo.

2 Complétez les phrases avec les mots : *commandes, formule, menu, plat, pourboire, serveur.*

a | – Quel est le ..... du jour ?
– Regarde sur le ..... ! C'est écrit !
b | Le ..... est très gentil : il prend les ..... avec le sourire.
c | Il faut donner un ..... à la serveuse !
d | Je prends une ..... avec entrée et dessert.
e | S'il vous plaît, je voudrais un ..... pour couper la viande.
f | Je prends du ..... avec le café.

Les plats

le bœuf bourguignon

le gratin de pommes de terre

les pâtes

le steak-frites

la mousse au chocolat

la tarte aux fraises

Les boissons

le café, le café crème
l'eau *(f.)*
le jus de fruits
le sirop
le soda
le thé

PRODUCTION ORALE

3 Quel est votre plat préféré ? Quelle est votre boisson préférée ?

Les points positifs et négatifs

agréable, sympa ≠ désagréable
bon(ne) ≠ mauvais(e)
joli(e) ≠ moche
poli(e) ≠ malpoli(e)

PHONÉTIQUE La consonne finale non prononcée

Cahier unité 3 d'activités

ÉCHAUFFEMENT

1 a Écoutez et observez les mots suivants. Barrez les lettres finales. Qu'est-ce que vous remarquez ? cd 36

Exemple : *lai~~t~~*

a | repas **b** | plat **c** | prix **d** | sirop **e** | boulanger **f** | billet **g** | vous payez

b Réécoutez. Comment le e de *boulanger, billet* et *payez* est prononcé (mots e, f et g) ? cd 36

FONCTIONNEMENT

2 Choisissez la bonne réponse.

- En général, **a** | je prononce **b** | je ne prononce pas la consonne écrite à la fin d'un mot.

Exemples : *lai~~t~~, repa~~s~~, boulange~~r~~*

- En général, quand il y a *-er*, *-et*, *-ez* à la fin d'un mot, je prononce la lettre *e* comme un **a** | e **b** | é.

Exemples : *boulanger, billet, payez*

REMARQUE

Pour certains mots, je prononce la consonne finale.

Exemples : *le Québe**c**, du bœu**f**, le serveu**r**, du se**l***

ENTRAÎNEMENT

3 Écoutez et répétez les phrases. cd 37

4 À vous ! Écrivez une liste de cinq mots avec une consonne finale non prononcée. Donnez la liste à votre voisin(e). Il/Elle lit la liste, vous vérifiez sa prononciation.

L'ESSENTIEL GRAMMAIRE/VOCABULAIRE

1 Les prépositions de lieu. Complétez les phrases avec les mots : *au, à la, à l', aux* ou *chez le.*

a | Tu vas ..... boulangerie ? Tu peux prendre des tartes, s'il te plaît ?

b | Tu achètes des poivrons ..... primeur, s'il te plaît ?

c | Les fruits sont ..... entrée du magasin.

d | Je vais ..... caisses pour payer.

e | Tu prends des citrons ..... supermarché ?

f | On va ..... restaurant ?

2 Les articles partitifs. Complétez les phrases avec les mots : *du, de la, de l', des.*

– Tu vas au supermarché ? Tu peux acheter ..... huile, s'il te plaît ?

– Oui. Combien tu en veux ?

– Un litre. Et aussi ..... sel.

– Autre chose ?

– Attends je regarde… Ah oui ! ..... œufs.

– Et ..... crème ?

– Oui, s'il te plaît. Merci !

3 Au marché/au restaurant. Trouvez l'intrus.

a | une fraise – une orange – une banane – une salade

b | un verre – un café – une fourchette – une assiette

c | agréable – sympa – malpoli – joli

d | un pourboire – un soda – un jus – un thé

4 Au restaurant. Complétez la carte avec les mots : *café, déjeuner, formule, jus, plat.*

Café	1,20 €
..... crème	1,40 €
..... de fruits	2,00 €
Petit	8,50 €

..... du jour	10 €
..... midi (sandwich + boisson + café)	9 €

ATELIERS

Le jus de l'été !
un citron
200 g de fraises
une orange
du sucre

1 CRÉER LA CARTE D'UN BAR À JUS

Vous allez créer la carte d'un bar à jus.

Démarche

Formez des groupes de trois.

1 Préparation

- Imaginez une recette de jus de fruits ou de légumes. Choisissez des ingrédients *(des pommes, des poires...)*.
- Trouvez un nom pour votre recette.

2 Réalisation

- Écrivez votre recette :

– faites la liste des ingrédients avec les quantités ;
Exemple : *2 pommes, 3 poires, 100 g de sucre...*
– expliquez les étapes de réalisation ;
Exemple : *Couper les pommes...*

3 Présentation

- Mettez en commun toutes les recettes de la classe sur une carte.
- Transformez la classe en bar à jus : 2 ou 3 élèves jouent les serveurs, les autres jouent les clients.
- Commandez vos boissons : vous posez des questions sur les jus et vous passez votre commande…
- Choisissez votre mode de paiement.

N'oubliez pas les formules de politesse !

2 CRÉER UN ALBUM DE SELFIES AVEC DES COMMERÇANTS

ATELIER TECH'

Vous allez créer un album photo pour présenter les commerçant(e)s de votre quartier.

Démarche

Formez des groupes de trois.

1 Préparation

- Faites des selfies (photos) devant vos commerces habituels. Vous pouvez demander aux commerçants de prendre la photo avec vous !

2 Réalisation

- Collez vos photos dans l'album photo en ligne.
- Écrivez quelques commentaires : expliquez où vous êtes, ce que vous achetez, ce que vous aimez.

3 Présentation

Votez pour les plus belles photos !

DÉTENTE

Les spécialités régionales

Retrouvez les spécialités culinaires des régions françaises.

spécialité provençale (vertical) : _ O _ I _ _ A _ _ I _ _ E

spécialité alsacienne : _ _ O _ _ _ _ _ _ _

spécialité lorraine : _ _ I _ _ _

spécialité basque : A _ _ _

spécialité savoyarde : _ _ _ _ I _ _ _ _ _ _

spécialité bretonne : _ _ _ E _ _ _

LES SOLDES, C'EST PARTI !

Objectifs

- S'habiller
- Donner une appréciation
- Parler de la météo
- Décrire un objet

Ça me plaît !

DOCUMENTS

A Mes conseils de mode

LES TENUES VESTIMENTAIRES | LE MAQUILLAGE | LES ACCESSOIRES

Publié par Valérie Langlois 2 juillet 2015 12 h 52

La mode ? J'adore !

C'est super, ce sont les soldes en juillet !

C'est le moment d'acheter des vêtements et des sacs à main bon marché. Et bien sûr, des chaussures, des bijoux, des chapeaux… pas chers !

Voilà mon top des achats mode de juillet, pour être belle en été… et pour préparer l'automne.

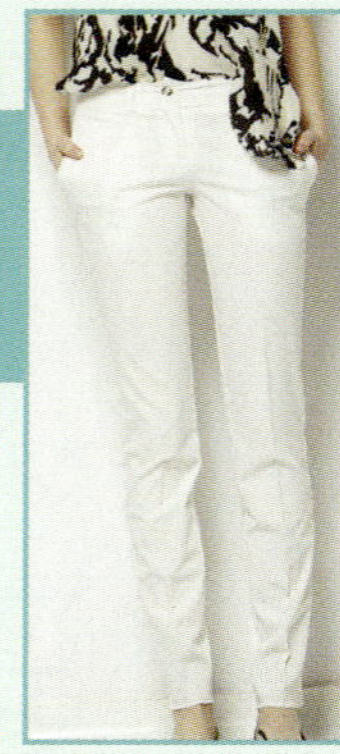

LES VÊTEMENTS SIMPLES

Les vêtements simples, ça me plaît !
Le tee-shirt à rayures et la petite jupe noire, le pantalon blanc…

LES JEANS

Alerte tendance : les robes ou les chemises en jean sont très belles, et en plus, c'est à la mode, même pour les hommes.
(Mais les jeans larges et longs… quelle horreur !)

LES ACCESSOIRES

Les lunettes de soleil sont indispensables !
Vous pouvez ajouter un grand chapeau clair…
et pourquoi pas une ceinture en cuir ?
Moi je trouve ça joli et c'est utile !

ET APRÈS L'ÉTÉ ? LES MANTEAUX ARRIVENT !

Début septembre, c'est le moment de porter un pull ou une veste. Une veste en coton, par exemple, est parfaite en automne. Il y a aussi les vestes en cuir, pour un style rock, ou en laine.
Pas de couleurs foncées, c'est triste !

COMPRÉHENSION ÉCRITE

Entrée en matière

1 Observez le document. Qu'est-ce que c'est ?

a | un article de journal b | un blog c | une recette

2 Observez le titre du document. De quoi ça parle ?

1re lecture

3 Qui écrit l'article ? À quel moment de l'année ?

4 Quelles sont les trois rubriques du site Internet ?

Pour situer un moment dans l'année

- Quand ?
- **En** hiver, **au** printemps, **en** été, **en** automne
- **En** janvier, **en** avril, **en** juillet, **en** septembre…
- **Début** septembre, **mi-**septembre, **fin** septembre

2e lecture

5 Vrai ou faux ?

a | Les chaussures et les sacs à main sont chers en juillet.
b | Le tee-shirt à rayures est un vêtement simple.
c | Les lunettes de soleil ne sont pas importantes.
d | C'est une bonne idée de porter une veste en coton en automne.
e | Les vestes en laine ne sont pas à la mode.

6 Valérie aime quels vêtements ?

a | les tee-shirts à rayures
b | les petites jupes noires
c | les pantalons blancs
d | les jeans larges
e | les robes en jean
f | les vestes noires

Vocabulaire

7 Complétez le tableau avec les mots du document.

Les vêtements	Les accessoires	Les couleurs	Les tailles, les dimensions	Les matières
le tee-shirt	*les lunettes de soleil*	*noire*	*longs*	*en jean* .....

PRODUCTION ORALE

8 À deux ! Vous êtes dans un magasin de vêtements avec un(e) ami(e). Vous donnez votre appréciation sur un vêtement de votre choix.

Pour donner une appréciation

- Je trouve ça joli.
- Quelle horreur !
- Ça me plaît.
≠ Ça ne me plaît pas.
- C'est à la mode./C'est tendance.
≠ Ce n'est pas à la mode.

GRAMMAIRE > le genre et le nombre des adjectifs

Cahier d'activités unité 4

ÉCHAUFFEMENT

1 Observez les phrases. Quels adjectifs sont au féminin ? au pluriel ? Qu'est-ce que vous remarquez ?

a | la petite jupe noire b | les jeans larges et longs c | des couleurs foncées

FONCTIONNEMENT

Le genre et le nombre des adjectifs

2 Complétez le tableau.

Singulier		Pluriel	
Masculin	**Féminin**	**Masculin**	**Féminin**
petit	.....	petit**s**	petit**es**
.....	chèr**e**	cher**s**	chèr**es**
simple	simpl**e**	.....	
bon	bon**ne**	bon**s**	.....

- En général, on ajoute un e au **féminin** des adjectifs.
Exemple : *petit* → *petite*

- Certains adjectifs sont identiques au féminin et au masculin. Exemple : *simple*
- Certains adjectifs doublent la consonne finale au féminin. Exemple : *bon* → *bonne*
- Au **pluriel**, on ajoute un ***s***. Exemple : *petit* → *petits*

REMARQUES
beau → ***belle*** (féminin)
beau → ***beaux*** (pluriel)
blanc → *blanche* (féminin)
long → *longue* (féminin)

ENTRAÎNEMENT

3 Mettez les adjectifs au féminin si c'est nécessaire.

a | Pablo porte un jean *(clair)* ..... et une veste *(court)* .....
b | Bilel a une *(joli)* ..... chemise.
c | Laïla est très *(sportif)* .....
d | Isadora a une chemise *(blanc)* .....
e | La ceinture de Victor est *(cher)* .....

4 Mettez les adjectifs au pluriel. Attention au féminin !

a | J'adore les *(beau)* ..... sacs !
b | Henri a des chaussures *(foncé)* .....
c | Les vestes *(noir)* ..... sont très *(beau)* .....
d | Les lunettes de soleil sont *(utile)* .....
e | Les *(grand)* ..... chapeaux, ça ne me plaît pas !

PRODUCTION ORALE

5 À deux ! Choisissez une personne sur la photo et décrivez ses vêtements à votre voisin(e). Il/Elle devine de qui vous parlez.

Exemple : – *Elle porte une veste en cuir et une robe.*
– *C'est Anita ?*

DOCUMENTS

B Qu'est-ce que je mets aujourd'hui ? cd 38

« *Il fait froid !* »

COMPRÉHENSION ORALE

Entrée en matière

1 **Observez les documents. À votre avis, que propose l'application *Clothe to me* ?**

Au fait !

On utilise *mais* pour opposer deux termes.
Il fait beau ***mais*** *il fait froid !*

2 écoutes

2 **Associez chaque enregistrement à un téléphone.**

3 **Il fait quel temps ? Quelle est la température ? Complétez le tableau.**

	Temps	Température
Enregistrement 1	*Il y a du soleil.*	.....
Enregistrement 2 *après-midi* *soir*	....	*Il fait chaud.* .....

a

b

Vocabulaire

4 **L'homme et la femme mettent quels vêtements ?**

PRODUCTION ORALE

5 **À deux !** **Quelle est la météo aujourd'hui ? Parlez du temps et des températures.**

Pour parler de la météo

- Il fait beau. / Il y a du soleil.
- Il pleut. / Il y a de la pluie.
- Il y a du vent.
- Il fait chaud. ≠ Il fait froid.
- Il fait 18°C, il fait -5°C.

GRAMMAIRE > la place des adjectifs

Cahier d'activités unité 4

ÉCHAUFFEMENT

1 **Observez les adjectifs soulignés. Quels adjectifs sont placés avant le nom ? après le nom ?**

a | un costume <u>gris</u>
b | mon manteau <u>noir</u>
c | ma <u>petite</u> robe <u>jaune</u>
d | mon imperméable <u>beige</u>

FONCTIONNEMENT

La place des adjectifs

- En général, les adjectifs sont placés **après** le nom.
- Certains adjectifs courts comme *petit, grand, beau, bon, joli* se placent **avant** le nom. Exemples : *une* ***petite*** *<u>robe</u>, une* ***jolie*** *<u>veste</u>...*
- Les adjectifs de **couleur** *(bleu, jaune...)* sont toujours placés **après** le nom.

ENTRAÎNEMENT

2 **Placez l'adjectif avant ou après le nom souligné.**

a | Oscar a un <u>manteau</u>. *(joli)*
b | Il n'aime pas les <u>couleurs</u>. *(foncées)*
c | Elle porte toujours un <u>manteau</u>. *(gris)*
d | Je préfère les <u>vêtements</u>. *(clairs)*
e | Victor a un <u>pantalon</u>. *(beau)*

PRODUCTION ÉCRITE

3 **Faites la liste de vos vêtements et de vos accessoires (avec les couleurs !). Comparez cette liste avec votre voisin(e).**

Exemple : *J'ai cinq pantalons noirs...*

VOCABULAIRE > les vêtements, les accessoires, la météo

Les vêtements

la chemise
le costume
la jupe
le manteau, l'imperméable *(m.)*
le pantalon, le jean
le pull
la robe
le tee-shirt
la veste

Les accessoires

le(s) bijou(x)
la ceinture
le chapeau
les chaussures, les bottes
les lunettes (de soleil)
le parapluie
le sac à main

Les matières et les couleurs

en coton *(m.)* en cuir *(m.)* en jean *(m.)* en laine *(f.)*

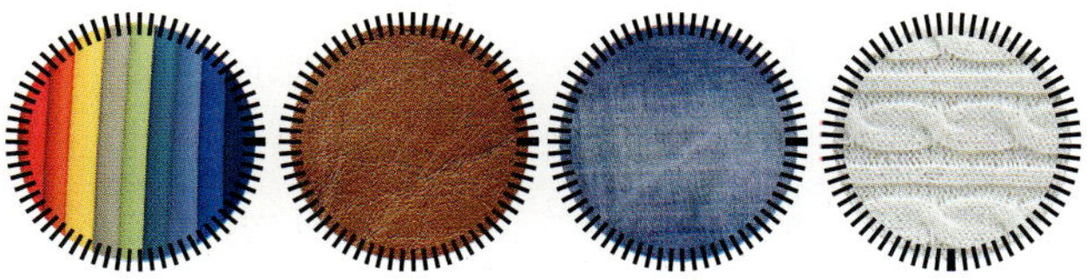

beige
blanc
bleu
gris
jaune
marron
noir
rose
rouge
vert

1 Complétez. Pensez aux couleurs et aux matières !

PRODUCTION ORALE

2 Vous portez quels vêtements aujourd'hui ? Ils sont de quelle couleur ? en quelle matière ? Parlez avec votre voisin(e).

Francophonie

Et au Québec, comment on dit ?
- un pull = un tricot
- un tee-shirt = un maillot
- faire du shopping = magasiner

La météo et les températures

la neige

le nuage

l'orage *(m.)*

la pluie
(le mauvais temps)

le soleil (le beau temps)

le vent

la chaleur, chaud (30°C)
le froid, froid (-5°C)
avoir chaud ≠ avoir froid

3 Complétez la carte météo avec les mots : ***degrés, neige, nuages, pluie, soleil, orages, vent.***

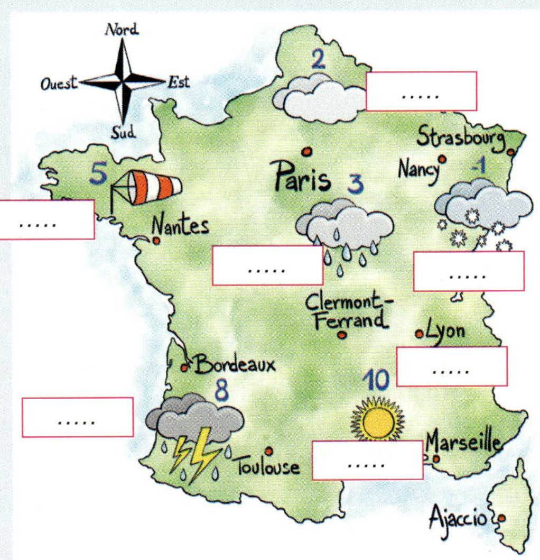

DOCUMENTS

C Vive les soldes ! (dvd 4)

COMPRÉHENSION AUDIOVISUELLE

1er visionnage (sans le son)

1 **Où se passe le reportage ? Ça parle de quoi ?**

2 **Le reportage montre quels articles ?**

2e visionnage (avec le son)

3 a **Les vêtements sont soldés jusqu'à :**

a | – 30 %   b | – 40 %   c | – 50 %

b **Et les chaussures ?**

4 **Vous entendez quelles tailles ?**

a | 36   b | 38   c | 40   d | 42   e | 44

5 **Quelle pointure est moins demandée ?**

a | 36   b | 38   c | 40   d | 42   e | 44

6 **Il y a aussi des soldes :**

a | au rayon bijoux.
b | au rayon parfums.
c | au rayon ceintures.

7 **Quelles sont les dates des soldes ?**

Au fait !

Les tailles françaises
34 = XS
36 = S
38/40 = M
42/44 = L
46/48 = XL

Pour demander/dire la taille et la pointure

- – Quelle est votre taille ?
- – Quelle est votre pointure ?
- – Vous faites du combien ?
- – Je fais du 38.
- – Je fais/chausse du 40.

PHONÉTIQUE L'élision

Cahier d'activités unité 4

ÉCHAUFFEMENT

1 **Écoutez les phrases et observez les mots soulignés. Qu'est-ce que vous remarquez ?** (cd 39)

a | 2016, c'est l'année de la mode !
b | Il fait froid dans l'Ouest et dans le Sud, c'est l'hiver !
c | J'adore les vêtements en cuir, je trouve ça joli.
d | Il n'y a pas beaucoup de tailles différentes, ça ne me plaît pas.
e | En janvier, c'est le moment d'acheter des pulls et de porter un manteau !

FONCTIONNEMENT

2 **Complétez avec les mots *voyelle* ou *consonne*.**

• *La/le, je, ne* et *de* placés devant une ….. ne changent pas.
Exemples : ***la** mode, **le** Sud, **je** trouve ça joli, ça **ne** me plaît pas, **de** porter.*

• *La/le, je, ne* et de placés devant une … ou *h* + … changent pour ***l'***, ***j'***, ***n'***, ***d'***.
Exemples : ***l'**année, **l'**Ouest, **l'**hiver, **j'**adore, il **n'**y a pas, **d'**acheter.*

REMARQUE : à la forme négative, *c'est* devient *ce n'est pas.*
Exemple : ***C'**est cher.* / ***Ce n'**est pas cher.*

ENTRAÎNEMENT

3 **Écoutez et répétez les phrases.** (cd 40)

4 **Choisissez la bonne réponse et prononcez les phrases à voix haute.**

a | Il *n' / ne* y a pas de soldes *d' / de* printemps.
b | Pour préparer *l' / le* automne, *j' / je* achète des vestes en laine.
c | *L' / Le* tee-shirt de Victor et *l' / la* chemise de Sarah *n' / ne* sont pas jolis.

CIVILISATION

D Un vêtement à succès

Le célèbre tee-shirt blanc à rayures est un symbole de la France… Voici son histoire.

Le 27 mars 1858, la marinière devient la tenue officielle des marins de la Marine nationale française.

En 1913, la créatrice de mode Coco Chanel porte une marinière et transforme le célèbre tee-shirt à rayures en accessoire de mode. C'est le début d'un grand succès.

Aujourd'hui, des entreprises françaises comme Armor Lux ou Saint James fabriquent des marinières.

Des grands couturiers comme Karl Lagerfeld ou Jean-Paul Gaultier et des grandes marques utilisent aussi les rayures de la marinière dans leurs créations : des parfums, du maquillage, des boîtes de chocolat… et même le maillot de l'équipe de France de football en 2011 !

COMPRÉHENSION ÉCRITE

Entrée en matière

1 **Observez les photos. Vous connaissez ce vêtement ?**

1re lecture

2 **Trouvez un titre pour l'article.**

a | Les symboles de la France
b | L'histoire de la marinière
c | La fabrication de la marinière

3 **D'où vient le nom *marinière* ?**

2e lecture

4 **Regardez les photos a, b, c et retrouvez qui sont : Coco Chanel, Jean-Paul Gaultier, Karl Lagerfeld.**

a

b

c

5 **On retrouve les rayures de la marinière dans quels objets ?**

PRODUCTION ORALE

6 **Est-ce qu'il existe un vêtement ou un objet « symbole » de votre pays ?**

Oh, le cliché !

« Les Français sont élégants. »
Pour la majorité des Français (52 %), le jean est le vêtement important pour « être à la mode ». Ils portent un tee-shirt avec le jean dans toutes les occasions.
Pour être élégants, les Français s'habillent en noir et portent des accessoires.

IFOP, juin 2014

→ **Et dans votre pays, la mode est importante ?**

E Promotion sur les objets connectés

cd 41

« Nous allons faire de bonnes affaires ! »

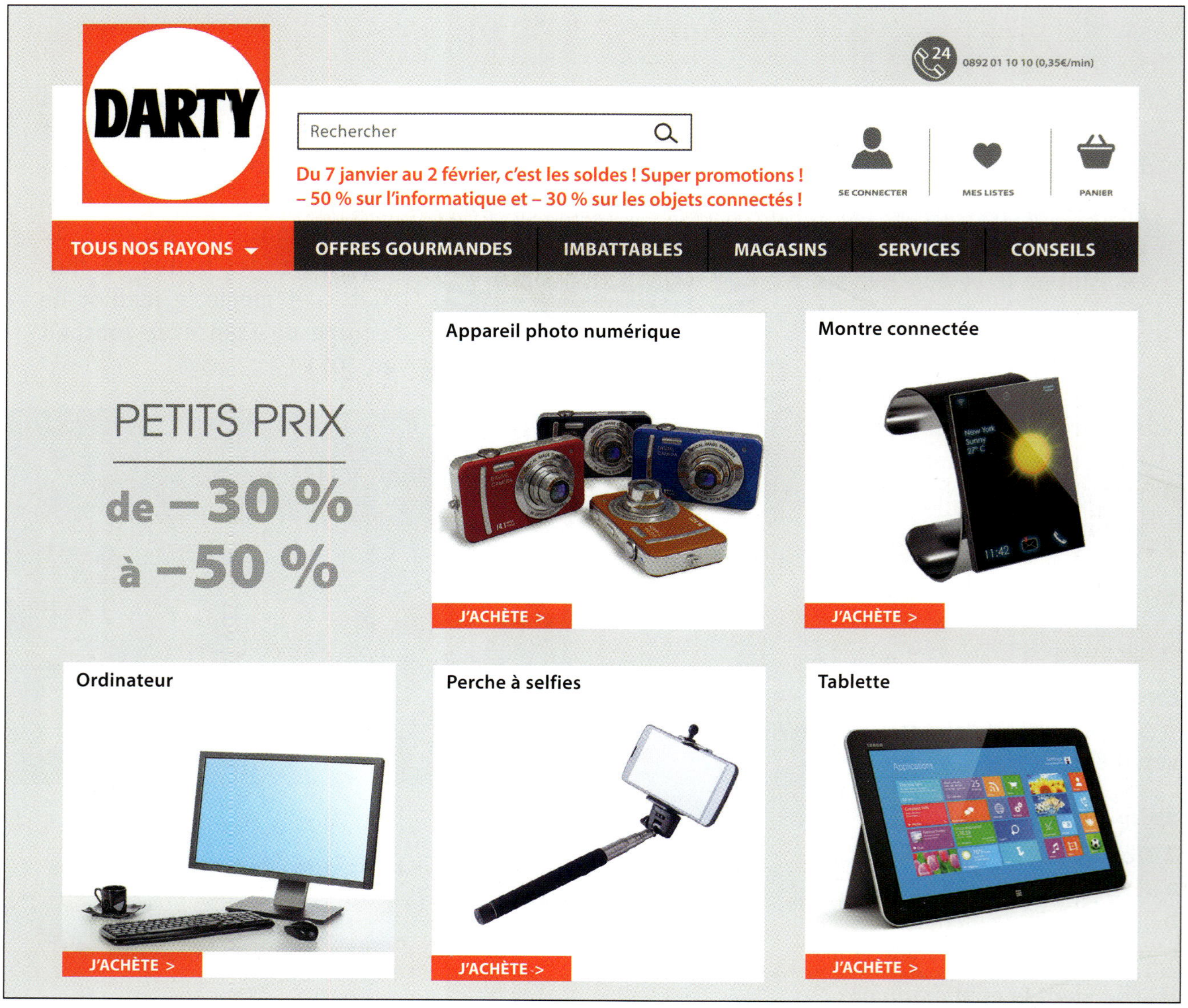

COMPRÉHENSION ORALE

Entrée en matière

1 **Observez le document. Qu'est-ce qu'on peut acheter sur ce site ?**

1re écoute

2 **Qui sont les deux personnes ? Où est-ce qu'elles sont ?**

3 **Elles vont dans quels rayons ?**

2e écoute

4 **Qu'est-ce qu'elles achètent ?**
un ordinateur – un lecteur MP3 – une liseuse numérique – un livre – une tablette – un CD – un appareil photo numérique – un DVD – une perche à selfies

5 **À quoi servent ces objets ? Associez.**

a	une liseuse numérique	**1**	écouter de la musique
b	un lecteur MP3	**2**	lire

6 **Qu'est-ce qu'il y a au rayon loisirs ?**

Pour demander/dire l'utilité d'un produit
- Ça sert à quoi ?
- Ça sert à lire. / C'est pour lire.
- Avec ça, on peut lire.

Venir
Je **viens**
Tu **viens**
Il/Elle **vient**
Nous **venons**
Vous **venez**
Ils/Elles **viennent**

Vocabulaire

7 Complétez la description de l'ordinateur avec les mots : *pratique, grand, fin*.

a | L'écran est .....

b | La souris est .....

c | Le clavier est .....

8 Un objet « en promotion » c'est :

a | un objet soldé.

b | un objet offert.

Pour...

demander/dire un prix
- Ça coûte combien ? / Combien ça coûte ?
- Combien coûte... ?
- Ça coûte 149 €.

commenter un prix
- C'est cher. ≠ Ce n'est pas cher.
- C'est une bonne affaire.

PRODUCTION ORALE >>> DELF

9 À deux ! Vous êtes dans un magasin d'objets technologiques. Vous jouez le marchand et le client : vous demandez et vous donnez des renseignements sur les produits (utilité, prix).

GRAMMAIRE > le futur proche et le passé récent

Cahier unité 4 d'activités

ÉCHAUFFEMENT

1 Observez les phrases. Quelles phrases expriment une action passée ? Quelles phrases expriment une action future ? Comment sont construits les verbes soulignés ?

a | Je vais trouver un ordinateur pas cher.

b | Je viens de dépenser beaucoup d'argent.

c | Nous allons faire de bonnes affaires.

d | Tu viens de faire de bonnes affaires.

FONCTIONNEMENT

Le futur proche et le passé récent

2 Complétez les règles.

- Pour exprimer une action future, on peut utiliser le **futur proche** :

verbe ..... au présent + infinitif

Exemple : *Elle **va faire** les courses.*

REMARQUE

Avec le futur proche, on utilise souvent des **indicateurs de temps :**

demain (soir), ce soir, lundi matin, mardi soir...

- Pour exprimer une action passée proche dans le temps, on utilise le **passé récent** :

verbe *venir* au présent + ... + infinitif

Exemple : *Nous **venons de vendre** la voiture.*

ENTRAÎNEMENT

3 Conjuguez les verbes au futur proche.

a | En vacances, tu *(utiliser)* ..... ton appareil photo tous les jours.

b | Demain, mes amis et moi *(faire)* ..... les soldes.

c | Ce soir, mes parents *(aller)* ..... au restaurant et moi, je *(regarder)* ..... un film !

d | Il *(acheter)* ..... une nouvelle tablette.

e | Vous *(trouver)* ..... les DVD au premier étage.

4 Conjuguez les verbes au passé récent.

a | La fête est finie, mes amis *(partir)* ......

b | Carole *(avoir)* ..... 18 ans.

c | Vous *(faire)* ..... les courses ?

d | Astrid et Stéphanie *(acheter)* ..... un ordinateur.

e | David et moi *(écouter)* ..... un CD.

PRODUCTION ÉCRITE >>> DELF

5 Vous écrivez un mail à un(e) ami(e) pour raconter votre week-end et vos projets pour la semaine à venir. Utilisez le passé récent et le futur proche. *(30 à 40 mots)*

DOCUMENTS

F Rendez-vous aux objets trouvés

cd 42

COMPRÉHENSION ORALE

Entrée en matière

1 **Observez les documents. Qu'est-ce qu'on trouve au service des objets trouvés ?**

2 écoutes

2 **Où est la femme ? Qu'est-ce qu'elle cherche ?**

3 **Comment est le sac à dos ?**

La taille :	**a** | grand	**b** | petit	
La forme :	**a** | carré ■	**b** | rond ●	**c** | rectangulaire ▮
Le poids :	**a** | lourd	**b** | léger	
La couleur :	**a** | jaune	**b** | rouge	**c** | rose

Vocabulaire

4 **Complétez avec les objets dans le sac ou leurs caractéristiques.**

a | un portefeuille n….. en …..
b | des lunettes m…..
c | une écharpe ….. et …..
d | un ….. portable
e | deux l…..

« Ce sac à dos est de quelle couleur ? »

Source : SNCF, de mars 2014 à août 2015.

Pour décrire un objet

- C'est un pull vert et bleu.
- La voiture est grande ≠ petite.
- Le sac est carré, rond, rectangulaire.
- C'est lourd ≠ léger.

GRAMMAIRE > l'adjectif démonstratif

Cahier d'activités unité 4

ÉCHAUFFEMENT

1 **Observez les mots soulignés. Dans quelle phrase ces mots permettent de montrer un objet ? Dans quelle phrase ces mots permettent de parler d'un objet déjà nommé ?**

a | – Je cherche un sac à dos.
– Ce sac à dos est de quelle couleur ?

b | – Madame, ce sac à dos, ce portefeuille noir en cuir, ces lunettes marron, cette écharpe rose et verte, cet ordinateur portable et ces deux livres sont bien à vous ?

FONCTIONNEMENT

L'adjectif démonstratif

On utilise l'adjectif démonstratif pour montrer quelque chose ou pour désigner un objet déjà nommé.

	Singulier		Pluriel
Masculin	**ce** sac	**ce** portefeuille	**ces** livres
Féminin	**cette** valise	**cette** écharpe	**ces** lunettes

REMARQUE
Devant une voyelle ou un *h* muet, **ce** devient ***cet***.
Exemples : ***cet*** *ordinateur,* ***cet*** *homme*

ENTRAÎNEMENT

2 **Complétez avec des adjectifs démonstratifs.**

a | ….. perches à selfies sont vraiment inutiles !
b | ….. hiver, je vais porter ….. pulls chauds.
c | ….. veste grise est trop petite pour moi.
d | ….. pantalon à rayures est très joli.

PRODUCTION ORALE

3 **Regardez et montrez un maximum d'objets dans la classe. Puis choisissez un objet et décrivez-le. Utilisez les adjectifs démonstratifs.**

VOCABULAIRE > les objets technologiques, les objets du quotidien

Les objets technologiques

l'appareil photo (numérique) *(m.)*
le CD
le DVD
le lecteur MP3
la liseuse numérique
la montre connectée
l'objet connecté *(m.)*
l'ordinateur (portable ou fixe) *(m.)* :
  le clavier
  la souris
  l'écran *(m.)*
la perche à selfies
le smartphone
la tablette
le téléphone portable

1 Retrouvez les objets.

a | C'est pour écouter de la musique.
→ C'est un .....
b | Ça sert à téléphoner.
→ C'est un .....
c | C'est pour prendre des photos.
→ C'est un .....
d | On peut regarder un film avec.
→ C'est un .....

Les objets du quotidien

le porte-monnaie
le portefeuille
le sac à dos
le sac de voyage
le sac de sport
la valise

La description des objets

La dimension :
  large
  long

La forme :
  rond
  carré
  rectangulaire

Le poids : lourd ≠ léger

La taille : grand ≠ petit

2 Dites le contraire.

a | Ce portefeuille est grand et léger.
b | Ces lunettes sont petites et légères.
c | Cette valise est lourde.

3 Nommez et décrivez ces objets.

Exemple : *un téléphone blanc et rectangulaire.*

4 Associez un enregistrement à un objet. cd 43

PRODUCTION ÉCRITE

5 Regardez autour de vous. Vous voyez quels objets ? Écrivez la liste de ces objets et comparez avec votre voisin(e).

PHONÉTIQUE Les liaisons en [z] et en [n]

Cahier d'activités unité 4

ÉCHAUFFEMENT

1 a Écoutez et observez les groupes de mots. Répétez ce que vous entendez. cd 44

a | les DVD b | des tablettes c | ces lunettes d | trois livres e | deux chaussures f | un portefeuille

b Écoutez et observez les groupes de mots. Répétez ce que vous entendez. cd 45

a | les‿accessoires b | des‿achats c | ces‿écharpes d | trois‿hommes e | deux‿ans f | un‿euro

FONCTIONNEMENT

2 Choisissez la ou les bonne(s) réponse(s).

• Quand *les, des, ces* et *trois* sont placés devant
a | une voyelle b | un *h* ou une voyelle
c | une consonne, le *s* final se prononce [z].
Exemples : *les‿accessoires, des‿achats, ces‿écharpes, trois‿heures.*
Rappel : en français, la lettre *h* s'écrit mais ne se prononce pas.

• Quand *deux* est placé devant a | une voyelle
b | un *h* ou une voyelle c | une consonne,
le *x* final se prononce [z].
Exemple : *deux‿ans, deux‿hommes.*

• Quand *un* est placé devant a | une voyelle
b | un *h* ou une voyelle c | une consonne,
le *n* final se prononce [n].
Exemple : *un‿euro, un‿hiver.*

• Ce phénomène s'appelle la **liaison**. Quand il y a une liaison entre deux mots, a | je fais une pause
b | je ne fais pas de pause entre les deux mots.

ENTRAÎNEMENT

3 a Lisez les phrases à voix haute. Il y a des liaisons ? Entre quels mots ?

a | Il y a des modes différentes pour les femmes et pour les hommes.
b | J'adore les objets technologiques : j'ai un smartphone, deux ordinateurs et trois appareils photo numériques !
c | Je fais des affaires quand j'achète des articles en solde.

b Écoutez pour vérifier vos réponses à l'activité 3a. cd 46

L'ESSENTIEL GRAMMAIRE/VOCABULAIRE

1 Le genre et le nombre des adjectifs. Complétez le texte avec les adjectifs : *beau, cher, clair, large, lourd*. Faites l'accord si nécessaire.

a | Ce jean est très ..... Il est trop grand pour moi !
b | Tu peux m'aider à porter ce sac très ..... ?
c | Cette jupe coûte 90 euros, elle est ..... !
d | Je vais trouver un ..... costume pour la fête.
e | Pour les vestes, en général, je préfère les couleurs ..... Le blanc, par exemple.

2 Le futur proche et le passé récent. Conjuguez les verbes au futur proche ou au passé récent.

a | Je *(acheter)* ..... un livre de Flaubert sur ma liseuse. Maintenant, je *(lire)* ..... ce livre !
b | Raphaël *(voir)* ..... un ordinateur en promotion sur Internet. Il *(retourner)* ..... au magasin demain pour en acheter un.
c | Ils *(dépenser)* ..... 127 euros pour un appareil photo. Ils n'ont plus d'argent !
d | Nous *(voir)* ..... un défilé de mode demain soir. Ça *(être)* ..... génial !
e | Tu *(faire)* ..... les soldes ? Je peux voir tes achats ?

3 La météo. Complétez les phrases.

a | Il y a de la ....., je prends mon parapluie !
b | Il fait ..... ! Vite, mes lunettes de soleil !
c | Le ciel est gris, il y a beaucoup de .....
d | En hiver, au Canada, il y a souvent de la ....., c'est joli quand c'est tout blanc !

4 Les vêtements et les objets. Trouvez l'intrus.

a | un téléphone – un clavier – un écran – une souris
b | une veste – un pull – un portefeuille – un manteau
c | un chapeau – des lunettes – une liseuse – une ceinture
d | un sac à dos – une écharpe – un sac de sport – une valise

ATELIERS

1 CRÉER UN OBJET

Vous êtes des inventeurs : vous allez imaginer un objet.

Démarche

Formez des groupes de trois ou quatre.

1 Préparation

- Imaginez votre objet. *Qu'est-ce que c'est ? Quel est son prix ? Où est-ce qu'on peut acheter cet objet ?, etc.*
- Donnez-lui un nom.

Exemple : *les lunettes pour la pluie.*

2 Réalisation

- Dessinez votre objet sur une feuille. Puis écrivez son nom.
- Sur une autre feuille, vous décrivez l'objet *(couleur, taille, forme, poids de l'objet, et à quoi il sert).*

Exemple : *L'objet est noir, petit, plutôt rond et léger. Il sert à voir quand il pleut.*

Attention, n'écrivez pas le nom de votre objet sur cette feuille !

3 Présentation

- Affichez les dessins sur les murs de la classe et rassemblez les descriptions sur une table.
- Chaque groupe lit les descriptions des autres groupes. Est-ce qu'un autre groupe a inventé le même objet que vous ?
- Associez ensuite chaque description à un dessin.
- Classez les objets en trois catégories : les objets indispensables, les objets utiles, les gadgets.
- Votez pour l'objet le plus utile, le plus fou, etc.

2 UTILISER UNE APPLICATION POUR CHOISIR DES VÊTEMENTS

ATELIER TECH'

Vous allez choisir des vêtements avec un avatar.

Démarche

Formez des groupes de quatre.

1 Préparation

- Recherchez un site Internet francophone permettant de choisir ses vêtements. Vous pouvez par exemple aller sur le site *fitle.com* et télécharger l'application *Fitle* sur votre smartphone.
- Créez un compte.

2 Réalisation

- Créez un avatar pour un(e) étudiant(e) de votre groupe.
- Décidez de votre budget et choisissez une tenue vestimentaire.

3 Présentation

- En groupe classe, posez tous les smartphones avec la tenue choisie sur une table et faites des commentaires.

Exemples : – *Combien coûte cette tenue ?*
– *C'est cher !*
– *La tenue est jolie.*

Stratégies Comprendre un document oral

Ces stratégies sont utiles pour préparer et réussir le DELF A1 (cf. épreuve blanche p. 187). L'épreuve dure 20 minutes.

Qu'est-ce que vous devez faire ?

Répondre à des questions sur 4 documents très courts de la vie de tous les jours. Ces questions portent sur les informations principales : chiffres, situations, lieux, événements, personnes.

- Exercice 1 : vous devez identifier un événement futur (un rendez-vous pour une exposition ou une annulation de rendez-vous, une invitation à un anniversaire, à un spectacle, au cinéma, etc.).
- Exercice 2 : vous identifiez une activité à partir d'une annonce publique (un jeu à la radio, une promotion dans un magasin, etc.).
- Exercice 3 : vous devez montrer que vous comprenez les instructions simples d'un message sur un répondeur. Cela peut être quelque chose que vous devez apporter à quelqu'un, un lieu où vous devez aller, quelqu'un que vous devez rappeler, etc.
- Exercice 4 : vous identifiez 5 situations de la vie quotidienne : chez le médecin, dans un magasin, à l'université, au travail, etc.

Quelques conseils pour vous aider

- N'oubliez pas que vous allez entendre deux fois les documents. Vous allez avoir le temps de vérifier vos réponses et de les compléter.
- Lisez bien la consigne qui se trouve avant chaque exercice pour comprendre dans quelle situation vous êtes. Exemple : *Vous écoutez la radio. Vous entendez cette publicité.*
- Lisez attentivement les questions et observez bien les images et les pictogrammes. Ils sont là pour vous aider. Par exemple, quand vous devez cocher une réponse, vous voyez ceci :
- Révisez bien les données chiffrées : prix, dates, numéros de téléphone, heures.

Préparation au DELF A1

Vous écoutez la radio. Vous entendez cette publicité. Répondez aux questions. (6 points) cd 47

1 **Quel est le cadeau de cet homme à sa petite amie pour la Saint-Valentin ?**

2 **On peut visiter le salon de la bijouterie de ….. à ….. heures.**

3 **Qu'est-ce qui se passe tous les jours à 15 h ?**

❏ image a
❏ image b
❏ image c

4 **Vous pouvez réserver une place sur le site Internet :**

❏ www.salon-bijouterie.fr
❏ www.salonbijouterie.com
❏ www.salon-bijoux.fr

a b c

C'EST QUOI LE PROGRAMME ?

Objectifs

- Parler de ses activités quotidiennes
- Demander/Dire l'heure
- Réserver par téléphone
- Fixer un rendez-vous

C'est l'heure ?

DOCUMENTS

A Une journée bien remplie !

Nantes Passion – n° 259 – Janvier 2016

PORTRAIT > *Lorraine Perret*

Nouvelle ville, nouvelle vie !

Lorraine Perret, jeune femme de 35 ans, est architecte à Nantes. Elle raconte sa journée.

7 h Le matin, je suis pressée de commencer ma journée. Je me réveille entre 7 h et 7 h 15 et je me lève ! Je prends un bon petit déjeuner : des tartines, des œufs, un thé et une orange pressée.

7 h 30 Je prends une douche rapide et je m'habille : je choisis des vêtements élégants mais pratiques pour les visites ! Ensuite, je me prépare assez vite : je me coiffe, je me brosse les dents et je me maquille !

8 h Je pars travailler à mon agence, l'Atelier, en voiture ou à vélo. L'Atelier est dans le centre-ville, pas loin du marché de Talensac. J'aime bien faire les courses là-bas.

Vers 9 h, j'arrive à l'Atelier. Je travaille avec Rémi, mon associé. Tous les matins, nous nous retrouvons pour préparer la journée. Puis, je lis mes mails et je prépare mes visites de l'après-midi. Bref, je travaille beaucoup ! Quand je suis absente, Rémi s'occupe de mes clients. Et quand Rémi est absent… je m'occupe de ses clients !

À midi, on s'installe dans la salle de réunion pour manger. Au déjeuner, on se déconnecte du travail. On parle de films, d'expositions, de livres... L'après-midi, je suis toujours très occupée.

18 h 30 Je pars du bureau ! J'aime beaucoup me promener dans le vieux Nantes. C'est un quartier agréable.

19 h 30 Je sors avec mes amis pour me détendre, c'est mon moment préféré ! Ou je rentre chez moi et je fais la cuisine !

23 h Le soir en semaine, je me couche de bonne heure, pour être en forme le lendemain. Je m'endors en 3 minutes !

S. Venière

COMPRÉHENSION ÉCRITE

Entrée en matière

1 Observez le document. Qu'est-ce que c'est ?

a | un guide touristique
b | un article de journal
c | une publicité

1re lecture

2 Dans quelle ville habite Lorraine ?

3 Quelle est la profession de Lorraine ?

a | professeure
b | ingénieure
c | architecte

4 Lorraine raconte :

a | sa journée.
b | ses vacances.
c | son week-end.

Au fait !

À l'oral, le pronom sujet ***on*** remplace souvent *nous*.
À midi, on s'installe. = Nous nous installons.
Avec *on*, le verbe se conjugue comme avec *il/elle*.

2e lecture

5 Quels sont les horaires de travail de Lorraine ?

6 Comment s'appelle l'associé de Lorraine ?

7 Remettez dans l'ordre les activités quotidiennes de Lorraine.

a | se coucher
b | s'endormir
c | se lever
d | partir au travail
e | s'habiller
f | se brosser les dents
g | se réveiller

Vocabulaire

8 Quels sont les trois moments de la journée ?

a | le ….. b | l'….. c | le …..

9 Avec qui Lorraine fait les activités suivantes ?

a | se détendre
b | lire ses mails
c | se promener
d | déjeuner

1 | seule
2 | avec ses amis
3 | avec son associé

PRODUCTION ORALE

10 Et vous, le matin, qu'est-ce que vous faites ?

B Un rendez-vous matinal

cd 48

COMPRÉHENSION ORALE

« *Je suis en retard !* »

1re écoute

1 Qui parle ? Où sont ces personnes ?

a | Dialogue 1 : .....   b | Dialogue 2 : .....

2e écoute (dialogue 1)

2 Quelle question pose la femme ?

3 Que répond l'homme ?

a | « Il est neuf heures moins le quart. »

b | « Il est neuf heures. »

c | « Il est neuf heures et quart. »

3e écoute (dialogue 2)

4 Pourquoi Rémi appelle Lorraine ?

5 Complétez les phrases avec les heures.

a | Lorraine a rdv à .....

b | Rémi appelle Lorraine à .....

c | Lorraine va arriver à .....

Vocabulaire

6 Lorraine va être :

a | en avance.   b | à l'heure.   c | en retard.

7 Se dépêcher, c'est :

a | aller vite.   b | aller lentement.   c | tomber.

Pour demander/dire l'heure

• Quelle heure il est ?	• Vous avez l'heure ?
• Il est 8 h 30.	• Oui, il est 20 h.

GRAMMAIRE > les verbes pronominaux au présent

Cahier unité 5 d'activités

ÉCHAUFFEMENT

1 Observez les verbes soulignés. Quelle est la différence avec les autres verbes que vous connaissez ?

a | Je me prépare assez vite.

b | Nous nous retrouvons pour préparer la journée.

c | Rémi s'occupe de mes clients.

d | Tu te dépêches, s'il te plaît.

FONCTIONNEMENT

Les verbes pronominaux au présent

2 Complétez les verbes avec les pronoms : *m', nous, se, s', te, vous*.

Se préparer	S'occuper
Je **me** prépare	Je ..... occupe
Tu ..... prépares	Tu **t'**occupes
Il/Elle/On **se** prépare	Il/Elle/On ..... occupe
Nous ..... préparons	Nous **nous** occupons
Vous **vous** préparez	Vous ..... occupez
Ils/Elles ..... préparent	Ils/Elles **s'**occupent

REMARQUES

• Devant un verbe avec une voyelle ou un *h* muet, *me*, *te*, *se* deviennent *m'*, *t'*, *s'*.

• À la forme négative, on dit :
*Je **ne me** réveille **pas**.*

ENTRAÎNEMENT

3 Conjuguez les verbes au présent.

a | Le dimanche, il *(se préparer)* ..... vers 10 h.

b | Michel et Annick *(ne pas se réveiller)* ..... à 6 h.

c | Nous *(se brosser les dents)* ..... tous les soirs.

d | Tu *(s'habiller)* ..... quand ?

e | Je *(ne pas se lever)* ..... tard.

PRODUCTION ÉCRITE >>> DELF

4 Votre magazine préféré invite ses lecteurs à raconter leur quotidien. Vous écrivez un texte pour parler de votre journée, comme Lorraine. *(30 à 40 mots)*

C À la maison

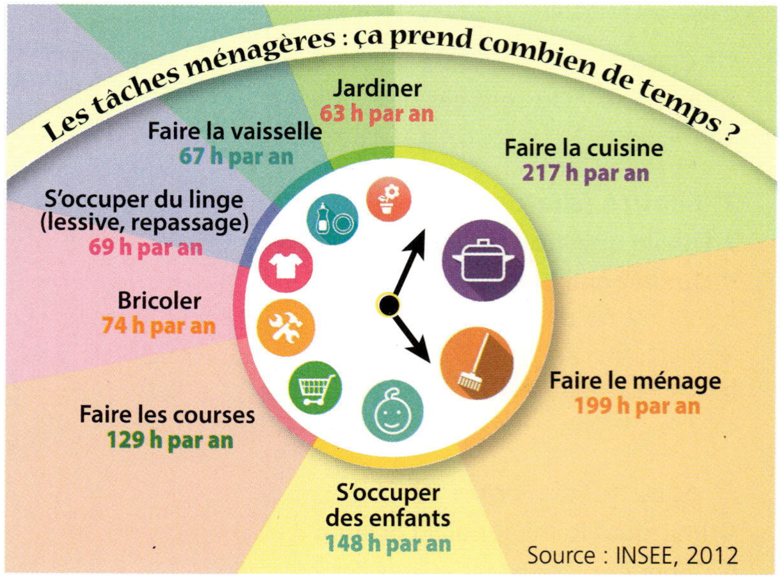

COMPRÉHENSION ORALE

Entrée en matière cd 49

1 **Écoutez les sons. Trouvez sur le document à quelles images ils correspondent.**

2 écoutes (dialogue 1) cd 50

2 **Ils font quelles tâches ?**

a | Olivia : .....
b | Nathan et Paul : .....
c | Fred : *s'occuper des enfants*, ...
d | Annie : .....

2 écoutes (dialogue 2) cd 51

3 **Associez les noms des activités aux photos :** ***écouter de la musique – faire du sport – lire – regarder la télévision – se promener.***

a  .....

b  .....

c  .....

d  .....

e  .....

4 **Quels sont les loisirs d'Olivia, Nathan, Paul, Fred et Annie ?**

PRODUCTION ORALE

5 **Et vous, qu'est-ce que vous aimez faire ? Qu'est-ce que vous n'aimez pas faire ?**

GRAMMAIRE > la fréquence

Cahier d'activités unité 5

ÉCHAUFFEMENT

1 **Observez ces phrases. Les mots soulignés donnent une information sur le lieu ? l'heure ? la répétition ?**

a | Fred va souvent chercher les enfants à l'école.
b | On fait les courses ensemble tous les week-ends.
c | On ne repasse jamais.
d | Paul lit tout le temps. Il a toujours un livre dans les mains.
e | Je cours de temps en temps.

FONCTIONNEMENT

La fréquence

• Ces expressions indiquent la **fréquence** d'une action.
• En général, elles se placent **après** le verbe.

REMARQUE
On utilise *jamais* seulement à la forme négative.

2 **Placez** ***jamais*** **et** ***toujours*** **sur la flèche.**

..... – de temps en temps – souvent – tous les week-ends – tout le temps – .....

ENTRAÎNEMENT

3 **Remettez les éléments des phrases suivantes dans l'ordre.**

a | déjeunes / de temps en temps /clients / avec / Tu / tes / ?
b | Elles / vaisselle / tous les soirs / la / font.
c | jamais / arrive / n'/ Il / à l'heure / travail / au.
d | prend / Il / au réveil / une douche / toujours.

PRODUCTION ORALE

4 **À quelle fréquence vous faites les tâches ménagères ?**

VOCABULAIRE > l'heure, les activités quotidiennes, le temps libre

Dire l'heure

8 h (du matin)
20 h (ou 8 h du soir)
8 h 15 (ou 8 h et quart)
9 h 10 (ou 9 h dix)
9 h 30 (ou 9 h et demie)
9 h 45 (ou 10 h moins le quart)
10 h 50 (ou 11 h moins dix)
12 h (ou midi)
14 h (ou 2 h de l'après-midi)
0 h (ou minuit)

1 Écoutez et associez les heures entendues (1 à 6) à la bonne horloge. cd 52

a	b	c

d	**e**	**f**

Les activités quotidiennes

se brosser les dents
se coiffer
se coucher, s'endormir
se doucher/prendre une douche
se lever
se maquiller
s'occuper des enfants
partir au travail
prendre un petit déjeuner
se préparer, s'habiller
se raser
rentrer à la maison/chez soi
se réveiller

2 Nommez ces activités.

Les tâches ménagères

bricoler/le bricolage
faire les courses
faire la cuisine, cuisiner
faire la lessive
faire le ménage
faire la vaisselle
jardiner/le jardinage
laver le linge
s'occuper du linge
passer l'aspirateur
repasser/le repassage

Le temps libre

aller/surfer sur Internet
se détendre
écouter de la musique, faire de la musique
faire du sport
lire/la lecture
se promener, faire une promenade
regarder la télévision

3 Nommez ces activités.

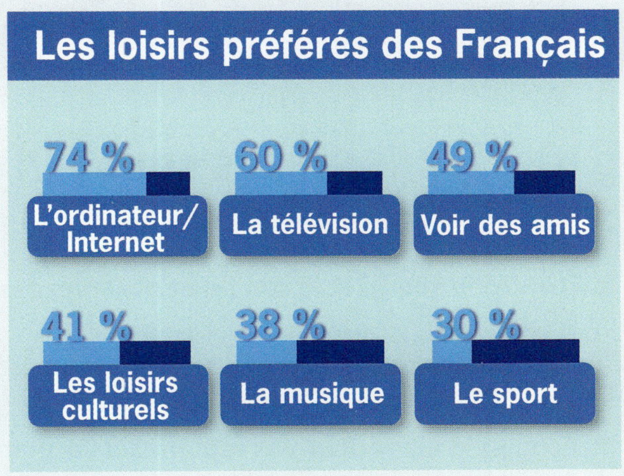

Source : OpinionWay pour *Le Sofinscope*, août 2014

PRODUCTION ORALE

4 Formez deux équipes. Vous choisissez et mimez une activité (tâche ménagère ou loisir). L'autre équipe devine ce que c'est.

DOCUMENTS

D Tâches ménagères : qui fait quoi ?

dvd 5

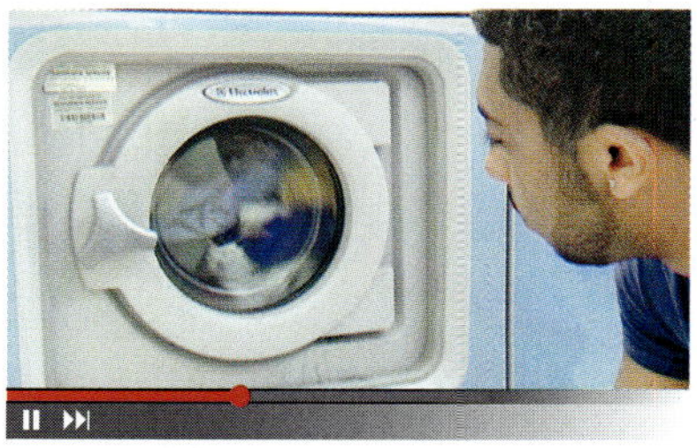

COMPRÉHENSION AUDIOVISUELLE

Entrée en matière

1 À votre avis, de quoi parle la vidéo ?

1er visionnage (sans le son)

2 Ce document est :

a | une publicité.
b | un reportage.
c | une bande-annonce.

3 Qu'est-ce qu'on voit ?

a | des hommes
b | des femmes

1 | de 15 à 24 ans
2 | de 24 à 35 ans
3 | de 35 à 50 ans

4 Cochez toutes les activités que vous voyez dans la vidéo.

	1er visionnage, sans le son	2e visionnage, avec le son
regarder la télé		
mettre la table		
surfer sur Internet		
étudier		
se maquiller		
faire la lessive		
dormir		
faire de la musique		
faire la vaisselle		
faire la cuisine		
repasser		
faire les courses		
jouer aux jeux vidéos		

2e visionnage (avec le son)

5 Cochez toutes les activités que vous entendez dans la vidéo.

6 D'après la vidéo, quel est le temps passé par les jeunes filles aux tâches ménagères ? par les garçons ?

PRODUCTION ORALE

7 Et chez vous, qui fait quoi ?

PHONÉTIQUE Les sons [i]/[y]

Cahier d'activités unité 5

ÉCHAUFFEMENT

1 a Écoutez le son [i] et le son [y] et observez les mots. cd 53

a | dix b | mur

b Écoutez. Dans quels mots vous entendez le son [i]? Dans quels mots vous entendez le son [y] ? cd 54

[i]	[y]
.....	.....

c Réécoutez pour vérifier vos réponses à l'activité 1b. Puis répétez les mots. cd 54

FONCTIONNEMENT

2 Complétez à l'aide de la transcription p. 205.

• Le son [i] peut s'écrire .....
Exemples : *dix*, ... , ... , ... , ... , ...

• Le son [y] peut s'écrire .....
Exemples : *mur*, ... , ... , ... , ... , ...

ENTRAÎNEMENT

3 Écoutez et répétez les phrases. cd 55

4 À vous ! Faites une liste de mots d'une syllabe et de deux syllabes qui contiennent le son [i] ou le son [y]. Ensuite, jouez avec votre voisin(e) : il/elle dit un mot d'une syllabe qui contient le son [i], vous répondez avec un autre mot d'une syllabe qui contient le son [i]. Et c'est votre tour.

Exemple : – *prix*
– *dire* *nature*
– *voiture*...

E On change d'heure !

cd 56

« On passe à l'heure d'hiver. »

COMPRÉHENSION ORALE

Entrée en matière

1 **Observez le dessin. Chaque année, en mars et en octobre, les Français se posent cette question. Vous savez pourquoi ?**

1re écoute

2 **Qu'est-ce que c'est ?**

a | une publicité
b | un message radio
c | un dialogue entre amis

3 **On parle de quoi ?**

a | de l'heure
b | de la météo

2e écoute

4 **Complétez le document ci-dessous avec les informations :**
2, 3, hiver, été, moins.

5 **Que veut dire « On gagne une heure de sommeil » ?**

a | Les Français vont dormir plus.
b | Les Français vont dormir moins.

PRODUCTION ORALE

6 **Vous changez d'heure en été et en hiver dans votre pays ?**

PRODUCTION ÉCRITE

7 **L'heure change le week-end prochain. Préparez un message pour informer vos collègues.**

Au fait !

Les Français changent d'heure depuis 1976 : le dernier dimanche d'octobre (c'est l'heure d'hiver) et le dernier dimanche de mars (c'est l'heure d'été).

Oh, le cliché !

« Les Français sont toujours en retard ! »
89 % des employés français pensent qu'être à l'heure au travail est important.
63 % sont toujours à l'heure et 26 % arrivent parfois en retard (problème de transport).
2 % arrivent très souvent plus tard.
8 % arrivent et partent aussi plus tard.

Opinionway pour Monster, septembre 2011

→ Et dans votre pays ?

DOCUMENTS

F Ça te dit ?

Skype | Contacts | Conversation | Appel | Vue | Outils | Aide

Sophie Larue
En ligne

Coucou petite sœur ! C'est ok pour ce week-end ?

Oui ! Quel est le programme ?

On a le choix ! Pour commencer, on peut dîner dans un restaurant sympa dans le centre-ville ! Je vais proposer à Christophe de venir.

Pourquoi pas ! Et samedi ?

… une petite croisière en bateau sur l'île du Frioul, ça te dit ? On pourrait se baigner.

Oui, génial :-) ! Réserve les places.

Pas de problème ! Apporte un maillot de bain et prends de la crème solaire !

Et le soir ?

Si tu veux, on peut rester sur la plage pour un ciné sur le sable, il y a un festival, regarde le site ! https://www.billetmarseille-plage-des-catalansweb.fr/#description Je vais proposer à Christophe de venir.

D'accord ! Et pour dimanche ?

Attendons de voir la météo ! Une exposition au Mucem ou une balade dans les Calanques… ou les deux ;-) ! Ça te va ?

Le musée bof, mais la balade, ok ! Bisous! À vendredi ! Sois à l'heure à la gare…

Pour proposer une sortie et fixer un rendez-vous

- Tu veux te baigner ?
- On pourrait se baigner.
- Si tu veux, on peut rester sur la plage.
- Ça te dit ? Ça te va ?
- Tu es libre quand ?
- On se retrouve à quelle heure ?

COMPRÉHENSION ÉCRITE

Entrée en matière

1 Observez les photos. Qu'est-ce que c'est ? Qu'est-ce qu'ils font ?

1re lecture

2 C'est une conversation entre :

a | deux collègues.
b | un frère et une sœur.
c | deux amis.

3 Ces personnes organisent :

a | une semaine de vacances.
b | un anniversaire.
c | un week-end.

2e lecture

4 Qui fait quoi ? Associez.

a | apporter un maillot de bain
b | être à l'heure
c | prendre de la crème solaire
d | regarder le site du festival
e | réserver les places

1 | Sophie
2 | Pascal

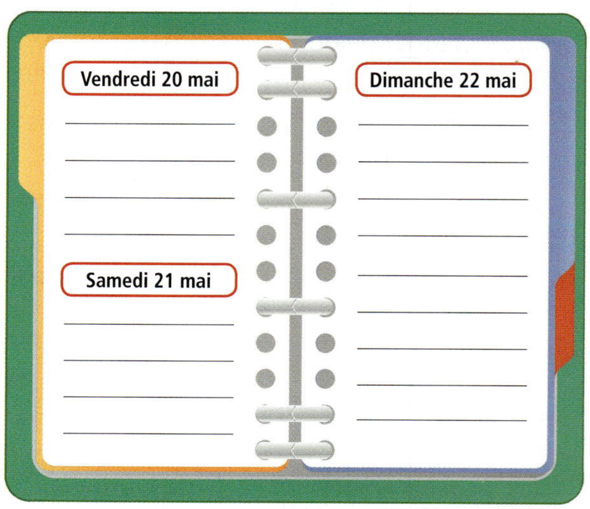

5 a Quel est le programme du week-end ? Retrouvez les activités.
b Complétez l'agenda de Sophie et de Pascal.

DOCUMENTS

G Rendez-vous

cd 57

COMPRÉHENSION ORALE

2 écoutes

1 Que propose Pascal ?
2 Qu'est-ce que Pascal et Christophe décident ?
3 Que propose Christophe ?

Pour accepter/refuser

• Super ! Génial !	• Bof ! Non (merci).
• D'accord.	• Désolé(e), je ne peux pas.
• Avec plaisir.	• Ce n'est pas possible.
• Pourquoi pas.	• Je ne suis pas libre.

PRODUCTION ORALE

4 À deux ! Un(e) ami(e) souhaite vous rendre visite un week-end. Ensemble, vous fixez la date.

PRODUCTION ÉCRITE

5 Par mail, vous vous mettez d'accord avec cet(te) ami(e) sur le programme du week-end.

Pouvoir	Vouloir
Je **peux**	Je **veux**
Tu **peux**	Tu **veux**
Il/Elle/On **peut**	Il/Elle/On **veut**
Nous **pouvons**	Nous **voulons**
Vous **pouvez**	Vous **voulez**
Ils/Elles **peuvent**	Ils/Elles **veulent**

GRAMMAIRE > l'impératif

Cahier unité 5 d'activités

ÉCHAUFFEMENT

1 Observez les verbes soulignés. Quelles différences vous remarquez ?

Présent de l'indicatif	Impératif
a | Tu réserves les places.	**e** | Réserve les places !
b | Tu apportes un maillot de bain.	**f** | Apporte un maillot de bain !
c | Nous attendons de voir la météo.	**g** | Attendons de voir la météo.
d | Vous venez vers 11 h.	**h** | Venez vers 11 h.

FONCTIONNEMENT

L'impératif

- L'impératif permet de donner des **instructions**.
- À l'impératif, il n'y a que trois personnes : la 2e personne du singulier, la 1re personne du pluriel et la 2e personne du pluriel. Attention, il n'y a **jamais de pronom sujet**.
- On construit l'impératif à partir du présent de l'indicatif. Pour les verbes en *-er*, on enlève le *-s* à la fin de la 2e personne du singulier. Exemples : *Tu réserves.* → ***Réserve !*** ; *Tu prends.* → ***Prends !*** ; *Nous réservons.* → ***Réservons !*** ; *Vous réservez.* → ***Réservez !***

Être	Avoir
Sois (gentil)	**Aie** (confiance)
Soyons (patients)	**Ayons**
Soyez (drôles)	**Ayez**

Regarder
Regard**e**
Regard**ons**
Regard**ez**

ENTRAÎNEMENT

2 Transformez ces phrases à l'impératif.

a | Vous partez maintenant.
b | Tu écoutes le professeur.
c | Tu vas au concert.
d | Nous répondons à nos mails.
e | Tu prends ton sac.
f | Vous invitez des amis.

PRODUCTION ÉCRITE

3 Vous allez à une séance de cinéma en plein air. Par SMS, donnez des instructions à vos amis.
Exemple : *Prenez des pulls !*

DOCUMENTS

H On sort ce soir ?

cd 58

COMPRÉHENSION ORALE

Entrée en matière

1 a Observez ce document. Qu'est-ce que c'est ?
b Ce lieu propose quelles activités ?

1re écoute

2 Qu'est-ce que l'homme réserve par téléphone ?

2e écoute

3 Vrai ou faux ?

a | Il y a des places pour la pièce de théâtre.
b | Le restaurant est complet.
c | L'homme paie les places avant 19 h 30.
d | On peut dîner avant le spectacle.

4 Retrouvez les éléments de la réservation : la date, le nom et les informations principales.

« Il y a des places ? »

Réserver par téléphone

- Allô ? Je voudrais avoir des informations.
- C'est possible de dîner ?
- Il y a des places pour samedi soir ?
- Je peux réserver pour le 24 juin à 22 h 30 au nom de SEVIN ?

PRODUCTION ORALE >>> DELF

5 Vous invitez un(e) ami(e) pour son anniversaire. Vous téléphonez dans le lieu de votre choix pour vous renseigner sur le programme et réserver.

GRAMMAIRE > l'antériorité et la postériorité

Cahier d'activités unité 5

ÉCHAUFFEMENT

1 Observez les phrases. Complétez la flèche avec les mots *dîner* et *places*.

a | Nous allons dîner après le spectacle.
b | Payez vos places avant 19 h 30.

FONCTIONNEMENT

L'antériorité et la postériorité

- On utilise *avant/après* + nom pour situer un événement dans le temps par rapport à un autre.
Exemples : ***avant** le spectacle*, ***après** les vacances.*
- On utilise *avant/après* + date, heure ou durée pour donner une indication ou une quantité de temps précise.
Exemples : ***avant** septembre*, ***après** lundi*, ***avant** 11 h*, ***après** une heure de lecture.*

ENTRAÎNEMENT

2 Observez le programme et complétez le texte avec *avant* ou *après*.

– On prend le petit déjeuner ..... la visite du musée ?
– D'accord. ..... le déjeuner, on fait quoi ?
– Une promenade en bateau. Le concert, c'est à quelle heure ?
– C'est à 20 h 30, mais on prend les billets ..... 20 h.

9 h 30	petit déjeuner
10 h	visite du musée
13 h	déjeuner
14 h	promenade en bateau
19 h 30	billets
20 h 30	concert

VOCABULAIRE > les sorties

Sortir

aller au cinéma
aller à une exposition
aller au restaurant
assister à un concert
assister à un événement sportif
assister à un spectacle
se baigner
faire une balade
faire une croisière en bateau
faire une promenade
se promener
voir une pièce de théâtre
voir un spectacle
visiter un musée

1 Nommez ces sorties.

a

b

c

d

e

Organiser une sortie

payer/acheter des places, des billets
regarder le programme, le site
se renseigner
réserver des places, une table

2 Complétez le message du répondeur avec des mots de la liste ci-dessus.

Bonjour, vous êtes bien au Court-Circuit, nous sommes ouverts du lundi au vendredi de 9 h 30 à 1 h. Et Le samedi de 14 h à 1 h.
Pour ….. le programme cinéma et théâtre de la semaine, tapez 1.
Pour ….. des places de concert, tapez 2.
Pour ….. une table, tapez 3.
Vous pouvez également ….. notre site sur www.court-circuit.fr, à bientôt !

PRODUCTION ORALE

3 Posez des questions à votre voisin(e).
Quelle est sa sortie préférée ?
Quelle est sa dernière sortie ?
Quelle est sa prochaine sortie ?

PHONÉTIQUE Les sons [y]/[u]

Cahier unité 5 d'activités

ÉCHAUFFEMENT

1 a Écoutez le son [y] et le son [u] et observez les mots. cd 59

a | sur

b | sous

b Écoutez. Dans quelles paires les mots sont identiques ? Dans quelles paires les mots sont différents ? cd 60

c Écoutez. Vous entendez le son [y] dans quels mots ? Vous entendez le son [u] dans quels mots ? cd 61

[y]	[u]
…..	…..

d Réécoutez pour vérifier vos réponses à l'activité 1c. Puis répétez les mots. cd 61

FONCTIONNEMENT

2 a Complétez à l'aide de la transcription p. 206.

Le son [u] peut s'écrire …..

Exemples : *sous, ….. , …..*

Rappel : le son [y] peut s'écrire …..

b Trouvez d'autres exemples de mots qui contiennent le son [y] et de mots qui contiennent le son [u].

ENTRAÎNEMENT

3 Dictée ! Écoutez et écrivez. Puis lisez la transcription p. 206 pour vérifier. cd 62

4 À vous ! Écrivez deux phrases avec au moins deux mots qui contiennent le son [y] et deux mots qui contiennent le son [u]. Ensuite, lisez ces deux phrases à votre voisin(e). Votre voisin(e) écrit ces deux phrases et vous vérifiez.

L'ESSENTIEL GRAMMAIRE/VOCABULAIRE

1 Les verbes pronominaux. Conjuguez les verbes au présent.

a | Elle ….. *(se réveiller)* tous les jours à 6 h 30.

b | Vous ….. *(s'habiller)* rapidement le matin ?

c | Est-ce que tu ….. *(se dépêcher)* pour rentrer le soir ?

d | Tous les dimanches, je ….. *(se lever)* tôt, je ….. *(se préparer)* et je ….. *(se promener)* avec mon chien.

e | Nous ….. *(se retrouver)* souvent pour aller danser.

f | Il ….. *(se raser)* après sa douche.

2 L'impératif. Transformez ce texte à la 2e personne du singulier.

Du 11 septembre au 2 octobre, venez au festival des flots à Marseille ! Assistez à des projections gratuites en plein air, écoutez des concerts sur la plage, participez à des animations…
Vendredi 11 septembre, apportez une serviette à la plage des Catalans et faites une pause avec le film *Coco Chanel* !

3 Le temps libre. Trouvez l'intrus.

a | se promener – aller au cinéma – lire – travailler

b | se laver – se coiffer – se maquiller – écouter de la musique

c | faire le ménage – faire une promenade – repasser – faire les courses

d | s'endormir – faire du sport – se coucher – se détendre

4 Les sorties. Complétez ce dialogue avec les mots : *spectacle – complet – regarde – payer – places – théâtre*.

– Salut Camille, tu veux aller voir *Le Malade imaginaire* samedi au ….. de la Croix-Rousse ?
– Pourquoi pas, mais ce n'est pas ….. ?
– Attends, je ….. le site. Ouf, il y a des ….. ! Je réserve maintenant ?
– Oui, prends les places ! Et on peut ….. avant le ….., non ?
– Oui !
– Parfait, à samedi alors !

ATELIERS

1 CRÉER UN MINI-ARTICLE SUR UN LOISIR

Vous allez présenter un loisir dans votre ville.

Démarche

Formez des groupes de trois à quatre.

1 Préparation

À deux, choisissez un sport, un loisir ou une activité que vous connaissez ou que vous avez envie de découvrir.
Exemples : *aller à un club de sport, assister à une séance de ciné-club, jouer dans une fanfare…*

2 Réalisation

- Ensemble, trouvez toutes les informations sur cette activité. N'oubliez pas de noter le lieu, les horaires et les tarifs.
- Inventez un slogan pour inviter les personnes à la pratiquer.
Exemple : *Au club de sport, on se détend !*

3 Présentation

Présentez votre sortie à la classe sous forme d'un mini-article.

2 PUBLIER UN GUIDE VIRTUEL SUR VOTRE VILLE

ATELIER TECH'

Vous allez préparer un guide virtuel sur les sorties de votre ville.

Démarche

Formez des groupes de trois à quatre.

1 Préparation

- Sur Internet, chaque groupe cherche un site de sorties proposé par une ville.
Exemples : http://quefaire.paris.fr ; http://www.lyon-sortie.fr
- Visitez les rubriques proposées.
Exemples : *sorties, expositions, sport…*
- Chaque groupe choisit une rubrique qui l'intéresse et un jour de la semaine.

2 Réalisation

- Sélectionnez une sortie.
- Relevez toutes les informations disponibles : *Qu'est-ce qu'on peut faire ? C'est où ? Combien ça coûte ? Ça commence à quelle heure ? Il faut réserver ?*
- Présentez cette sortie en quelques lignes.

3 Présentation

- Présentez votre guide virtuel à la classe.
- Sur le réseau social de votre choix, publiez vos sept « coups de cœur », accompagnés du jour de la semaine, de l'article et de la photo sur une page « Notre semaine à Paris ».

Une journée dans la Francophonie

Associez chaque image à une expression imagée francophone et trouvez sa signification.

a | avoir la journée dans le corps *(Canada)*
b | faire son samedi *(Belgique)*
c | ambiancer, aller à une ambiance *(Afrique de l'Ouest)*
d | se réduire *(Suisse)*

1 | faire la fête, aller à une fête
2 | être fatigué(e) après une journée difficile
3 | aller se coucher
4 | faire son ménage

.....

.....

.....

.....

FÉLICITATIONS !

Objectifs
- Présenter sa famille
- Féliciter
- Décrire quelqu'un

Je vais être grand-mère !

DOCUMENTS

A En famille

a

D'après Marguerite Abouet et Clément Oubrerie, *Aya de Yopougon* © Éditions Gallimard Jeunesse

b

Familles.com

FORUM

Aya **3 avril 10:42**
J'ai une grande famille ! Chez moi, il y a six personnes : mes parents, mon petit frère, ma petite sœur, et moi. Une jeune femme travaille pour nous à la maison, elle s'appelle Félicité. Notre quartier, c'est Yopougon, à Abidjan, en Côte d'Ivoire. Nous avons beaucoup de voisins et d'amis ! Et vous, votre famille ?

[redacted] **3 avril 10:50**
Je suis mariée, mon mari s'appelle Fortuné. Nous avons une fille, elle s'appelle Rita.

[redacted] **3 avril 11:01**
Bonjour ! J'ai une sœur, Adjoua. Son fils s'appelle Bobby. C'est mon neveu. Nous habitons avec nos parents, Hyacinthe et Korotoumou.

[redacted] **3 avril 11:10**
Chez moi, nous sommes trois : mon père, ma mère et moi. Eh oui, je suis fils unique : je n'ai pas de frère et sœur. Mais mon ami Yao vient souvent à la maison.

[redacted] **3 avril 11:20**
J'habite chez mon oncle Koffi et ma tante Alphonsine. J'adore leur maison ! Ma cousine Bintou, c'est la meilleure amie d'Aya et d'Adjoua.

COMPRÉHENSION ÉCRITE

Entrée en matière

1 Observez les documents. Qu'est-ce que c'est ?

a | document a : .....

b | document b : .....

2 Observez le document a. À votre avis, comment s'appelle le personnage principal de cette histoire ?

1re lecture

3 De quoi parlent les personnes ?

2e lecture

4 Dans le document b, qui écrit ? Retrouvez les noms des personnages avec le document a.

Message 1	Aya
Message 2	…..
Message 3	…..
Message 4	…..
Message 5	…..

5 Vrai ou faux ?

a | La famille d'Aya habite à Abidjan.
b | Félicité fait partie de la famille d'Aya.
c | Aïssatou n'est pas mariée.
d | Yao est souvent chez Moussa.
e | Hervé vit chez ses parents.

Vocabulaire

6 Complétez avec les mots du document.

a | Bintou est la ….. d'Aya et d'Adjoua.
b | Moussa n'a pas de frère et sœur : il est …..

PRODUCTION ORALE

7 Et vous ? Vous avez des frères et sœurs ?

Pour présenter sa famille

- J'ai une grande famille !
- Chez moi, nous sommes trois.
- J'ai un petit frère et une petite sœur.
- Je n'ai pas de frère et sœur : je suis fils/fille unique.

GRAMMAIRE > les adjectifs possessifs

Cahier unité 6 d'activités

ÉCHAUFFEMENT

1 Observez les phrases. Trouvez les mots qui expriment la possession.

Exemple : *mes parents*
a | Chez moi, il y a 6 personnes : mes parents, mon petit frère, ma petite sœur, et moi.
b | Notre quartier, c'est Yopougon.
c | Et vous, votre famille ?
d | Son fils s'appelle Bobby.
e | Nous habitons avec nos parents, Hyacinthe et Korotoumou.
f | J'adore leur maison.

FONCTIONNEMENT

Les adjectifs possessifs

2 Complétez le tableau.

Un seul possesseur			Plusieurs possesseurs			
Je	**Tu**	**Il/Elle/On**	**Nous**	**Vous**	**Ils/Elles**	
mon	**ton**	…..	…..	**votre**	**leur**	+ nom masculin singulier
…..	**ta**	**sa**	**notre**	…..	…..	+ nom féminin singulier
…..	**tes**	**ses**	…..	**vos**	**leurs**	+ nom pluriel

REMARQUE
Avec un nom féminin commençant par une voyelle, on utilise l'adjectif possessif masculin :
***mon**‿amie*, ***ton**‿amie*, ***son**‿amie*.

ENTRAÎNEMENT

3 Choisissez le bon adjectif possessif.

a | Il habite avec *son/sa/ses* oncle et *son/sa/ses* grande sœur.
b | *Mon/Ma/Mes* parents promènent *ses/leur/leurs* chien.
c | *Ton/Ta/Tes* amie est mariée ?
d | Vous invitez souvent *sa/votre/vos* voisins à la maison ?
e | Ils habitent à Abidjan, et *son/leur/leurs* enfants habitent à Yamoussoukro.
f | Hervé ! Tu me présentes *ta/son/votre* cousine ?

PRODUCTION ORALE

4 À deux, présentez vos familles et réagissez.

Exemple : *Mon père s'appelle Paco, et ma mère Ines. J'ai 2 frères…*
– Ah bon ? Ton père s'appelle Paco ? Moi, mon père…

DOCUMENTS

« *Quelle bonne nouvelle !* »

B Voilà le faire-part !

cd 63

COMPRÉHENSION ORALE

Entrée en matière

1 Observez le faire-part. Qu'est-ce qu'il annonce ?

a | une naissance **b** | un anniversaire **c** | un mariage

1re écoute

2 Les personnes appellent pour :

a | donner des nouvelles de leurs enfants.
b | féliciter des nouveaux parents.
c | parler de leurs vacances.

2e écoute

3 Pour chaque message, dites qui appelle.

Exemple : *message 1 → la maman de Stéphanie*

4 Complétez les phrases avec : *Jérémie, la tante Odile, les collègues, les grands-parents*.

a | ..... n'a pas reçu le faire-part.
b | ..... sont très fiers.
c | ..... n'est pas marié.
d | ..... ont acheté un cadeau pour le bébé.

PRODUCTION ORALE >>> DELF

5 Votre meilleur(e) ami(e) a eu un bébé ! Vous téléphonez pour le/la féliciter.

Pour féliciter

- Bravo ! Félicitations !
- Quelle bonne nouvelle !
- Je te/vous félicite !
- Tous nos vœux de bonheur.

GRAMMAIRE > le passé composé (1)

Cahier d'activités unité 6

ÉCHAUFFEMENT

1 a Observez les verbes soulignés. Quels verbes expriment une action au passé ?

a | Nous **avons reçu** le faire-part, il est très joli !
b | J'ai téléphoné à tante Odile et oncle Bernard, ils **n'ont** pas **reçu** ton faire-part.
c | Est-ce que tu as écrit à madame Ernaux ? Tu as oublié ?
d | Je n'ai pas pu venir vous voir. Vous avez pris des photos d'Armel ?
e | Les collègues vous félicitent !

b Dans les verbes en gras, quel élément change ? Quel élément ne change pas ?

Téléphoner

j'**ai téléphoné**
tu **as téléphoné**
il/elle **a téléphoné**
nous **avons téléphoné**
vous **avez téléphoné**
ils/elles **ont téléphoné**

FONCTIONNEMENT

Le passé composé

- Le passé composé exprime une **action passée terminée**.
- Il a deux parties : verbe ***avoir*** **au présent + participe passé**.

Il y a des participes passés en ***é*** (verbes en -*er*) : *mang**é*** ; en ***i*** : *fin**i*** ; en ***is*** : *pr**is** (prendre)* ; en ***it*** : *d**it** (dire)* ; en ***u*** : *reç**u** (recevoir)*, *b**u** (boire)*, *l**u** (lire)* ; irréguliers : *avoir* : *j'ai **eu*** ; *être* : *tu as **été*** ; *faire* : *elle a **fait***.

REMARQUE

À la forme négative : *Elle **n'**a **pas** reçu ton faire-part.*

ENTRAÎNEMENT

2 Conjuguez les verbes au passé composé.

a | Elle *(avoir)* ..... un bébé le 27 juin.
b | Vous *(ne pas envoyer)* ..... le faire-part.
c | Tu *(dormir)* ..... dans le train ?
d | Je *(prendre)* ..... le bus pour venir.
e | Ils *(appeler)* ..... leur grand-mère.

PRODUCTION ÉCRITE

3 Comment Stéphanie et Bruno ont préparé leur faire-part ? Racontez les étapes au passé composé.

Exemple : *Ils ont choisi une carte…*

VOCABULAIRE > la famille, l'entourage

La famille

les grands-parents : le grand-père, la grand-mère
les parents : le père, la mère
les enfants : le fils, la fille (unique)
les frères et sœurs : le (grand/petit) frère,
la (grande/petite) sœur
le petit-fils, la petite-fille
l'oncle *(m.)*, la tante
le/la cousin(e)
le neveu, la nièce

La situation familiale

le mari, la femme
marié(e)
célibataire

1 a Lisez les présentations et complétez l'arbre généalogique de Léa.

a | Je suis Yvon. Je suis le mari de Rosa et j'ai trois enfants : deux filles et un fils.
b | Moi, c'est Sam. Je suis le frère de Tina et le neveu de Jacques.
c | Bonjour, je suis Katia. Je suis la fille de Paulette et la cousine de Jacques.
d | Je m'appelle Anne. Je suis la nièce de Malek et la cousine de Tina.
e | Moi, c'est Georges. Je suis le grand-père de Tina. Ma femme et moi, nous avons deux enfants.

b Complétez les phrases.
a | Lise est la ..... d'Yvon et la ..... de Léa.
b | Katia est la ..... d'Yvon et de Rosa.
c | Serge est l'..... de Jacques.
d | Georges est le ..... de Léa et le ..... d'Anne.
e | Tina est la ..... de Jacques et la ..... de Sam.

L'entourage

l'ami(e)
le/la meilleur(e) ami(e)
le/la pote *(fam.)*
le/la collègue
le copain, la copine
le/la voisin(e)

2 Complétez les phrases.

a | Elle habite dans ma rue, c'est ma .....
b | Nina est ma ..... Nous nous disons tout !
c | J'adore mon travail, et mes ..... sont très sympatiques.

PRODUCTION ORALE

3 À deux, présentez des personnes de votre famille ou de votre entourage et faites deviner votre relation.

Exemple : – *Elle s'appelle Billie, elle a 37 ans, elle habite à Birmingham, elle est informaticienne… et elle connaît bien mon oncle !*
– C'est ta cousine ?
– Oui !

Les événements de la vie

la naissance
l'anniversaire *(m.)*
le mariage
le décès
envoyer, recevoir un faire-part

4 Associez un événement à une photo.

a

b

c

DOCUMENTS

C Les Bouglione, un air de famille

dvd 6

COMPRÉHENSION AUDIOVISUELLE

Entrée en matière

1 Observez la photo. À votre avis, quel est le lien entre ces personnes ?

1er visionnage (sans le son)

2 Ces personnes travaillent dans :

a | un cinéma. b | un cirque. c | un théâtre.

3 Qu'est-ce que vous voyez ? Mettez les éléments dans l'ordre.

a | Des enfants font un spectacle avec des animaux.
b | Des personnes posent pour une photo.
c | Une dame âgée embrasse des enfants.
d | Un couple d'acrobates fait un spectacle.
e | Une dame âgée montre une vieille photo.

2e visionnage (avec le son)

4 Associez un événement à une date.

a | l'âge de Rosa — 1 | il y a 24 ans
b | l'âge de la fille de Rosa — 2 | 83 ans
c | le mariage de Rosa et Joseph — 3 | 101 ans
d | la mort de Joseph, mari de Rosa — 4 | 1928

5 Complétez les phrases avec les mots : *arrière-petits-enfants, grands-parents, fille, mari, petits-enfants*.

a | Sur la photo, Rosa montre son ….. et sa …..
b | Les ….. de Rosa commencent le cirque, mais ils ont encore des choses à apprendre.
c | Aujourd'hui, les ….. de Rosa et Joseph font de grands spectacles de cirque comme leurs …..

6 L'arrière-petit-fils de Rosa a combien de frères et sœurs ?

PHONÉTIQUE Les voyelles nasales [ɑ̃]/[ɔ̃]

Cahier unité 6 d'activités

ÉCHAUFFEMENT

1 a Écoutez le son [ɑ̃] et le son [ɔ̃] et observez les mots. cd 64

a | dans b | mon

b Écoutez. Dans quelles paires les mots sont identiques ? Dans quelles paires les mots sont différents ? cd 65

c Écoutez. Vous entendez le son [ɑ̃] dans quels mots ? Vous entendez le son [ɔ̃] dans quels mots ? cd 66

[ɑ̃]	[ɔ̃]
…..	…..

FONCTIONNEMENT

2 Complétez à l'aide de la transcription p. 206.

• Le son [ɑ̃] peut s'écrire : ***en*** (exemple : …..), ….. (exemple : …..) ou ***am***, ***em*** (souvent devant un *b* ou un *p*, exemples : *embrasse, Champagne*).
• Le son [ɔ̃] peut s'écrire : ***on*** ou … (exemple : *prénom* ou devant un *b* ou un *p*).

ENTRAÎNEMENT

3 Écoutez et répétez les phrases. cd 67

4 À deux, vous écrivez une liste de cinq mots avec le son [ɑ̃] et de cinq mots avec le son [ɔ̃]. Prononcez les dix mots dans le désordre à votre voisin. Il écrit les mots dans le tableau en une minute maximum.

[ɑ̃]	[ɔ̃]
…..	…..

D Les fêtes en France

cd 68

« *Bonne année, bonne santé !* »

COMPRÉHENSION ORALE

Entrée en matière

1 Observez les documents. Quelles fêtes vous connaissez ?

1re écoute

2 Associez un dialogue à une fête.

a | Dialogue 1	**1** | le Jour de l'an
b | Dialogue 2	**2** | la fête du Travail
c | Dialogue 3	**3** | la fête de la musique
d | Dialogue 4	**4** | la fête nationale (14 Juillet)
e | Dialogue 5	**5** | Noël

2e écoute

3 Nommez les fêtes à partir des définitions.

a | Il y a un feu d'artifice en souvenir de la Révolution française de 1789.
b | C'est le début d'une nouvelle année.
c | Il y a des concerts gratuits et des musiciens partout.
d | C'est la fête préférée des enfants.
e | Les travailleurs défilent dans la rue pour leurs droits.

PRODUCTION ORALE

4 Quelle est votre fête préférée dans l'année ? Qu'est-ce que vous faites à cette occasion ?

Exemple : *Ma fête préférée, c'est la Saint-Valentin. Avec ma femme, nous allons dîner au restaurant.*

Pour adresser un souhait
- Joyeux Noël !
- Bonne année !
- Meilleurs vœux !

Francophonie

Quelques fêtes importantes
- La **Saint-Jean-Baptiste** (24 juin), fête nationale du Québec.
- La fête dansée du **Toka** à Tanna (Vanuatu).
- Le **carnaval de Binche**, en Belgique.
- Les **Heiva**, spectacles de chant et de danse à Tahiti, en Polynésie.

Pour en savoir plus, regardez le rabat VI de la couverture !

Oh, le cliché !

« Les Français, romantiques ? »

51 % des couples français fêtent la Saint-Valentin. Aux États-Unis et en Angleterre, ils sont 61 % ! En France, les amoureux vont dîner au restaurant (37 %), ou offrent un bouquet de fleurs (25 %), un parfum (22 %) ou des bijoux (16 %).

www.ecosocioconso.com, février 2015

→ Pour vous, est-ce que ce sont des cadeaux romantiques ?

E Portraits de famille

cd 69

« *C'est un acteur belge, il est brun, grand…* »

Au fait !

François Damiens et **Benoît Poelvoorde** sont deux acteurs belges connus en France.

COMPRÉHENSION ORALE

Entrée en matière

1 Observez les deux affiches. Quel film vous avez envie de voir ?

1re écoute

2 Que veulent faire Maël et Nicolas ?

3 Ils parlent :

a | du même acteur dans deux films différents.
b | de deux acteurs dans le même film.
c | de deux acteurs différents dans deux films différents.

2e écoute

4 Quel est le point commun entre les deux acteurs ?

a | Ils sont de la même famille.
b | Ils ont la même nationalité.
c | Ils se ressemblent beaucoup.
d | Ils jouent dans le même film.

5 Associez les caractéristiques aux acteurs.

Caractéristiques physiques	blonde	barbu	mince
	brun	grand	jolie
	yeux bleus	cheveux longs	cheveux frisés
Caractéristiques morales	sympa	sérieux	stressé

a | François Damiens : …..
b | Louane Emera : …..
c | Benoît Poelvoorde : …..

6 Dans les films, qui est :

a | chanteur/chanteuse ?
b | homme/femme d'affaires ?
c | agriculteur/agricultrice ?

PRODUCTION ORALE

7 À deux ! Choisissez des personnes sur la photo, décrivez-les et faites deviner qui c'est.

Exemple : *C'est une femme. Elle a les cheveux gris et courts…*

Pour décrire quelqu'un

- Il/Elle est petit(e) ≠ grand(e).
- Il/Elle est mince ≠ gros(se).
- Il/Elle a les yeux bleus.
- Il/Elle est blond(e).
- Il/Elle a les cheveux courts et frisés.
- Il/Elle a l'air stressé(e).

GRAMMAIRE > *c'est un(e) – il/elle est*

Cahier unité 6 d'activités

ÉCHAUFFEMENT

1 Observez les phrases. Dans quelles phrases on identifie quelqu'un ? Dans quelles phrases on décrit quelqu'un ?

a | C'est un acteur belge.
b | Elle est chanteuse.
c | Lui aussi, il est belge.
d | Il est agriculteur.
e | Mais non, c'est un homme d'affaires !
f | C'est François Damiens.
g | Il est brun et un peu gros.

FONCTIONNEMENT

c'est un(e) – il/elle est

2 Complétez la règle.

- Pour **identifier** quelqu'un, on utilise ….. + nom de la personne ou ….. + article + nom.
Exemple : ***C'est*** *Benoît Poelvoorde.* ***C'est*** *un acteur belge.*
- Pour **décrire** ou **donner des informations** sur quelqu'un, on utilise *Il(s)/Elle(s)* + ….. */sont* + adjectif ou profession.
Exemple : ***Elle est*** *mince et blonde.* ***Elle est*** *actrice.*

REMARQUE
Au singulier, on dit *c'est*. Au pluriel, on dit ***ce sont***.
Exemple : *Ce sont des acteurs belges.*

ENTRAÎNEMENT

3 Associez.

a | C'est
b | Ce sont
c | Il est
d | Elle est
e | Elles sont

1 | mon acteur préféré.
2 | informaticienne.
3 | les cousins d'Amina.
4 | brunes et minces.
5 | très sérieux.

PRODUCTION ÉCRITE >>> DELF

4 Écrivez un petit texte pour présenter un film que vous aimez. *(30 à 40 mots)*

Exemple : 007 Spectre, *c'est un film américain. L'actrice principale, c'est Léa Seydoux : elle est française. Dans le film, elle est médecin…*

PRODUCTION ORALE >>> DELF

5 Présentez et décrivez votre acteur ou actrice préféré(e).

DOCUMENTS

F On se revoit ?

De : florent_erduk@gmal.fr

À : rodolphebb@icloud.com

Objet : J'ai fait une belle rencontre.

Salut Rodolphe,
À ton mariage, j'ai rencontré ta cousine Lola… C'est une fille très sympathique ! Elle est calme et elle a l'air timide, mais en fait, elle est très drôle… et gentille ! Nous avons beaucoup ri. Elle est intelligente, aussi. J'ai pris son numéro de téléphone. La semaine dernière, nous avons bu un café ensemble, et demain, on va dîner au restaurant ! La semaine prochaine, je vais proposer un cinéma. Je suis amoureux, je crois !
Réponds-moi vite !
Florent

De : lololala2015@quant.fr

À : rodolphebb@icloud.com

Objet : Je ne sais pas…

Salut Rodolphe,
J'ai rencontré ton ami Florent à ton mariage, il y a un mois… Il n'est pas désagréable, mais il parle beaucoup, il est bavard ! Il est généreux, aussi ! Hier, nous avons dîné ensemble. Et dans trois jours, il veut aller au cinéma. J'ai accepté… On va voir ;-)
Bises,
Lola

COMPRÉHENSION ÉCRITE

1re lecture

1 Choisissez les bonnes réponses.

a | Lola est une amie/une cousine/la femme de Rodolphe.
b | Florent est un ami/un cousin/un collègue de Rodolphe.

2e lecture

2 Mettez dans l'ordre les rendez-vous entre Florent et Lola.

a | au café
b | au mariage
c | au cinéma
d | au restaurant

Vocabulaire

3 Trouvez le contraire des adjectifs dans les mails.

a | agréable ≠ …..
b | méchant(e) ≠ …..
c | égoïste ≠ …..
d | bête ≠ …..

GRAMMAIRE > les indicateurs de temps du passé et du futur

Cahier unité 6 d'activités

ÉCHAUFFEMENT

1 Observez les phrases. Quels mots permettent de répondre à la question : *« Quand ? »*

a | La semaine dernière, nous avons bu un café.
b | J'ai rencontré ton ami Florent il y a un mois.
c | Demain, on va dîner au restaurant !
d | La semaine prochaine, je vais le voir.
e | Hier, nous avons dîné ensemble.
f | Dans trois jours, il va aller au cinéma.

FONCTIONNEMENT

Les indicateurs de temps du passé et du futur

En général, les indicateurs de temps se placent au **début** ou à la **fin** de la phrase.

passé — **aujourd'hui** — **futur**

il y a un mois — la semaine dernière — hier — demain — dans trois jours — la semaine prochaine

ENTRAÎNEMENT

2 Choisissez la bonne réponse.

a | *La semaine prochaine/La semaine dernière/Il y a trois jours*, je vais partir en voyage.
b | *Dans trois jours/Il y a trois jours/Demain*, je suis allé dîner dans un bon restaurant.
c | *Hier/Demain*, j'ai vu ma cousine.

PRODUCTION ÉCRITE >>> DELF

3 Écrivez un mail à un(e) ami(e) pour raconter une rencontre. Quand est-ce que vous avez rencontré la personne ? Où ? Quand est-ce que vous allez la revoir ? *(30 à 40 mots)*

VOCABULAIRE > la description physique, le caractère

Le corps
la barbe, la moustache
être barbu, moustachu
mince ≠ gros(se), rond(e)
petit(e) ≠ grand(e)
les yeux bleus, verts, marron

Les cheveux
blond(e), brun(e), roux, rousse
frisés ≠ raides
longs ≠ courts

Le caractère
bavard(e)
calme
désagréable
drôle
généreux, généreuse ≠ égoïste
gentil(le) ≠ méchant(e)
intelligent(e) ≠ bête
stressé(e)
sympa(thique)
timide

1 Complétez le document avec les mots des listes ci-dessus.

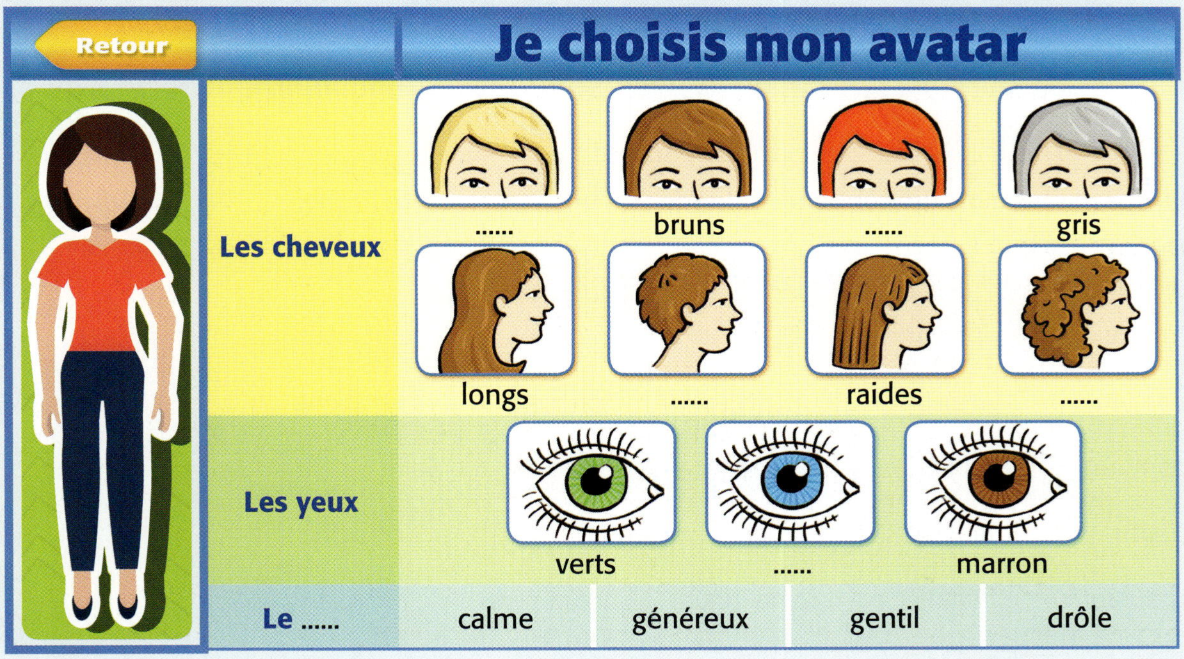

2 Écoutez les descriptions et retrouvez les personnes : Alice, Jérôme, Louis, Sonia. cd 70

3 Complétez les descriptions avec les mots : *calme, généreux, timide, drôle, désagréable*.

a | Il a des difficultés pour parler aux gens : il est .....

b | Elle n'est pas stressée, pas en colère, pas nerveuse : elle est .....

c | Quand je t'écoute, je ris beaucoup : tu es .....

d | Tu aimes aider les autres, offrir des cadeaux : tu es .....

e | Je n'aime pas passer du temps avec lui, il est .....

PRODUCTION ORALE

4 Pour vous, quelles sont les qualités de l'ami(e) parfait(e) ? Décrivez son caractère.

Exemple : *L'ami(e) idéal(e) est drôle...*

PHONÉTIQUE Les voyelles nasales [ɑ̃]/[ɛ̃]

ÉCHAUFFEMENT

1 a Écoutez le son [ɑ̃] et le le son [ɛ̃] et observez les mots. cd 71

a | lent
b | fin

b Écoutez. Dans quelles paires les mots sont identiques ? Dans quelles paires les mots sont différents ? cd 72

c Écoutez. Vous entendez le son [ɑ̃] dans quels mots ? Vous entendez le son [ɛ̃] dans quels mots ? cd 73

[ɑ̃]	[ɛ̃]
.....	.....

FONCTIONNEMENT

2 Complétez à l'aide de la transcription p. 206.

- Le son [ɛ̃] peut s'écrire : ..... (exemple : *matin*), ... (exemple : *copain*), ***ein*** (exemple : .....), ***im*** (souvent devant un *p* ou un *b*, exemple : .....) ou ***(i)en*** à la fin d'un mot (exemple : *Fabien*).
- Parfois, il peut aussi s'écrire ***aim*** (exemple : .....) ou ***ym*** (exemple : .....).

ENTRAÎNEMENT

3 a Passez par les mots qui contiennent le son [ɛ̃] pour sortir du labyrinthe.

Départ ▼

mince	parent	chanteur	oncle	embrasse
demain	maison	intelligent	principal	olympique
ceinture	bien	châtain	différent	Saint-Valentin
temps	anglais	gentil	tante	musicien
restaurant	prétentieux	romantique	grand-père	simple

▼ **Arrivée**

b Écoutez les mots pour vérifier vos réponses. cd 74

L'ESSENTIEL GRAMMAIRE/VOCABULAIRE

1 Les adjectifs possessifs. Transformez les phrases avec un adjectif possessif.

Exemple : *J'ai un chien.* → *C'est mon chien.*
a | Il a deux filles. → Ce sont .....
b | Vous avez un ami. → C'est .....
c | Nous avons une maison. → C'est .....
d | Nous avons trois neveux. → Ce sont .....

2 Le passé composé. Conjuguez les verbes au passé composé.

a | Ils *(faire)* ..... la cuisine le week-end dernier.
b | Vous *(lire)* ..... le faire-part de Julie ?
c | Nous *(danser)* ..... au bal des pompiers hier soir.
d | Elle *(écrire)* ..... une lettre à sa grand-mère.

3 La famille et l'entourage. Trouvez l'intrus.

a | la sœur – le copain – l'amie – le voisin
b | le père – la tante – la mère – le collègue
c | le neveu – les enfants – la meilleure amie – la femme
d | les amis – les oncles – les copains – les potes

4 La description physique. Associez.

a | Vous avez les yeux
b | Elles sont
c | Il a les cheveux
d | C'est une fille
e | Il est

1 | courts et raides.
2 | un peu rond.
3 | bleus.
4 | grande et mince.
5 | rousses.

ATELIERS

1 CRÉER LES PERSONNAGES D'UNE FAMILLE POUR UN FILM

Vous allez faire le portrait des personnages d'une famille pour un film.

Démarche

Formez des groupes de trois à cinq.

1 Préparation

Imaginez une famille et précisez :
– le nombre de membres ;
– l'identité des membres : *prénom, nom, âge, profession…* ;
– le lien de parenté : *grand-parent, parent, enfant…*

2 Réalisation

- Faites une fiche pour chaque membre de la famille avec :
– une description physique précise : *cheveux, yeux, taille…* ;
– les différents traits de caractère : *timide, drôle, stressé(e)…* ;
– les goûts et les loisirs : *sport, musique…*
- Donnez un titre à votre film.

3 Présentation

- Chaque groupe présente sa famille devant la classe.
Exemple : *C'est Jacques Merinos. C'est un gangster belge. Il a 37 ans. Il est blond et moustachu. Il a les yeux bleus et des lunettes. Il est méchant mais très intelligent. Il aime les films d'action. C'est le frère d'Alexia Merinos.*
- Votez pour la famille qui va faire le film le plus drôle, le plus sérieux, etc.

2 CRÉER UNE AFFICHE POUR UNE FÊTE

ATELIER TECH'

Vous allez réaliser une affiche pour inviter des amis à une fête.

Démarche

Formez des groupes de trois.

1 Préparation

- Décidez pour quel événement vous allez organiser une fête : *Noël, le Jour de l'an, un anniversaire, une naissance…*
- Définissez les caractéristiques de votre fête. *Il faut se déguiser ? préparer quelque chose à manger ? décorer un lieu ?*
- Choisissez la date, l'heure et le lieu de votre fête.

2 Réalisation

- Chaque groupe fait des recherches sur Internet pour trouver les illustrations de l'affiche (photos, dessins...). Réalisez ou modifiez vous-mêmes les illustrations, avec un logiciel de dessin sur ordinateur.
- Chaque groupe utilise un logiciel de traitement de texte pour réaliser l'affiche. Indiquez toutes les informations importantes et intégrez les images.
- Imprimez ou projetez votre affiche.

3 Présentation

- Chaque groupe présente son affiche et son projet de fête devant la classe.
- Votez pour votre affiche préférée !

Stratégies Production écrite

Ces stratégies sont utiles pour préparer et réussir le DELF A1 (cf. épreuve blanche p. 187). L'épreuve dure 30 minutes.

Qu'est-ce que vous devez faire ?

- Exercice 1 : vous remplissez un formulaire avec des informations comme le nom, le prénom, la nationalité, la profession, le courriel, l'adresse postale, l'âge, le numéro de téléphone, etc.
- Exercice 2 : vous montrez que vous savez rédiger des phrases simples sur des sujets de la vie quotidienne. Par exemple, vous écrivez une carte postale pour raconter vos vacances, un message pour inviter des amis ou répondre à une invitation, un petit mot pour informer vos voisins ou leur demander quelque chose.

À quoi vous devez faire attention ?

- Lisez bien la consigne pour bien comprendre ce que vous devez faire.
- Faites attention à la façon d'écrire les dates en français : *jour/mois/année*.
- Prenez plus de temps pour faire l'exercice 2 : il est plus difficile que l'exercice 1.
- Dans l'exercice 2, comptez bien le nombre de mots. Il faut écrire 40 mots minimum.
- Révisez les façons de saluer à l'écrit. Pour écrire à un ami, vous pouvez commencer par *« Salut ! », « Bonjour », « Cher Cédric », et terminer par « Bisous ! », « A bientôt ! », « Je t'embrasse. ».*

Préparation au DELF A1

Entraînez-vous à l'exercice 1

Vous habitez en France. L'INSEE (Institut national de la statistique et des études économiques) fait une enquête sur la famille. Vous remplissez ce questionnaire.

Nom : ....

Prénom : ....

Profession : ....

Adresse : ....

Date de naissance : ....

Pays de naissance : ....

Situation de famille : ....

Nombre de frères et sœurs : ....

Âge de vos parents : ....

Nombre d'enfants : ....

CHEZ MOI

Objectifs

- Se renseigner sur un logement
- Exprimer des règles de vie commune
- Expliquer un problème domestique et réagir

Vous êtes les bienvenus !

DOCUMENTS

A Nouvel appartement, nouvelle vie !

cd 75

a

« Je viens de déménager ! »

b

ÉTAT DES LIEUX

Entrée le : 15/09/201..

• **Adresse :**

Numéro : 46

Rue : Jules Ferry

Code postal : 69340

Ville : Lyon

Nombre de pièces : ....

Superficie : .... m²

Étage : ....

Ascenseur : Oui ☐ Non ☐

Meublé : Oui ☒ Non ☐

Cuisine équipée : Oui ☒ Non ☐

Remarques

....

Date et signature du propriétaire :
Le 13 / 09 / 201..

Date et signature du locataire :
Le 13 / 09 / 201..

Au fait !

Quand on loue un appartement, le locataire et le propriétaire font un **état des lieux** au début et à la fin de la location : ensemble, ils décrivent l'état de l'appartement, les pièces, les meubles…

COMPRÉHENSION ORALE

Entrée en matière

1 **Observez le document a. Qu'est-ce que vous voyez ?**

2 **Observez le document b. Qui signe l'état des lieux ?**

1re écoute

3 **Qui téléphone ? À qui ?**

4 **Ils parlent de quoi ?**

2e écoute

5 **a** **Nicolas a quel type de logement ?**
b **Est-ce qu'il est locataire ou propriétaire ?**

6 **Quels sont les avantages de ce logement ?**

a | Il est grand.
b | Il n'est pas cher.
c | Il est dans le centre-ville de Lyon.
d | Il y a beaucoup de lumière.
e | Il y a un ascenseur.
f | Le quartier est calme.

7 **Complétez l'état des lieux (document b).**

Vocabulaire

8 Il y a quels meubles dans la chambre et dans la cuisine ? Cochez les cases de l'état des lieux.

ÉTAT DES LIEUX						
	Équipement					
Chambre	Armoire	Bureau	Lampe	Lit	Table de nuit	Chaise
Cuisine	Four	Four à micro-ondes	Cuisinière	Hotte	Lave-vaisselle	Réfrigérateur

PRODUCTION ORALE

9 À deux ! Vous demandez à votre voisin(e) des informations sur son logement. Il/Elle répond puis il/elle pose des questions à son tour.

Pour s'informer sur un logement

- Quelle est la superficie ?
- Il y a combien de pièces ?
- Il est meublé ?
- Il est à quel étage ?
- Il y a un ascenseur ?

GRAMMAIRE > les pronoms COD

Cahier d'activités unité 7

ÉCHAUFFEMENT

1 Observez les phrases. Les pronoms soulignés remplacent quels mots ?

a | On a loué un appartement avec Céline. Je l'adore !
b | Tu vas aussi aimer la salle de bains. On va la peindre en bleu et jaune !
c | Les lits ne sont pas très confortables. Je vais les changer.
d | Bon, cet appartement, tu viens le visiter ?

FONCTIONNEMENT

Les pronoms COD

2 Complétez le tableau.

	Singulier	Pluriel
Masculin	**le**	**les**
Féminin	......	
Devant une voyelle ou un *h* muet	......	

ENTRAÎNEMENT

3 Que désignent *le, la, l', les* ? Associez.

a | Ils la visitent.
b | Vous l'écrivez très souvent.
c | Je les vois tous les jours.
d | Elle le prend le matin.
e | Nous l'utilisons.

1 | votre nom
2 | l'ascenseur
3 | la maison
4 | le lave-vaisselle
5 | les voisins

4 Complétez avec *le, la, l'* ou *les*.

a | Je cherche mes clés. Vous ..... voyez ?
b | L'appartement est grand. Je vais ..... visiter.
c | Voici le numéro du propriétaire. Tu ..... appelles ?
d | Je ..... aime bien, ce sont des voisins agréables.
e | La salle de bain est bleue. Tu veux ..... voir ?

DOCUMENTS

B Idées de déco ?

COMPRÉHENSION ÉCRITE

Entrée en matière

1 Observez le document. Comment s'appelle le site ?

1re lecture

2 Sur ce site, on peut :

a | choisir et acheter une maison.
b | trouver des idées d'aménagement pour la maison.
c | parler de bricolage.

3 Qu'est-ce que Damien demande ?

Espace membre : Connexion Inscription — Je m'inscris à la newsletter

déco — Maison — Jardin — Cuisine — Bricolage

Damien44

Bonjour, j'aménage mon salon, je cherche des idées ! Vous pouvez décrire les meubles et la décoration de votre salon ? Merci :)

2 commentaires ▼

Julie

Mon salon est assez simple, de style japonais : tout est noir et blanc. Entre le canapé et la télé, il y a une table basse, et mes DVD sont sous la télé. Derrière le canapé, il y a une grande table ronde avec quatre chaises. À gauche du canapé, il y a une plante et une lampe. Il y a aussi une petite bibliothèque à côté de la porte.

Djam

Salut Damien, dans mon salon, j'ai un grand aquarium en face de la fenêtre. Mon canapé est à droite de la cheminée. J'ai deux fauteuils et une table basse devant le canapé. Sur les étagères de la bibliothèque, il y a des objets de mes voyages et sur les murs, il y a des tableaux !

2e lecture

4 Vrai ou faux ?

a | Chez Julie, les murs sont bleus.
b | Il y a une cheminée dans le salon de Djam.
c | Chez Julie, la plante est à côté de la porte.
d | Djam et Julie ont une bibliothèque dans leur salon.

Vocabulaire

5 Faites la liste des meubles et des objets de Julie et de Djam.

- Meubles : *un canapé (Julie), ...*
- Objets : *un aquarium (Djam), ...*

GRAMMAIRE > les prépositions de lieu (2)

Cahier unité 7 d'activités

ÉCHAUFFEMENT

1 Observez les phrases. Où sont placés les meubles et les objets ? Trouvez les mots qui donnent une indication de lieu.

Exemple : *<u>Entre</u> le canapé et la télé, il y a une table basse.*
a | Mes DVD sont sous la télé.
b | Derrière le canapé, il y a une grande table ronde.
c | À gauche du canapé, il y a une plante.
d | Il y a une petite bibliothèque à côté de la porte.
e | Dans mon salon, j'ai un grand aquarium en face de la fenêtre.
f | Mon canapé est à droite de la cheminée.
g | J'ai une table basse devant le canapé.
h | Sur les étagères, il y a des objets de nos voyages !

FONCTIONNEMENT

Les prépositions de lieu

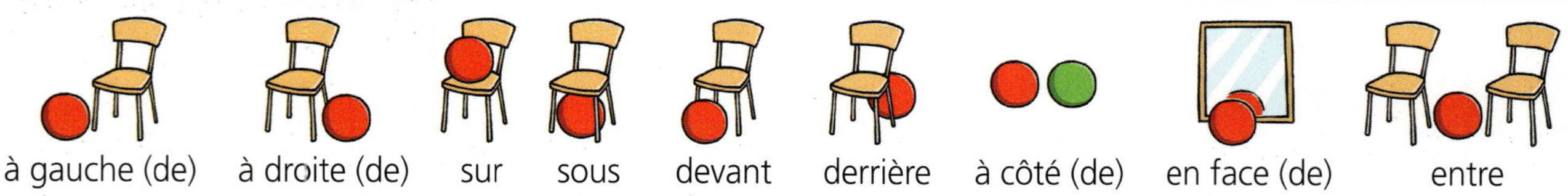

*REMARQUE : à côté **de la** fenêtre, à droite **du** mur, en face **des** étagères…*

ENTRAÎNEMENT

2 Complétez avec : *à côté, en face de, sous* ou *sur*.

a | Je suis assis ..... la télévision, ... de mon mari.
b | La tasse de thé est ..... la table.
c | Le chat a peur : il est ..... le lit !

PRODUCTION ORALE

3 Décrivez la classe en cinq phrases.

Exemple : *Sur la table, il y a un livre. Anne est derrière Jamie. Il y a une chaise devant le tableau.*

VOCABULAIRE > le logement, les meubles

Le logement

l'appartement *(m.)*	la maison
l'ascenseur *(m.)*	meublé, équipé
la cheminée	le mur
l'étage *(m.)*	la pièce
la fenêtre	le/la propriétaire
le/la locataire	la superficie

Les pièces

le bureau
la chambre
la cuisine
la salle de bains
le salon

1 Écoutez puis associez un son à une pièce. cd 76

Son **a** |	**1** | le salon
Son **b** |	**2** | la cuisine
Son **c** |	**3** | la salle de bains
Son **d** |	**4** | la chambre

Les meubles

l'armoire *(f.)*	l'étagère *(f.)*
la bibliothèque	le fauteuil
le bureau	le lit
le canapé	la table
la chaise	

L'électroménager

la cuisinière
le four (à micro-ondes)
le lave-vaisselle
le réfrigérateur/le frigo *(fam.)*

2 Observez l'image et complétez les phrases.

a | Dans le salon, le fauteuil est à côté du …..
b | Dans la chambre, la plante est devant la …..
c | Dans la cuisine, la ….. est entre les chaises.
d | La chambre est à gauche du …..

3 a Nommez les meubles.

a

…..

b

…..

c

…..

d

…..

e

…..

f

…..

b Ces meubles sont dans quelle(s) pièce(s) ?

4 Trouvez le mot correspondant à la définition.
(plusieurs réponses possibles)

a | C'est le nombre de m² d'un logement. → …..
b | On s'assoit sur cet objet. → …..
c | Cet objet garde la nourriture au froid. → …..
d | C'est pour ranger ses livres. → …..
e | Dans ce meuble, il y a des vêtements, des papiers, etc. → …..

PRODUCTION ÉCRITE

5 Qu'est-ce qu'il y a dans votre logement ?
Faites la liste des meubles de vos pièces.

DOCUMENTS

C Au Salon Maison et Objet

dvd 7

COMPRÉHENSION AUDIOVISUELLE

Entrée en matière

1 Lisez le titre et observez la photo. À votre avis, de quel événement il s'agit ?

1er visionnage

2 Remettez les objets dans l'ordre de la vidéo.

a | un bureau c | un canapé e | un fauteuil
b | une chaise d | une enceinte

3 Pourquoi les visiteurs viennent à ce salon ?

a | Pour louer des meubles pour plusieurs années.
b | Pour trouver des idées de décoration originales.
c | Pour vendre leurs meubles de famille.

2e visionnage

4 *Flasher sur un objet*, c'est :

a | adorer un objet et l'acheter tout de suite.
b | détester un objet et ne pas vouloir le regarder.
c | prendre un objet en photo.

5 Vrai ou faux ? Des meubles ressemblent à des jeux pour enfants.

6 Quel objet peut se transformer (en un autre meuble) ?

7 Avec quelle technologie fonctionne le dernier objet présenté ?

8 Par an, une famille française dépense combien d'argent pour se meubler ?

PHONÉTIQUE Les sons [f]/[v]

Cahier d'activités unité 7

ÉCHAUFFEMENT

1 a Écoutez le son [f] et le son [v] et observez les mots. cd 77

a | fou b | vous

b Écoutez. Dans quelles paires les mots sont identiques ? Dans quelles paires les mots sont différents ? cd 78

c Écoutez. Vous entendez le son [f] dans quels mots ? Vous entendez le son [v] dans quels mots ? cd 79

[f]	[v]
.....	.....

d Réécoutez pour vérifier vos réponses à l'activité 1c, puis répétez les mots. cd 79

FONCTIONNEMENT

2 a Mettez votre main sur votre gorge et prononcez « ffffff » puis « vvvvvv ». Puis complétez.

- Je sens une vibration pour le son ..... (consonne sonore).
- Je ne sens pas de vibration pour le son ..... (consonne sourde).

b Complétez à l'aide de la transcription p. 207.

- Le son [f] peut s'écrire ..... Exemples : *four, ..., ...*
- Le son [v] peut s'écrire ..... Exemples : *télévision, ..., ...*

ENTRAÎNEMENT

3 Écoutez et répétez les phrases. cd 80

4 À vous ! À trois, complétez le tableau. Trouvez deux mots par colonne : un avec le son [f] et un avec le son [v]. Quand vous avez fini, dites *Stop !* Le groupe le plus rapide a gagné.

Électroménager	Logement	Dans la cuisine	Meuble
.....	.....	.....	.....

D Profession : designers !

Matali Crasset, née en France en 1965, est architecte et designeuse industrielle. Depuis les années 1990, elle travaille dans des domaines très variés : elle a imaginé des maisons, des cinémas, des musées, des meubles, des vêtements… Matali a aussi travaillé sur des projets de musique électronique. Elle est maintenant célèbre et fait beaucoup d'expositions pour présenter son travail partout dans le monde.

Né en 1964 en Suisse, **Andreas Vogler** est architecte et designer. En 2003, il a créé son équipe : *Architecture and Vision*. Une création ? Sa tente *Desertseal*, adaptée aux conditions extrêmes du désert. Il s'intéresse aussi à l'intérieur des moyens de transport, comme le train et l'avion, et il imagine des nouveaux logements sur Mars !

Ousmane M'Baye, né en 1975 à Dakar, est un designer sénégalais. Depuis 2004, il travaille avec des objets anciens et des objets trouvés pour faire des meubles contemporains (tables, chaises, commodes…). Il travaille avec le métal (surtout le fer) et il aime jouer avec les matières et les couleurs. Surprise pour un designer : Ousmane M'baye ne sait pas dessiner, il imagine les meubles dans sa tête !

COMPRÉHENSION ÉCRITE

Entrée en matière

1 Observez les photos. À votre avis, que fait un designer ?

1re lecture

2 Associez les pays, les dates et les personnes.

a | La France	1 | 1964	A | Matali Crasset
b | Le Sénégal	2 | 1965	B | Ousmane M'Baye
c | La Suisse	3 | 1975	C | Andreas Vogler

2e lecture

3 Qui imagine :

a | des bâtiments et des objets très différents ?
b | des meubles fabriqués avec du métal ?
c | des transports et des maisons du futur ?

Vocabulaire

4 Complétez les définitions avec les mots : *créer, une commode, contemporain, imaginer*.

a | C'est actuel, de notre époque, c'est …..
b | ….. un objet, c'est l'inventer puis le fabriquer.
c | C'est un meuble bas, avec des tiroirs : c'est …..
d | Penser dans sa tête pour créer des choses, c'est …..

PRODUCTION ÉCRITE

5 Vous connaissez d'autres designers ou architectes ? Écrivez une fiche de présentation et dites ce qu'ils font.

Francophonie

D'où viennent ces meubles traditionnels ? Associez.

a | une chaise louis XVI	1 | le Maroc
b | des lampes de Hôi An	2 | la France
c | une table traditionnelle	3 | le Vietnam

→ Et chez vous, quels sont les meubles traditionnels ?

Réponses : a2 ; b3 ; c1.

Oh, le cliché !

« Les Français adorent acheter de vieilles maisons. »

60 % des Français souhaitent faire construire un nouveau logement : c'est personnalisé et pratique.
33 % préfèrent acheter un logement déjà construit.

PAP.fr, mars 2014

→ Et chez vous ?

E C'est interdit ?

a

b

Règlement intérieur de l'immeuble

1 Interdiction de laisser la porte d'entrée ouverte.

2 Défense de bloquer les portes de l'ascenseur.

3 Attention ! Les enfants de moins de 8 ans ne peuvent pas prendre l'ascenseur seuls.

4 Il est interdit de fumer dans les parties communes de l'immeuble.

5 Merci de mettre vos poubelles dans le local à poubelles situé au rez-de-chaussée. Ne pas laisser de déchets par terre.

6 Prière de trier vos déchets comme indiqué dans le local.

7 Respectez vos voisins : évitez de faire du bruit entre 22 h et 7 h du matin.

COMPRÉHENSION ÉCRITE

Entrée en matière

1 Observez les documents. À votre avis, où est-ce qu'on trouve le document b ?

1re lecture

2 À quoi sert le document b ?

a | rencontrer les vois ns **b** | donner les règles de l'immeuble **c** | donner des idées pour l'immeuble

2e lecture

3 Associez les images aux phrases du règlement.

a | Règle n° 1

b | .....

c | .....

d | .....

e | .....

f | .....

g | .....

4 Vrai ou faux ?

a | Les enfants de 5 ans peuvent prendre l'ascenseur seuls.
b | La porte d'entrée peut rester ouverte la journée.
c | Les voisins peuvent faire du bruit à 19 h.
d | On peut fumer dans l'entrée de l'immeuble.

Vocabulaire

5 Lisez la définition, puis retrouvez le mot dans le règlement.

a | Les ..... de l'immeuble sont : l'entrée, le couloir, l'ascenseur, l'escalier.
b | Dans la ....., il y a les déchets : ce qu'on a mangé, ce qu'on jette…
c | Le ....., c'est le bas de l'immeuble.
d | La première porte de l'immeuble, c'est .....

Au fait !

Dans certains immeubles, il y a ***un(e) gardien(ne)***. Cette personne s'occupe des parties communes. Les habitants peuvent lui demander un service quand ils ont un problème.

F Chers voisins

Chers voisins,

Ce soir je fête mes 30 ans. J'organise une soirée chez moi et j'invite des amis... Je vais faire un peu de bruit. Veuillez m'excuser par avance. Vous pouvez venir faire la fête avec nous, vous êtes les bienvenus ! Merci de votre compréhension.
Bien à vous,

Alexandra du 6e

COMPRÉHENSION ÉCRITE

Entrée en matière

1 Observez la photo. Il s'agit de quel événement ? À votre avis, le message est affiché où ?

Lecture

2 Qui a écrit ce message ? Il s'adresse à qui ?

3 Qu'est-ce que le message annonce ?

4 Dans quel but ?

Au fait !

La fête pour célébrer l'arrivée dans un nouveau logement s'appelle la **pendaison de crémaillère**.

PRODUCTION ÉCRITE >>> DELF

5 Choisissez un événement (fête d'anniversaire, pendaison de crémaillère, déménagement...). Vous écrivez une lettre à vos voisins pour annoncer l'événement et vous excuser à l'avance du bruit. *(40 à 50 mots)*

Pour s'excuser dans un message

- Veuillez m'excuser par avance.
- Veuillez nous excuser pour le bruit.
- Merci de votre compréhension.

GRAMMAIRE > l'obligation et l'interdiction (1)

Cahier unité 7 d'activités

ÉCHAUFFEMENT

1 Observez les phrases. Trouvez les mots pour exprimer une interdiction ⛔ ou une obligation/demande ⬆.

Exemple : *Défense de bloquer les portes de l'ascenseur.*

a | Interdiction de laisser la porte d'entrée ouverte.
b | Les enfants de moins de 8 ans ne peuvent pas prendre l'ascenseur seuls.
c | Il est interdit de fumer dans les parties communes de l'immeuble.
d | Merci de mettre vos poubelles dans le local.
e | Ne pas laisser de déchets par terre.
f | Prière de trier vos déchets.
g | Évitez de faire du bruit entre 22 h et 7 h du matin.

FONCTIONNEMENT

L'obligation et l'interdiction

2 Complétez les tableaux.

Obligation/Demande	
• *Prière de* + verbe à l'infinitif	Écrit
• *Merci de* + verbe à	↓
• Verbe à l'impératif	Oral

Interdiction
• *Défense* ..... + verbe à l'infinitif
• *Interdiction de* + verbe à l'.....
• *Il est interdit de* + verbe à l'infinitif
• *Ne pas* + verbe à l'infinitif

ENTRAÎNEMENT

3 Écrivez des phrases pour exprimer une interdiction ou une obligation.

Exemple : *téléphoner dans le train* ⛔
→ *Interdiction de téléphoner dans le train.*

a | manger et boire dans la bibliothèque ⛔
b | répondre avant le 10 janvier ⬆
c | respecter le silence ⬆
d | courir dans les couloirs ⛔
e | surveiller les enfants ⬆
f | laisser la porte ouverte ⛔

PRODUCTION ÉCRITE

4 En groupes, un(e) étudiant(e) mime un geste ou une action interdit(e) ou obligatoire. Les autres personnes devinent ce que c'est.

Exemple : – *Il est interdit de courir ?*

DOCUMENTS

G Problèmes à la maison

cd 81

COMPRÉHENSION ORALE

Entrée en matière

1 Observez les documents. Quels sont les trois métiers cités ?

Avis de passage
EDF
À l'attention de Monsieur Baptiste Dauvet
Le 17.03.2016 à 11 h 30
Numéro à contacter : 06 59 21 84 75
Signature de l'électricien :

« *Je viens pour la fuite d'eau.* »

Jacques Brillard
Tel : 03 28 01 85 76
Serrurier
24h/24

Demain Plombier
03 74 31 67 92

1re écoute

2 a Dans quel dialogue il y a un problème :
a | de lumière ? b | de serrure ? c | d'eau ?

b C'est dans quelle pièce ?

2e écoute

3 Associez les phrases et les photos.

a
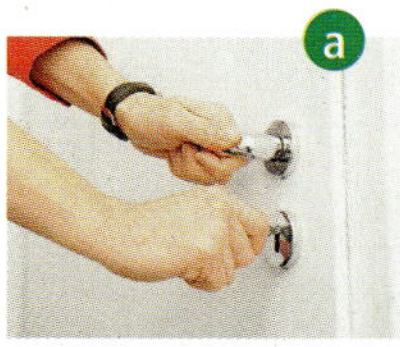
b
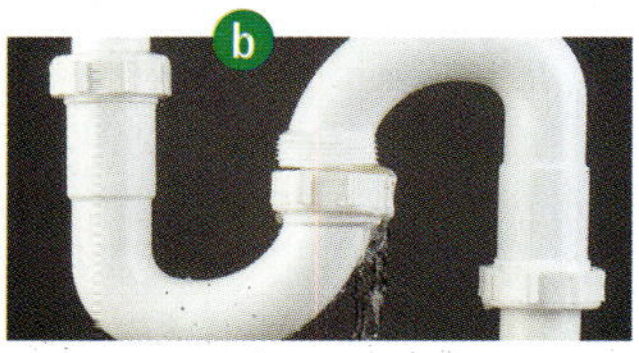
c

1 | Ça fuit ! 2 | Ça ne fonctionne pas ! 3 | C'est cassé !

4 Dans chaque dialogue, quelle solution le professionnel propose ?

Pour parler d'un problème
- C'est cassé.
- Ça ne marche pas. / Ça ne fonctionne pas (bien).
- Il y a une fuite d'eau. / Ça fuit.
- C'est difficile d'ouvrir la porte.

PRODUCTION ORALE >>> DELF

5 Vous avez un problème dans votre appartement. Vous téléphonez à un professionnel et vous décrivez ce problème. Il vous propose une solution.

GRAMMAIRE > le pronom *y*

Cahier d'activités unité 7

ÉCHAUFFEMENT

1 Observez les phrases. Que remplace *y* ?

a | C'est dans la cuisine. J'y passe du temps.
b | Je vais chercher des outils chez moi. J'y vais !
c | Il n'y a pas de lumière dans la salle de bains. J'y prends mes douches dans le noir !
d | On va acheter une serrure au magasin… On y va !

FONCTIONNEMENT

Le pronom *y*

2 Choisissez la bonne réponse.

Y est un pronom qui remplace un complément de lieu. Il se place **a** | avant **b** | après le verbe.
Exemple : *J'**y** achète des meubles.*

REMARQUE
À la forme négative, on dit :
*Je **n'y** vais **pas**. Il **n'y** est **pas**.*

ENTRAÎNEMENT

3 Remplacez l'élément souligné par *y*.

Exemple : *Je regarde un film dans le salon.*
→ *J'y regarde un film.*
a | Tu es chez toi ?
b | Il va au magasin acheter une ampoule.
c | Je visite un appartement dans le 15e arrondissement.
d | Il prépare une mousse au chocolat dans la cuisine.

PRODUCTION ORALE

4 À deux ! Faites deviner un lieu à votre voisin(e). Utilisez le pronom *y*.

Exemple : *– J'y fais du sport…*
– À la salle de gym ?

VOCABULAIRE > l'immeuble, les réparations

L'immeuble

l'ascenseur *(m.)*
le couloir
l'escalier *(m.)*
l'étage *(m.)*
le/la gardien(ne)
l'immeuble *(m.)*
le local à poubelles
la porte (d'entrée)
le règlement intérieur
le rez-de-chaussée
le/la voisin(e)

1 Qu'est-ce que vous voyez ? Utilisez les mots de la liste.

Les réparations…

l'ampoule *(f.)*
la clé
la fuite d'eau
l'outil *(m.)*
réparer
la serrure

… et les professionnels

l'électricien *(m.)*
le plombier
le serrurier

2 Retrouvez l'intrus.

a | le serrurier – l'électricien – le plombier – le locataire
b | le couloir – le local à poubelles – le salon – l'ascenseur
c | la fuite d'eau – la serrure – la clé – le serrurier

3 Décrivez les photos avec les mots de la liste.

PRODUCTION ORALE

4 À deux ! Choisissez et mimez des mots des listes. Vous les faites deviner à votre voisin(e). Faites deviner un maximum de mots en deux minutes.

Exemple : *Ça sert à ouvrir une porte…*

PHONÉTIQUE Les sons [b]/[v]

Cahier unité 7 d'activités

ÉCHAUFFEMENT

1 a Écoutez le son [b] et le son [v] et observez les mots. cd 82

a | **b**eau b | **v**os

b Écoutez. Vous entendez le son [b] dans quels mots ? Vous entendez le son [v] dans quels mots ? cd 83

[b]	[v]
.....	.....

c Lisez la transcription p. 207 pour vérifier vos réponses à l'activité 1b. Ensuite, prononcez les phrases et comparez votre prononciation avec votre voisin(e). Enfin, réécoutez pour vérifier votre prononciation. cd 83

FONCTIONNEMENT

2 a Complétez à l'aide de la transcription p. 207.

Le son [b] peut s'écrire .....
Exemples : *bains,* .....
Rappel : le son [v] peut s'écrire .....

b Trouvez d'autres exemples de mots qui contiennent le son [b] et de mots qui contiennent le son [v].

ENTRAÎNEMENT

3 Écoutez et répétez les phrases. cd 84

4 À vous ! Inventez des phrases comme dans l'exemple. Trouvez un sujet, un verbe et un complément avec le son [b] ou le son [v]. Puis, lisez ces phrases à votre voisin(e). Il/Elle écrit ces phrases et vous vérifiez.

Exemple : *Benoît* (sujet) *boit* (verbe) *une boisson* (complément).

L'ESSENTIEL GRAMMAIRE/VOCABULAIRE

1 Les pronoms COD. Trouvez la bonne réponse.
a | Mon amie ? Je *le/la* vois demain.
b | Ma maison ? Je *l'/la* aime beaucoup.
c | Mes voisins ? Je ne *le/les* connais pas.
d | Mon grand-père ? Je *l'/le* écoute parler du passé.

2 Le pronom *y*. Répondez aux questions. Utilisez le pronom *y*.
a | Vous rangez vos vêtements dans le salon ?
b | Vous dormez dans le canapé ?
c | Vous vivez dans cette belle maison ?
d | Vous passez du temps dans votre bureau ?

3 Les meubles. Complétez avec les mots : *armoire, bibliothèque, bureau, frigo, lit.*
Je déménage samedi prochain. Tu peux m'aider ? J'ai acheté un petit ..... pour ma mini cuisine et un grand ..... pour ma chambre. Il y a aussi une ..... pour ranger mes livres, et une ..... pour ranger mes vêtements. Ah, et un ..... pour travailler dans la chambre.

4 L'immeuble et les réparations. Complétez les phrases.
a | Ils habitent dans l'appartement d'à côté. Ce sont mes .....
b | Ce document dit ce qu'on peut faire ou ne pas faire dans l'immeuble. C'est le .....
c | Il vient chez moi quand je n'ai pas de lumière. C'est l'.....
d | C'est l'étage 0 en France. C'est le .....

ATELIERS

1 ÉCRIRE LES RÈGLES D'UN ÉTABLISSEMENT

Vous allez imaginer et écrire les règles idéales pour le lieu de votre choix.

Démarche

Formez des groupes de trois ou quatre.

1 Préparation

• Choisissez un lieu : *votre école de français, votre salle de sport…*
Vous pouvez aussi imaginer un lieu qui n'existe pas !
• Trouvez un nom pour ce lieu.

2 Réalisation

• Imaginez des règles de vie pour cet endroit (obligations et interdictions).
Exemple : *Interdiction de courir dans les escaliers !*
• Écrivez les règles et illustrez-les avec des pictogrammes.

3 Présentation

• Présentez vos règles à la classe et faites deviner le lieu !

2 DESSINER LE PLAN D'UN APPARTEMENT

ATELIER TECH'

Vous allez imaginer le plan d'un appartement à l'aide d'un logiciel professionnel sur un site.

Démarche

Formez des groupes de trois.

1 Préparation

• Définissez les pièces de l'appartement et leur superficie.
• Choisissez quelques meubles pour chaque pièce.

2 Réalisation

• Recherchez un site Internet de dessin de logement, par exemple le site www.archifacile.fr, et créez un compte (cliquez sur « Inscription gratuite »).
• Commencez votre plan. Dessinez les pièces, les portes, les fenêtres, etc. dans la rubrique « Construire ».
• Choisissez vos meubles dans la rubrique « Aménager ».
• Enregistrez votre projet.

3 Présentation

• Présentez votre projet à la classe.
• Votez pour le meilleur projet.

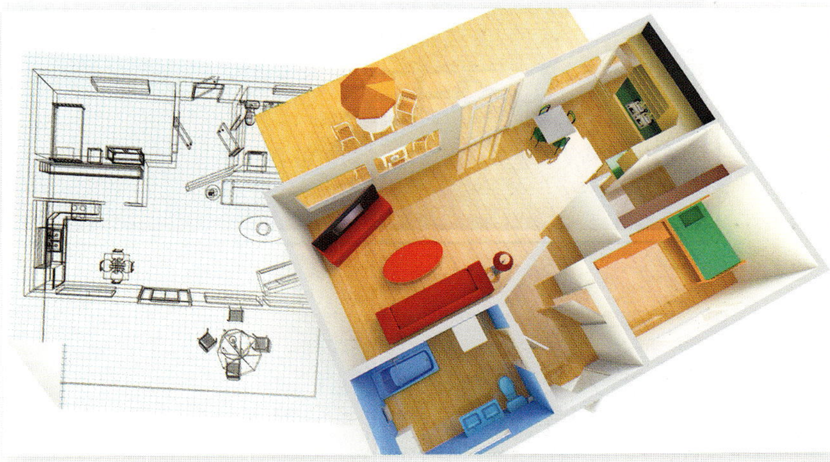

A Je réserve les billets…

cd 85

« *Je suis sur le site.* »

Meilleur séjour Le comparateur de voyages n°1

Vos critères

Ville: Brest
Arrivée: 23/10/16
Départ: 30/10/16
2 adultes

HÉBERGEMENT
- ☐ Hôtels (36)
- ☐ Locations de vacances (15)
- ☐ Chambres d'hôtes (6)
- ☐ Campings (1)
- ☐ Auberges de jeunesse (1)

CHAMBRE
- ☐ simple (1 personne)
- ☐ double (2 personnes)
- ☐ 3 et +

PRIX PAR NUIT
- ☐ < 30€
- ☐ 30€-49€
- ☐ 50€-79€
- ☐ 80€ et +

Accueil ▸ Chambres d'hôtes ▸ Finistère (29) ▸ Brest

Le Clos fleuri

45 €/nuit

Grandes chambres doubles avec salle de bains.
Proche aéroport.
Petit déjeuner inclus.

Réserver

Chez Clara et Jacques

48 €/nuit

Chambres doubles avec salle de bains.
À 10 min du centre-ville.
Petit déjeuner inclus.

Réserver

COMPRÉHENSION ORALE

Entrée en matière

1 Observez le document. Est-ce que vous utilisez ce genre de sites ?

1re écoute

2 Qui parle ?

3 Qu'est-ce qu'ils réservent ?

a | le transport
b | l'hébergement
c | le transport et l'hébergement

2e écoute

4 Choisissez la bonne réponse.

a | Ils partent à Paris une semaine.
b | Ils partent à Brest un week-end.
c | Ils partent à Brest 7 jours.

5 Quels sont leurs critères de choix pour le logement (type d'hébergement, chambre, prix) ?

6 a Quel est le meilleur choix pour…

	Le Clos fleuri	*Chez Clara et Jacques*
la taille de la chambre ?	X	
le prix ?		
le lieu ?		
le confort ?		

b Ils choisissent quelle chambre ?

Vocabulaire

7 Complétez ces phrases de voyageurs avec les mots : *auberge de jeunesse, camping, chambre d'hôte, hôtel*.

a | Je choisis toujours l'….. Je préfère un hébergement professionnel.
b | Au ….., on dort dans une tente, à l'extérieur.
c | Loger dans une ….. c'est plus sympa. J'aime bien être chez les habitants.
d | L'….., c'est pour les jeunes !

PRODUCTION ORALE

8 À deux, vous parlez de votre prochain week-end. Quelles sont vos préférences pour le transport et l'hébergement ?

Pour exprimer la préférence
- C'est mieux.
- J'aime mieux partir tôt.
- Je préfère (dormir à) l'hôtel.

Pour hésiter
- Euh… Attends…
- Je ne sais pas trop.
- J'hésite…
- Je ne suis pas sûr(e).

B Vous avez Internet ?

COMPRÉHENSION ÉCRITE

De : bnahib@mail.fr	
À : claraetjacques@mail.fr	
Objet : les services dans votre chambre d'hôte	

Bonjour,

Mon mari et moi venons de réserver une chambre double dans votre maison, du 23 au 30 octobre, sur le site www.meilleursejour.com.

Nous avons quelques questions.
Est-ce qu'il y a un parking et une machine à laver chez vous ?
Est-ce qu'il y a le wifi dans les chambres ?

Merci beaucoup et à très bientôt,
Cordialement,
Bouchra Nahib

Lecture

1 Qui écrit à qui ?

2 La personne écrit pour :

a | demander des informations.
b | payer la réservation de la chambre.
c | réserver la chambre.

Vocabulaire

3 Bouchra et son mari veulent avoir accès à quels services ?

Pour écrire un mail formel

• Bonjour • Madame/Monsieur	• Cordialement • Bien à vous

GRAMMAIRE > la comparaison (1)

Cahier unité 8 d'activités

ÉCHAUFFEMENT

1 a Observez les phrases. Dans chaque phrase, dites quels éléments on compare.

a | Les chambres d'hôtes sont aussi confortables que les hôtels et souvent moins chères. Les petits déjeuners sont meilleurs qu'à l'hôtel.

b | Leur chambre est plus chère que la chambre du « Clos fleuri ».

c | 7 h 50 c'est tôt. 5 h 30, c'est pire !

b Observez les mots soulignés. Est-ce qu'ils expriment la supériorité (+) ? l'infériorité (-) ? l'égalité (=) ?

FONCTIONNEMENT

La comparaison

2 Complétez le tableau avec les signes –, + ou =.

.....	.....	.....
moins + adjectif (+ ***que***)	***aussi*** + adjectif (+ ***que***)	***plus*** + adjectif (+ ***que***)

REMARQUE
Il y a des comparatifs irréguliers.
bon → ***meilleur*** *(que) (+)*
mauvais → ***pire*** *(que) (–)*

Pour comparer deux personnes ou deux objets, on utilise des **comparatifs**.
Exemple : *Le camping est* ***moins cher que*** *l'hôtel, mais l'hôtel est* ***plus confortable***.

ENTRAÎNEMENT

3 Complétez les phrases avec des comparatifs. Attention à l'accord des adjectifs.

a | Ma voiture est ..... ta voiture. (*rapide* / =)
b | Le voyage en train est ..... le voyage en bus. (*confortable* / +)
c | Cette chambre est ..... (*grand* / –)
d | La salle de bains est ..... la chambre. (*petit* / +)
e | Dans cette location, le petit déjeuner est ..... (*bon* / +)

PRODUCTION ÉCRITE >>> DELF

4 Vous organisez des vacances pour un groupe de collègues dans une entreprise. Vous écrivez un mail aux participants pour proposer deux hébergements et vous les comparez. *(40 à 50 mots)*

C L'art de faire sa valise

COMPRÉHENSION ÉCRITE

Entrée en matière

1 **Est-ce que vous faites des listes ? Quand ?**

1re lecture

2 **Ce document donne des conseils pour quoi ?**

2e lecture

3 **Dans le document, relevez les expressions utilisées pour rappeler les choses à ne pas oublier.**

Vocabulaire

4 **Dans une valise, quels objets sont importants pour :**

a | brancher ses appareils électriques ?
b | charger son téléphone ?
c | se baigner ?
d | se protéger des moustiques ?
e | se protéger du soleil ?

Ma liste des vacances 25 mars 2016

Vous finissez de faire votre valise... est-ce que vous avez pensé à tout ?

LES VÊTEMENTS Quand vous partez en vacances, vous choisissez vos vêtements en fonction de la météo. Vous allez au soleil ? Est-ce que vous avez pensé à prendre le maillot de bain et les tongs ? Vous sortez le soir ? Prenez des tenues adaptées ! Pour les destinations froides, je prends des pulls, des grosses chaussettes, le bonnet, l'écharpe...

LA TROUSSE DE TOILETTE Vous rougissez au soleil ? Contre les coups de soleil, choisissez une bonne crème solaire ! Vous n'avez pas oublié l'anti-moustiques, j'espère ?

LES ACCESSOIRES Avant de fermer ma valise, je réfléchis : quels accessoires sont nécessaires ? L'appareil photo, bien sûr ! Sans oublier le chargeur de téléphone portable et l'adaptateur de voyage pour les prises électriques.

LES PAPIERS Vous partez à l'étranger ? Vous pouvez avoir besoin de votre passeport. Est-ce que vous avez vérifié vos vaccins ? Ils sont souvent obligatoires !

PRODUCTION ORALE >>> DELF

5 **À deux ! Vous partez en week-end. Vous vérifiez que vous n'avez rien oublié avant le départ.**
Exemple : *Tu as pensé à la crème solaire ?*

Pour rappeler quelque chose à quelqu'un

- Tu as pensé à éteindre la lumière ?
- Vous n'avez pas oublié votre passeport ?
- N'oubliez pas de prendre des pulls.
- Est-ce que vous avez vérifié vos vaccins ?

GRAMMAIRE > les verbes en *-ir* au présent

Cahier d'activités unité 8

ÉCHAUFFEMENT

1 **Quel est l'infinitif des verbes soulignés ?**

a | Vous choisissez vos vêtements en fonction de la météo.
b | Vous sortez le soir ?
c | Je réfléchis : quels accessoires sont nécessaires ?
d | Vous partez à l'étranger ?

FONCTIONNEMENT

Les verbes en *-ir* au présent

2 **Complétez la conjugaison des verbes *choisir* et *partir*.**

Choisir*	Partir**
Je	Je par**s**
Tu chois**is**	Tu par**s**
Il/Elle/On chois**it**	Il/Elle/On par**t**
Nous chois**issons**	Nous part**ons**
Vous	Vous .....
Ils/Elles chois**issent**	Ils part**ent**

* *Finir, réfléchir, rougir...* ** *Sortir, dormir...*

ENTRAÎNEMENT

3 **Conjuguez les verbes entre parenthèses.**

a | Tu (*choisir*) ..... des vêtements chauds.
b | Nous (*remplir*) ..... les sacs avec des pulls.
c | Vous (*finir*) ..... de déjeuner et nous (*partir*) .....
d | Paul et toi, vous (*dormir*) ..... dans l'avion ?

PRODUCTION ORALE

4 **Comment vous faites votre valise ? Utilisez des verbes en *-ir*.**
Exemple : *Je réfléchis d'abord à... Puis je choisis...*

VOCABULAIRE > les voyages

L'hébergement

l'auberge de jeunesse (*f.*)
le camping
la chambre d'hôtes
la chambre simple/double
l'hôtel (*m.*)
la location de vacances

1 **Associez une photo à un type d'hébergement.**

a

b

c

d

Les services

animaux acceptés
les draps (fournis)
le jardin
le lave-vaisselle
la location de voiture
la machine à laver
le parking
la piscine
le wifi (Internet)

2 **Complétez les services de l'annonce.**

PRODUCTION ORALE

3 **Et pour vous, quels services sont importants quand vous réservez un hébergement ?**

Les objets de vacances

l'adaptateur de voyage (*m.*)
l'anti-moustiques (*m.*)
l'appareil photo (*m.*)
la crème solaire
le chargeur de téléphone, d'ordinateur
le passeport
le visa

Au fait !

Le courant électrique n'est pas le même dans tous les pays ! Par exemple, en Europe, on utilise du 220-240 volts, en Amérique du Nord, du 100-127 volts. Quand on voyage, on a besoin d'un adaptateur pour brancher ses appareils.

Le transport

l'aller (*m.*) ≠ le retour
l'arrivée (*f.*) ≠ le départ
l'avion (*m.*)
le billet
la gare
les horaires
le train

Au fait !

On peut acheter un **aller simple** ou un **aller-retour**.

4 **a** **Observez le billet de train et complétez avec les mots :** ***la date de départ, la gare d'arrivée, l'heure de départ, le prix du billet, les services.***

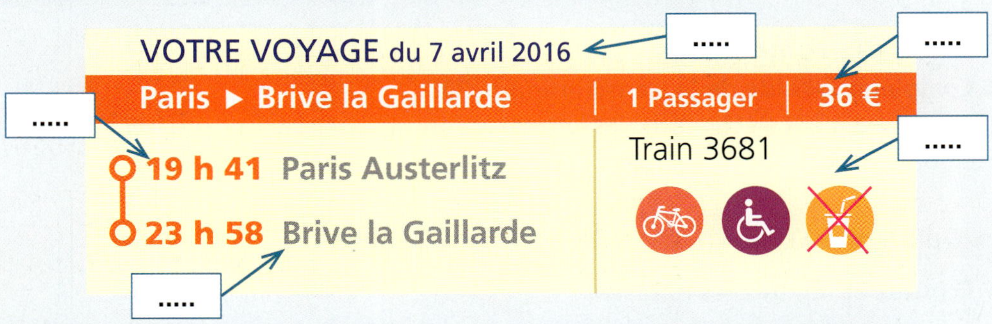

b **Retrouvez le pictogramme associé à chaque service :** ***accès handicapés, transport de vélos, nourriture interdite.***

DOCUMENTS

D Embarquement immédiat

dvd 8

COMPRÉHENSION AUDIOVISUELLE

Entrée en matière

1 Est-ce que vous connaissez un aéroport parisien ?

1er visionnage (sans le son)

2 Qu'est-ce que c'est ?

a | un film
b | une publicité
c | un reportage

3 Dans quel ordre vous voyez ces images ?

a | une vue d'ensemble de l'aéroport : 1
b | le panneau des départs : .....
c | la tour de contrôle : .....
d | des voyageurs (contents, tristes…) : .....

2e visionnage (avec le son)

4 Associez une émotion à un voyageur.

a | les deux femmes blondes	1 | angoisse
b | la petite fille	2 | décontraction
c | la jeune femme dans l'escalator	3 | excitation
d | l'homme couché sur un fauteuil	4 | fatigue
e | la maman et sa fille	5 | joie

Vocabulaire

5 Complétez avec les mots : *atterrissage, décollage, embarquement, piste, terminal*.

a | Les voyageurs attendent dans un ..... puis ils montent dans les avions : c'est l'.....
b | Quand les avions quittent le sol, c'est le .....
c | À l'arrivée, les avions se posent sur la ..... : c'est l'.....

PHONÉTIQUE Les sons [wa]/[wɛ̃]

Cahier d'activités unité 8

ÉCHAUFFEMENT

1 a Écoutez le son [wa] et le son [wɛ̃] et observez les mots. cd 86

a | moi
b | moins

b Écoutez. Vous entendez le son [wa] dans quels mots ? Vous entendez le son [wɛ̃] dans quels mots ?

c Réécoutez pour vérifier vos réponses à l'activité 1b. cd 87

2 Écoutez. cd 88
Vous entendez le son [wa] dans quelles phrases ? Dans quels mots ? Vous entendez le son [wɛ̃] dans quelles phrases ? Dans quels mots ?

[wa]	[wɛ̃]
.....	.....

FONCTIONNEMENT

3 Complétez à l'aide de la transcription p. 208.

• Le son [wa] peut s'écrire avec les lettres ..... ou .....
Exemples : *trois*, ...

• Le son [wɛ̃] peut s'écrire avec les lettres .....
Exemples : *loin*, ...

ENTRAÎNEMENT

4 Écoutez et répétez les phrases. cd 89

5 À vous ! Vous écrivez une liste de mots qui contiennent les sons [wa] et [wɛ̃]. Ensuite, vous choisissez trois mots dans votre liste et vous les dites à votre voisin(e). Il/elle doit créer et prononcer une phrase avec ces mots en moins de quinze secondes.

CIVILISATION

E Culture voyage

a

Ben et Nina remplissent leurs sacs à dos, et c'est parti pour un voyage en Inde. Le célèbre Taj Mahal, les plages de Goa… Le jeune couple de Français raconte son voyage avec humour.

Voyage en Inde, Béka et Marko, Bamboo, 2014

b

À 10 ans, T.S. Spivet fait une découverte scientifique. Pour recevoir le prix du musée Smithsonian à Washington, il traverse les États-Unis en train.

L'Extravagant voyage du jeune et prodigieux T.S. Spivet, Jean-Pierre Jeunet, 2013

c

Partez en voyage dans les étoiles, sous les mers, en ballon ou au centre de la terre… Ce spectacle dansé et chanté explore l'univers extraordinaire de Jules Verne.

Le voyage extraordinaire de Jules Verne, théâtre Mogador, Paris, 2015

d

Félix Ziem (1821-1911), est un peintre « orientaliste » célèbre pour ses paysages de Venise, Constantinople ou du Caire… peints à Paris !

Le Bosphore, Félix Ziem

e

L'écrivain suisse Nicolas Bouvier quitte Genève à 24 ans pour découvrir la Turquie, l'Iran et l'Afghanistan : un voyage riche en émotions et découvertes.

L'usage du monde, Nicolas Bouvier, 1963

COMPRÉHENSION ÉCRITE

1re lecture

1 **Quel est le thème commun de ces œuvres ?**

2 **Observez les documents. Retrouvez :**

a | une bande dessinée.
b | une comédie musicale.
c | un film.
d | un roman.
e | un tableau.

2e lecture

3 **À quel pays ou lieu chaque document est lié ?**

4 **Associez un mot à un document : *le tourisme, la découverte, la science-fiction, l'enfance, la mer.***

PRODUCTION ORALE

5 **Vous connaissez des films ou des romans de voyage ? Présentez une œuvre de votre choix.**

Francophonie

Quelques écrivains voyageurs francophones
Stendhal, Jules Verne, Pierre Loti, Alexandra David-Néel, Blaise Cendrars, Joseph Kessel, Nicolas Bouvier, Jean-Marie Gustave Le Clézio…

Oh, le cliché !

« Les Français n'aiment pas voyager à l'étranger. »
21,7 millions de français voyagent chaque année à l'étranger (33 % de la population) : 74 % restent en Europe, 11,5 % en Afrique, 8,3 % en Amérique et 5,5 % en Asie. Leur destination préférée est l'Espagne (3,7 millions de voyageurs).

www.ecosocioconso.com

→ Et dans votre pays ? Est-ce qu'on voyage beaucoup à l'étranger ?

DOCUMENTS

F N'oublie pas de m'écrire…

Bonjour ma petite mamie,

Nous passons de super vacances avec les parents et Léa. Le Maroc, ça me plaît ! Il fait très chaud et l'air est sec. Le vent du désert apporte du sable dans la ville : ça gratte… Marrakech est une ville très animée et joyeuse. Nous sommes allés au souk : ça sent bon les épices partout. J'ai mangé de la tanjia, un plat avec de la viande. Délicieux ! Et nous sommes allés faire une promenade en chameau : c'est doux… On a vu des paysages magnifiques ! Hier, un festival a commencé. C'est génial, on a vu un spectacle de musique orientale : les artistes sont habillés avec des vêtements colorés. J'ai beaucoup aimé.

Gros bisous et à bientôt,
Louise

Ma chère Louise,

Ta jolie carte de Marrakech est bien arrivée. Moi, je t'écris de Saint-Jean-de-Luz. Je suis contente, il n'y a pas beaucoup de touristes : les rues sont calmes ! Mardi, nous sommes allées à la plage. Nous nous sommes baignées dans la mer, mais j'ai eu froid : je suis vite sortie de l'eau ! Nous allons au restaurant tous les jours… c'est bon, mais le piment d'Espelette, ça pique ! Ce week-end, nous avons fait une balade en bateau. Au milieu de l'océan, c'est silencieux. Marie et moi, nous avons pris un coup de soleil ! Maintenant, ça brûle…

Je t'embrasse très fort,
Mamie

COMPRÉHENSION ÉCRITE

Entrée en matière

1 Qu'est-ce que c'est ?

a | des cartes postales b | des lettres c | des mails

1e lecture

2 Trouvez la bonne réponse.

a | Louise et sa grand-mère écrivent une carte postale à leurs amis.
b | Louise écrit à sa grand-mère. Sa grand-mère répond.
c | Louise répond à la carte postale de sa grand-mère.

2e lecture

3 Où est-ce que Louise et sa grand-mère passent leurs vacances ? Avec qui ?

4 Qu'est-ce qu'elles font pendant leurs vacances ? Associez chaque photo à Louise ou à sa grand-mère.

Pour écrire une carte postale

- Ma chère Louise
- Je t'écris de Saint-Jean-de-Luz.
- Je passe de super vacances.
- Gros bisous !
- Je t'embrasse.

Au fait !

On *envoie* ou on *reçoit une carte postale*.
On *écrit à quelqu'un* ou on *répond à quelqu'un*.

a

b

c

d

e

f

g

5 **Quelles sont leurs sensations ?**

Les sons et l'ambiance	Le touché	Les images et les couleurs	Les odeurs	Les goûts
C'est calme. …..	Ça gratte. …..	…..	…..	…..

PRODUCTION ORALE

6 **Pensez à un lieu que vous aimez bien (un quartier de votre ville, un lieu de vacances ou de votre enfance…) et décrivez vos sensations.**

Exemple : *À Lyon, la place des Terreaux est animée. Au marché Bellecombe, ça sent bon la nourriture.*

Pour exprimer une émotion positive
- Je suis content(e).
- Ça me plaît.
- C'est génial !

Pour exprimer des sensations
- Ça sent bon.
- Ça gratte/brûle/pique.
- J'ai chaud ≠ froid.
- L'air est sec.
- C'est coloré, silencieux, délicieux…

GRAMMAIRE > le passé composé (2)

Cahier d'activités unité 8

ÉCHAUFFEMENT

1 a Observez les verbes soulignés. Quels verbes utilisent l'auxiliaire *être* ? l'auxiliaire *avoir* ?

a | J'ai mangé de la tanjia.
b | Ta jolie carte de Marrakech est arrivée.
c | Nous sommes allées à la plage et nous avons fait une balade en bateau.
d | Je suis vite sortie de l'eau !

b Observez la phrase b. Avec quoi s'accorde le participe passé *arrivée* ? Observez la phrase c. Qui représente *nous* ?

FONCTIONNEMENT

Le passé composé

2 Choisissez la bonne réponse.

Les verbes au passé composé se conjuguent avec l'auxiliaire *avoir* ou avec l'auxiliaire *être*.

- Avec ***avoir***, le participe passé **a** | s'accorde **b** | ne s'accorde pas.

Exemple : *Nous **avons mangé** une spécialité de la ville.*

- Avec ***être***, le participe passé s'accorde en genre et en nombre avec le sujet.

Exemple : *Ma grand-mère **est partie** en vacances.* (*la grand-mère* = féminin singulier)

ENTRAÎNEMENT

3 Conjuguez les verbes entre parenthèses au passé composé.

a | Ma sœur *(aller)* ….. à la plage.
b | Mon voisin *(partir)* ….. au Mexique.
c | Mes parents *(aller)* ….. au Liban.
d | Mes amies Cécile et Aïcha sont *(sortir)* ….. de l'hôtel.
e | Clara *(arriver)* ….. à la gare.

PRODUCTION ÉCRITE >>> DELF

4 Écrivez la carte postale de vos dernières vacances. Racontez ce que vous avez fait. *(40 à 50 mots)*

DOCUMENTS

G Vacances ratées !

cd 90

COMPRÉHENSION ORALE

« *Alors, vos vacances ?* »

Entrée en matière

1 **Est-ce que vous avez déjà passé de mauvaises vacances ?**

1re écoute

2 **Qui parle ?**

3 **Est-ce que la personne est contente de ses vacances ?**

2e écoute

4 **Est-ce que M. Tellier et l'employée de l'agence ont le même avis sur l'hôtel ?**

5 **Vrai ou faux ?**

a | M. Tellier n'a pas bien dormi.
b | Il y a une mauvaise odeur dans la salle de bains de l'hôtel.
c | Les petits déjeuners de l'hôtel sont bons.
d | M. Tellier accepte la réduction de 30 %.

Vocabulaire

6 **Associez un adjectif à un lieu : *bruyant, humide, petit, sale, sombre, triste.***

a | les chambres
b | la salle de bains
c | la rue
d | la ville
e | la plage

Pour exprimer la surprise

- Ah bon ? Quoi ?
- C'est vrai ?
- Je ne comprends pas…
- Ce n'est pas possible !

GRAMMAIRE > l'imparfait des verbes impersonnels

Cahier d'activités unité 8

ÉCHAUFFEMENT

1 **Observez les phrases. Quand est-ce que ça se passe ? Complétez le tableau avec les formes soulignées.**

a | C'est Marc Tellier au téléphone.
b | C'était horrible.
c | Il n'y avait aucune activité.
d | Il faisait froid.

Passé (les vacances)	**Présent** (l'appel téléphonique)
…..	…..

FONCTIONNEMENT

L'imparfait des verbes impersonnels

2 **Complétez le tableau.**

	Présent	Imparfait
Être	…..	C'était
Avoir	Il y a	…..
Faire	Il fait	…..

L'imparfait permet de faire une description au passé.

ENTRAÎNEMENT

3 **Complétez les phrases avec : *c'était, il faisait, il y avait.***

a | Dans le magasin, ….. des cartes postales.
b | ….. chaud, à Valence !
c | ….. des animaux au zoo ?
d | ….. froid à Copenhague.
e | Les vacances à Saint Malo, ….. bien !

PRODUCTION ORALE

4 **À deux ! Vous avez passé de mauvaises vacances. Vous les racontez à un(e) ami(e), il/elle exprime sa surprise.**

VOCABULAIRE

> les sensations

animé(e)
bon(ne)
bruyant(e)
calme
chaud(e)
coloré(e)
confortable
délicieux, délicieuse
doux, douce
épicé(e)
froid(e)
horrible
humide
joyeux, joyeuse
magnifique
mauvais(e)
piquant(e)
sombre
sale
salé(e)
sec, sèche
silencieux, silencieuse
sucré(e)
triste

1 Trouvez des contraires dans la liste.
Exemple : *humide ≠ sec*

2 Complétez les phrases avec des mots de la liste. Attention à l'accord des adjectifs !

a | Ce plat est très ….. Ne te brûle pas !

b | Elles ont fait des gâteaux : ça sent ….. !

c | Le concert est bien, mais c'est très ….. Le son est fort !

d | Elle est jolie, cette terrasse : les tables et les chaises sont …..

3 Complétez ces SMS avec les mots : *animé, calme, chaud, joyeux, silencieux.*

Des émotions

l'angoisse *(f.)*/angoissé(e)
la décontraction/décontracté(e)
l'excitation *(f.)*/excité(e)
la fatigue/fatigué(e)
la joie/joyeux, joyeuse

> à l'aéroport

l'atterrissage (*m.*), atterrir
le décollage, décoller
l'embarquement (*m.*), embarquer
le panneau des départs/arrivées
la piste
le terminal (les terminaux)
la tour de contrôle
le voyageur

PHONÉTIQUE Les sons [k]/[g]

Cahier unité 8 d'activités

ÉCHAUFFEMENT

1 a Écoutez le son [k] le son [g] et observez les mots. cd 91

a | cou   b | goût

b Écoutez. Vous entendez le son [k] dans quels mots ? Vous entendez le son [g] dans quels mots ? cd 92

[k]	[g]
…..	…..

c Relisez la phrases de l'activité 1b à voix haute. Comparez votre prononciation avec votre voisin(e). Réécoutez pour vérifier votre prononciation. cd 92

FONCTIONNEMENT

2 Mettez votre main sur votre gorge et prononcez les mots *quand* et *gant*. Puis complétez.

- Je sens une vibration pour le son ….. (consonne sonore).
- Je ne sens pas de vibration pour le son ….. (consonne sourde).

3 Complétez le tableau avec les mots de l'activité 1b à l'aide de la transcription p. 208.

- Le son [k] peut s'écrire :

c + consonne	*c + a, o, u*	*cc*	*qu*	*k*	*cqu*
…..	…..	…..	…..	*week-end*	*Jacques*

Souvent, je prononce le *c* et le *q* écrits à la fin d'un mot (exemples : *sa**c**, cin**q***).

- Le son [g] peut s'écrire :

g + consonne	*g + a, o, u*	*gu + e, i*
…..	*Gand* …..	…..

REMARQUE
gn se prononce [ɲ] (exemples : *l'Espa**gn**e, je me bai**gn**e*).

ENTRAÎNEMENT

4 Écoutez et répétez les phrases. cd 93

5 À vous ! À deux, vous écrivez une liste de mots qui contiennent les sons [k] et [g]. Ensuite, vous écrivez de courts dialogues avec les mots de votre liste et vous les jouez devant la classe.

L'ESSENTIEL GRAMMAIRE/VOCABULAIRE

1 La comparaison. Écrivez des phrases pour comparer les éléments proposés. Pensez à accorder les adjectifs.

a | la France / l'Australie *(+ petit)*
b | les températures au Sénégal / les températures en Russie *(- froid)*
c | les Canadiens / les Belges *(+ nombreux)*
d | les tongs / les baskets *(= confortable)*
e | les auberges de jeunesse / les hôtels *(- cher)*

2 Le passé composé. Conjuguez les verbes entre parenthèses au passé composé.

a | Marc, tu *(aller)*. … à Ouarzazate ? Il faisait chaud ?
b | Elle *(partir)* ….. en avion. C'était plus rapide.
c | Mes fils *(rentrer)* ….. du Cambodge.
d | Clara *(sortir)* ….. de l'avion ? Est-ce qu'elle *(dormi)* ….. ?
e | Mon amie *(venir)* ….. chez moi en vacances.

3 Les objets de voyage. Remplacez les photos par des mots.

Tu vas aux Antilles ? C'est super ! N'oublie pas ton  et ton  Pense aussi à la  et à l'  ! Est-ce que tu as vérifié la date de validité de ton  ?

4 Les sensations. Complétez le mail avec les mots : *animée, chaud, délicieux, magnifique*.

Salut Julien !

Ici, à Prague, il ne fait pas très ….. mais la ville est ….. : les immeubles sont très beaux. C'est une ville très ….. : il y a des musiciens partout. Hier, j'ai mangé un goulasch. C'était ….. ! Vendredi, retour à Paris. Est-ce que tu peux venir me chercher à 9 h 20 à l'aéroport d'Orly ? Merci ! Chloé

ATELIERS

1 ÉCRIRE UNE LISTE DE VOYAGE

Vous allez écrire une liste pour préparer un départ en vacances.

Démarche
Formez des groupes de trois ou quatre.

1 Préparation

- En classe entière, choisissez des destinations de vacances.
- Écrivez des noms de villes ou de pays au tableau.

2 Réalisation

- En groupes, choisissez une destination de vacances.
- Vous vous posez des questions pour préparer votre liste :

– *Quels vêtements et accessoires emporter ?*
– *Quels objets mettre dans la trousse de toilette ?*
– *Quels vaccins sont nécessaires ?*

- Écrivez votre liste.

3 Présentation

- Échangez votre liste avec un autre groupe et lisez ce qu'ils ont choisi : *des vêtements chauds ou des vêtements froids ? Ils vont se baigner ? Est-ce qu'ils ont besoin de vaccins ? etc.*
- Vous essayez de deviner leur destination.
- En classe entière, comparez vos listes. Est-ce que d'autres étudiants ont choisi la même destination que vous ?

2 RÉSERVER UN VOYAGE SUR UN SITE

ATELIER TECH'

Vous faites une sélection de voyages et vous les proposez à vos voisins.

Démarche
Formez des groupes de trois ou quatre.

1 Préparation

- En groupes, préparez un projet de vacances. Vous choisissez :

– le type de destination (*soleil et chaleur, neige…*) ;
– le type de vacances (*ville et culture, nature et sport, détente, etc.*) ;
– le transport ;
– le nombre de personnes et les dates ;
– les services (*accès Internet, parking…*).

- Sur une feuille, vous écrivez vos choix.

2 Réalisation

- Échangez vos feuilles avec un autre groupe.
- Vous lisez leur projet de vacances, et sur un site de voyage (exemple : www.nouvelles-frontieres.fr), vous cherchez deux séjours qui peuvent correspondre à leurs choix.
- Regardez les deux séjours qu'ils vous proposent et comparez-les.

3 Présentation

Devant la classe, vous dites quel voyage vous avez choisi et vous expliquez pourquoi.
Exemple : *Nous allons au Kenya. Nous allons faire un safari et voir des animaux pendant 15 jours.*

Préparation au DELF A1

Production écrite

Entraînez-vous à l'EXERCICE 2 ***12 points***

Sujet 1

Vous êtes en vacances à la mer. Vous écrivez une carte postale à un ami francophone. Vous prenez de ses nouvelles et vous parlez du temps qu'il fait et de vos activités. *(40 mots minimum)*

Sujet 2

Un ami luxembourgeois vient dans votre pays dans quelques semaines.
Vous lui écrivez un courriel pour lui demander des précisions sur son séjour (dates, durée, logement, etc.) et vous l'invitez pour lui faire visiter votre capitale.
(40 mots minimum)

frederic.leger@voyage.fr

Objet : ton voyage

PAS DE CHANCE !

Objectifs

- Raconter une succession d'événements
- Donner une explication
- Exprimer une émotion négative
- Exprimer une obligation, une interdiction
- Parler de son état de santé

Qu'est-ce qui vous arrive ?

DOCUMENTS

A Quelle journée ! cd 94

COMPRÉHENSION ORALE

Entrée en matière

1 Regardez la photo à droite. Ça vous est déjà arrivé ?

1re écoute

2 Qui téléphone à Sandra ? Pourquoi ?

3 Où est Sandra ? Qu'est-ce qui s'est passé ?

2e écoute

4 Où ça se passe ? Retrouvez les lieux : *la gare, le métro, le parc.*

a | C'était la grève. → .....
b | Je me suis perdue. → .....
c | J'ai raté le train. → .....

5 Associez les situations aux émotions.

a | La mère ne voit pas Sandra à la gare.
b | Sandra n'a pas pu voir Luc.
c | Luc ne répond pas au téléphone.
d | Sandra doit trouver un nouveau billet.

1 | « Je suis étonnée. »
2 | « Ça me stresse. »
3 | « Je suis très inquiète. »
4 | « Quel dommage ! »

Pour se plaindre/plaindre quelqu'un

- Mon pauvre ! / Ma pauvre !
- Tu n'as (vraiment) pas de chance !
- Quelle journée !
- Quel dommage ! / C'est dommage !
- Quelle galère ! *(fam.)*

B C'est raté !

De : luc_fontainebleau@edito.fr

À : sandra2016@didier.com

Objet : .....

Chère Sandra,

Je suis désolé ! J'ai oublié notre rendez-vous d'hier midi au parc ! Je ne l'ai pas écrit sur mon agenda. :-(
D'abord, je me suis souvenu du rendez-vous... à 11 h 45 ! Ensuite, j'ai pris un taxi (tu sais, il y avait une grève de métro) mais ce n'était pas une bonne idée. Il y avait des embouteillages partout !
Finalement, je suis arrivé en retard pour notre déjeuner au parc. Ça m'énerve !
Pourquoi je ne t'ai pas téléphoné ? Parce que j'ai perdu mon téléphone !

Je suis un peu triste : tu me manques, et on ne s'est pas vus !

Et toi, comment ça va ? Tu t'es amusée à Paris ? Tu es rentrée à Nantes ?

Bises,
Luc

COMPRÉHENSION ÉCRITE

1re lecture

1 Complétez la rubrique « Objet » du mail.

a | Rendez-vous oublié
b | Annulation du rendez-vous
c | Vacances à Paris

2e lecture

2 Vrai ou faux ?

a | Luc est allé au parc.
b | Luc veut voir Sandra.
c | Luc a pris le métro.

Pour raconter une succession d'événements

D'abord... Et... Ensuite... Alors... Finalement...

3 **Pourquoi Luc n'a pas appelé Sandra ?**

Pour donner une explication

- ***Pourquoi*** *tu n'es pas venu ?*
- ***Parce que*** *j'ai oublié le rendez-vous !*

Vocabulaire

4 **Luc a eu quels problèmes ? Associez.**

a | un embouteillage
b | une grève
c | un retard

1 | Il y avait trop de voitures dans la ville.
b | Il n'est pas arrivé à l'heure au rendez-vous.
3 | Il n'y avait pas de métro.

PRODUCTION ÉCRITE >>> DELF

5 **Vous avez raté un rendez-vous avec un(e) ami(e). Vous écrivez un mail : vous vous excusez, vous expliquez les raisons de votre absence et vous proposez un autre rendez-vous.** ***(40 à 50 mots)***

Pour exprimer une émotion négative

- Je suis triste, inquiet, inquiète, étonné(e)…
- Ah bon ?
- Quel dommage !
- Ça me stresse !
- Ça m'énerve !

GRAMMAIRE > le passé composé des verbes pronominaux

Cahier unité 9 d'activités

ÉCHAUFFEMENT

1 a **Observez les phrases. Au passé composé, les verbes *se passer, se perdre, se retrouver, se souvenir, s'amuser* utilisent *avoir* ou *être* ?**

a | *La maman de Sandra :* Qu'est-ce qui s'est passé ?
b | *Sandra :* Je me suis perd**ue**.
c | *La maman de Sandra :* Vous vous êtes retrouv**és** ?
d | *Luc :* Je me suis souvenu du rendez-vous.
e | *Luc (à Sandra) :* Tu t'es amus**ée** ?

b **Observez les terminaisons en gras. Qu'est-ce que vous remarquez ?**

FONCTIONNEMENT

Le passé composé des verbes pronominaux

- Au passé composé, les verbes pronominaux utilisent le verbe *être*.
- En général, le participe passé s'accorde avec le sujet.

S'amuser

Je **me suis amusé(e)**
Tu **t'es amusé(e)**
Il **s'est amusé**
Elle **s'est amusée**
Nous **nous sommes amusé(e)s**
Vous **vous êtes amusé(e)(s)**
Ils **se sont amusés**
Elles **se sont amusées**

ENTRAÎNEMENT

2 **Conjuguez les verbes au passé composé.**

a | Nous *(se perdre)* ….. dans le quartier.
b | Ils *(se retrouver)* ….. dans un embouteillage.
c | Vous *(se voir)* ….. à quelle heure ?
d | Tu *(se souvenir)* ….. de l'heure du rendez-vous ?
e | Je *(s'amuser)* …..

PRODUCTION ORALE

3 **À deux ! La mère de Sandra appelle son mari pour raconter les problèmes de sa fille. Le père aussi a passé une mauvaise journée. Avec votre voisin(e), jouez la scène au téléphone.**

DOCUMENTS

C C'est la panne !

COMPRÉHENSION ÉCRITE

Entrée en matière

1 Regardez la photo. Quel est le problème de cet homme ?

Lecture

2 Reformulez le titre du document.

a | Règles pour réparer sa voiture

b | Où acheter un gilet jaune et un triangle de sécurité ?

c | Règles en cas de panne sur la route

3 À faire ou à ne pas faire ?

a | Vous ne devez pas réparer vous-même votre voiture.

b | Le conducteur et les passagers doivent se mettre derrière les barrières de sécurité.

c | Ne sortez pas de la voiture par la gauche.

d | Utilisez les téléphones orange.

e | Il faut appeler un dépanneur.

Panne de voiture, quelles sont les règles ?

Votre voiture est en panne ? Vous devez vous arrêter sur la route ? Pas de panique ! Il y a quelques règles de sécurité à connaître...

• Votre voiture ne doit pas rester sur la route ! Vous devez vous arrêter sur le côté et allumer les feux de détresse.

• Il faut toujours avoir le gilet jaune et le triangle de sécurité dans la voiture :
– le conducteur doit mettre le gilet jaune avant de sortir de la voiture ;
– ensuite, il faut poser le triangle à 30 mètres de la voiture.

Sur l'autoroute, faites très attention ! C'est un lieu dangereux.

• Il ne faut pas rester dans la voiture. Le conducteur et les passagers doivent sortir du véhicule et se mettre derrière les barrières de sécurité.

• Ne sortez pas de la voiture par la gauche. Utilisez les portes de droite.

• Vous ne devez pas réparer vous-même votre voiture : il faut appeler un dépanneur. Pour cela, utilisez les téléphones orange placés sur le côté droit de la route.

www.securite-routiere.gouv.fr/connaitre-les-regles/panne

Vocabulaire

4 Retrouvez dans le document les mots pour compléter ces phrases.

a | Ma voiture a un problème : elle est en ….. Je mets les ….. de détresse.

b | Tu as un problème ? Reste calme : pas de ….. !

c | Dans une voiture, il y a plusieurs personnes : un ….. et des …..

GRAMMAIRE > l'obligation et l'interdiction (2)

Cahier d'activités unité 9

ÉCHAUFFEMENT

1 Observez les phrases. Obligation ou interdiction ? Soulignez les expressions utilisées.

a | Votre voiture ne doit pas rester sur la route !

b | Il faut toujours avoir le gilet jaune.

c | Il ne faut pas rester dans la voiture.

d | Les passagers doivent sortir du véhicule.

FONCTIONNEMENT

L'obligation et l'interdiction

• Pour exprimer une **obligation**, on peut utiliser : *il faut* ou *devoir* + verbe à l'infinitif.
Exemple : ***Il faut*** *respecter les règles de sécurité.*
Vous devez *rouler à droite.*

• À la forme négative, ces expressions expriment une **interdiction**.
Exemple : ***Il ne faut pas*** *rouler vite.*
Tu ne dois pas *téléphoner sur la route.*

Devoir

Je **dois**	Nous **devons**
Tu **dois**	Vous **devez**
Il **doit**	Ils **doivent**

ENTRAÎNEMENT

2 Écrivez des règles pour rouler à vélo.

Exemple : *Les cyclistes doivent porter un casque.*

a | les cyclistes/respecter le code de la route

b | les cyclistes/utiliser une lumière la nuit

c | les cyclistes/ne pas écouter de la musique

d | les cyclistes/porter un gilet de sécurité

PRODUCTION ÉCRITE

3 Vous travaillez pour la compagnie de bus de votre ville. Vous écrivez les règles pour les passagers.

VOCABULAIRE > les petits problèmes du quotidien, les émotions

Les problèmes du quotidien

l'embouteillage *(m.)*
la grève
oublier (un rendez-vous)
la panne/être en panne
se perdre
perdre (un téléphone, des papiers…)
rater (un train, un bus…)
le retard/être, arriver en retard

1 Associez ces situations à un problème du quotidien.

a

b

c

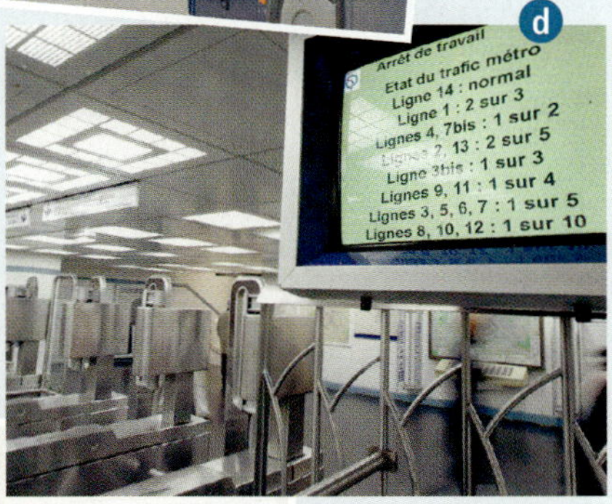

d

e

PRODUCTION ORALE

2 Quel(s) problème(s) du quotidien vous arrive(nt) souvent (exemple : *rater le bus*) ?

Les émotions négatives

la colère/en colère, énervé(e)
la déception/déçu(e)
l'étonnement *(m.)*, la surprise/étonné(e), surpris(e)
l'inquiétude *(f.)*/inquiet, inquiète
la panique/paniqué(e)
le stress/stressé(e)
la tristesse/triste

3 Associez chaque photo à une émotion : *colère, inquiétude, surprise, tristesse.*

a

b

c

d

4 Complétez les phrases avec les mots : *inquiet, en colère, déçue, surpris, stressés.*

a | Vraiment, tu as 48 ans ? Tu as l'air très jeune ! Je suis …..
b | Ce matin, il y a un test de français. Les élèves sont un peu …..
c | Mon père ne sait pas où je suis : il est très …..
d | J'ai acheté un téléphone hier, et aujourd'hui, il est en panne ! Je suis …..
e | Tu ne peux pas venir dîner ce soir ? Quel dommage ! Je suis très …..

PRODUCTION ORALE

5 Choisissez puis mimez une émotion de la liste. Votre voisin(e) devine !

D Je n'ai pas de chance !

dvd 9

COMPRÉHENSION AUDIOVISUELLE

Entrée en matière

1 Regardez la photo. Cet homme exprime quelle émotion ?

1er visionnage (sans le son)

2 Choisissez un titre.

a | Une journée normale
b | Un matin difficile
c | Une soirée entre amis
d | Un week-end de vacances

2e visionnage (avec le son)

3 Retrouvez l'ordre des actions de Jérémy.

a | Il démarre sa voiture.
b | Il prend l'ascenseur.
c | Il va au métro.
d | Il met ses chaussures.
e | Il va au travail à pied.

4 Qu'est-ce que Jeremy n'a pas fait, avant de sortir de chez lui ?

5 À la fin, que montre le calendrier ?

PRODUCTION ORALE

6 Et pour vous, le matin, comment ça se passe ?

PHONÉTIQUE Les sons [ʃ]/[ʒ]

Cahier d'activités unité 9

ÉCHAUFFEMENT

1 a Écoutez le son [ʃ] et le son [ʒ] et observez les mots. cd 95

a | chat b | jeu

b Écoutez. Vous entendez le son [ʃ] dans quels mots ? Vous entendez le son [ʒ] dans quels mots ? cd 96

[ʃ]	[ʒ]
.....	.....

c Réécoutez pour vérifier vos réponses à l'activité 1b. Puis répétez les mots. cd 96

FONCTIONNEMENT

2 Complétez à l'aide de la transcription p. 208.

- Le son [ʃ] peut s'écrire avec les lettres .....
Exemples : *chat*, ..., ..., ...
Remarque : parfois, le son [ʃ] s'écrit avec les lettres *sch* comme dans *schéma* ou *sh* comme dans *shampooing*.

- Le son [ʒ] peut s'écrire avec la lettre ..... ou avec la lettre ..... + *e*, *i*, *y*.
Exemples : *jeu*, ..., ..., ..., ..., *gymnastique*.

ENTRAÎNEMENT

3 Écoutez et répétez les phrases. cd 97

4 a Sortez du labyrinthe ! Vous devez passer par les mots qui contiennent le son [ʃ]. Attention, vous ne pouvez pas passer en diagonale.

b Écoutez les mots pour vérifier vos réponses. cd 98

Départ

chance	orchestre	émotion	photo	annulation
jeudi prochain	charger	déception	souci	archéologue
cet homme	dimanche	chaussures	Patricia	correction
obligation	s'habiller	changer	gauche	chien
fromage	corriger	garage	voyage	chez moi

Arrivée

CIVILISATION

E Chance et malchance

COMPRÉHENSION ÉCRITE

Entrée en matière

1 Regardez la photo : vous l'associez à la chance ou à la malchance ?

1re lecture

2 Qu'est-ce qu'un objet porte-bonheur ?

2e lecture

3 a Associez les objets et les phrases.

a | On l'accroche au-dessus de la porte.
b | On touche le pompon rouge.
c | On ne passe pas dessous.

b Qu'est-ce qui porte bonheur ? Qu'est-ce qui porte malheur ?

Les superstitions en France

En France, pour avoir de la chance, on cherche des objets spéciaux : ce sont des porte-bonheur.
Je me promène à la campagne et je trouve un **trèfle à quatre feuilles** ? Je le garde ! Une **coccinelle** vient se poser sur moi ? Je la laisse tranquille ! Dans certaines maisons, on accroche un **fer à cheval** au-dessus de la porte. Vous rencontrez un marin sur le port ? Vous pouvez toucher le **pompon rouge** de son béret : ça peut porter chance. Enfin, la nuit, regardez le ciel, et cherchez une **étoile filante** pour faire un vœu et réaliser vos rêves. Et bien sûr, le jour d'un examen, **croisez les doigts**... et bonne chance !
Mais il ne faut pas être **treize à table**, mettre le **pain à l'envers** sur la table, passer sous une **échelle** ou croiser un **chat noir**. Pour beaucoup de Français, ces situations portent malheur.
Et vous, vous croyez à ces superstitions ?

Vocabulaire

4 Retrouvez dans le texte les mots associés à ces images.

Francophonie

Associez ces superstitions à un pays.

a | Dans la rue, on ne passe pas entre deux personnes qui sont ensemble : elles peuvent prendre votre chance !

b | Le 31 décembre, on cache une pièce de monnaie sous son assiette, pour être riche l'année suivante.

c | Le 30 novembre, les jeunes filles offrent à leur amoureux un petit pain... pour se marier !

d | Il n'y a pas de salle n°13 dans les cinémas.

1 | en Belgique
2 | au Québec
3 | au Cameroun
4 | en Suisse

Réponses : a 3 – b 1 – c 4 – d 2

PRODUCTION ORALE

5 Avez-vous un objet porte-bonheur ? Présentez cet objet : qu'est-ce que c'est ? ça vient d'où ? vous l'utilisez comment ?

PRODUCTION ÉCRITE

6 Écrivez un petit texte pour présenter des superstitions de votre pays ou de votre région.
Exemple : *Dans mon pays, avant un événement important, on regarde le café...*

Oh, le cliché !

« Les Français ne sont pas superstitieux ! »
23 % des Français se disent superstitieux. Mais pour 35 %, il faut avoir de la chance pour être heureux. 16 % des Français ont un porte-bonheur... et pour 49 %, un trèfle à quatre feuilles apporte la chance !
CSA/Metronews, novembre 2014

→ Et chez vous ?

DOCUMENTS

F Un appel au SAMU

cd 99

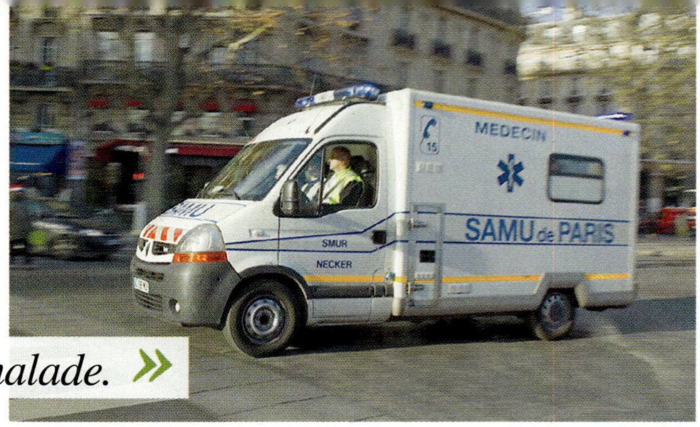

« Je suis malade. »

COMPRÉHENSION ORALE

Entrée en matière

1 **À votre avis, on appelle quel service avec le numéro 15 ?**

1re écoute

2 **Qui est Alain ? Il travaille où ?**

3 **Le jeune homme parle avec qui ? Pourquoi est-ce qu'il appelle ?**

Au fait !

Les numéros d'urgence

SAMU : 15
(Service médical d'urgence) 

Pompiers : 18 

Police ou gendarmerie : 17 

N° unique européen : 112 

2e écoute

4 **Le jeune homme a mal où ?**

a | au dos
b | au ventre
c | à la tête
d | aux oreilles
e | aux bras
f | à la gorge
g | aux mains
h | aux jambes

5 **Qui va aller à la pharmacie ?**

6 **Quels sont le poids et la taille du jeune homme ?**
Il pèse ….. et il mesure …..

Vocabulaire

7 **Complétez les phrases avec les mots : *fièvre, mal, malade, médicaments.***

a | Je suis …..
b | J'ai de la …..
c | Il faut quels ….. ?
d | J'ai ….. à la gorge.

Pour parler de l'état de santé

Le médecin
- Qu'est-ce qui vous arrive ?
- Vous pouvez vous lever ?
- Vous avez mal où ?
- Vous prenez trois comprimés par jour, pendant trois jours.

Le malade
- Je suis malade.
- Je suis au lit, je ne peux pas me lever.
- J'ai mal à la…/au…/aux…
- J'ai de la fièvre depuis deux jours.

Pour demander/dire le poids et la taille

- Quel est votre poids ? / Vous pesez combien ?
- Je pèse 73 kg (soixante-treize kilos).

- Quelle est votre taille ? / Vous mesurez combien ?
- Je mesure 1,72 m (un mètre soixante-douze).

G Dans l'armoire à pharmacie

Mon chéri, je suis chez ma mère. Je lui ai parlé de ton problème et nous avons regardé dans son armoire à pharmacie. Il y a une boîte de pansements, un thermomètre, un tube de pommade pour les muscles, un sirop pour la toux, des comprimés pour dormir... mais pas d'aspirine ! Je vais passer à la pharmacie, chez M. et Mme Butel, rue de la République. Je leur achète un tube d'aspirine. M. Butel est très gentil. Je lui explique ton problème et il va peut-être proposer d'autres médicaments.
À tout à l'heure. Bisou.

COMPRÉHENSION ÉCRITE

Entrée en matière

1 Qu'est-ce que vous voyez sur la photo ?

Lecture

2 Qui écrit ce message ? À qui ?

3 Où est la personne qui écrit ce message ? Qu'est-ce qu'elle va faire ?

4 Qui sont M. et Mme Butel ?

a | des médecins
b | des pharmaciens
c | des personnes du SAMU

Vocabulaire

5 Retrouvez les médicaments ou objets pour ces situations : *des comprimés pour dormir – un thermomètre – une boîte de pansements – un sirop pour la toux – un tube de pommade pour les muscles. (plusieurs réponses possibles)*

a | Je ne peux pas dormir. → .....
b | J'ai fait du sport, j'ai mal ! → .....
c | Je suis tombé, aïe aïe aïe ! → .....
d | Est-ce que j'ai de la fièvre ? → .....
e | Je tousse, j'ai mal à la gorge. → .....

PRODUCTION ORALE

6 Dites ce que vous avez dans votre armoire à pharmacie.

GRAMMAIRE > les pronoms COI *lui* et *leur*

Cahier unité 9 d'activités

ÉCHAUFFEMENT

1 Observez les phrases. *Lui* et *leur* remplacent une chose ou une personne ?

a | Je suis chez ma mère. Je lui ai parlé de ton problème.
b | Je vais passer chez M. et Mme Butel. Je leur achète un tube d'aspirine.
c | M. Butel est très gentil. Je lui explique ton problème.

FONCTIONNEMENT

Les pronoms COI *lui* et *leur*

Singulier		Pluriel	
Masculin	Féminin	Masculin	Féminin
lui		leur	

2 Choisissez la bonne réponse.

• On utilise les pronoms *lui* au singulier et *leur* au pluriel, pour remplacer un complément introduit par *à* (+ personne).

• *Lui* et *leur* se placent **a** | avant **b** | après le verbe.
Exemples : *J'envoie un message à ma femme.*
→ *Je* **lui** *envoie un message.*
Vous demandez à vos voisins.
→ *Vous* **leur** *demandez.*

REMARQUE
À la forme négative, ***ne*** se place avant le pronom.
Je **ne lui** *demande* **pas** *d'argent.*

ENTRAÎNEMENT

3 Reformulez les phrases comme dans l'exemple.

Exemple : *On lui pose des questions. (le professeur)* → *On pose des questions au professeur.*

a | On lui parle de ses problèmes de santé. *(le médecin)*
b | On lui achète des médicaments. *(la pharmacienne)*
c | On lui téléphone pour s'occuper de la voiture en panne. *(le dépanneur)*
d | On leur annonce les bonnes et les mauvaises nouvelles. *(les amies)*
e | On leur demande de sortir de la voiture. *(les passagers)*

PRODUCTION ÉCRITE

4 Écrivez trois phrases avec *lui* ou *leur*. Lisez ces devinettes à votre voisin(e) : il/elle devine de qui vous parlez.

Exemple : – *Je lui raconte ma vie et je lui dis mes secrets.*
– À ton meilleur ami ?

DOCUMENTS

H Tout va bien ! cd 100

COMPRÉHENSION ORALE

Entrée en matière

1 Observez la bande dessinée. Où se passe la scène ?

a | à la banque
b | chez le médecin
c | à la poste

1re écoute

2 C'est quel type de document audio ?

3 Que propose la grand-mère à sa petite fille ? Pourquoi ?

2e écoute

4 Vrai ou faux ?

a | Éloïse habite à la campagne.
b | La grand-mère donne des conseils à Éloïse.
c | La grand-mère a acheté un médicament pour Éloïse.
d | La grand-mère n'est pas malade.

Vocabulaire

5 La grand-mère a mal où ?

« J'ai 75 ans et je suis en pleine forme ! »

La Page Blanche, Pénélope Bagieu et Boulet © Éditions Delcourt, 2012

Au fait !

Poser un jour de **RTT** (réduction du temps de travail), c'est demander un jour de vacances à son entreprise.

Pour demander/dire comment on se sent

• Tu es fatigué(e) ? • Je (ne) me sens (pas) bien.	• Tu (n')es (pas) en forme ? • Je suis en pleine forme.

PRODUCTION ORALE >>> DELF

6 Vous êtes malade. Vous allez à la pharmacie. Vous décrivez votre problème au pharmacien, vous lui demandez des médicaments et des conseils.

GRAMMAIRE > le conseil

Cahier unité 9 d'activités

ÉCHAUFFEMENT

1 Observez les phrases. Quelles phrases expriment un conseil ?

a | Mon conseil : achetez un nouveau réveil.
b | Vous n'avez absolument rien.
c | Il faut sortir de Paris !
d | Tu peux prendre quatre ou cinq jours de vacances.

FONCTIONNEMENT

Le conseil

Pour donner un **conseil**, on utilise :
• l'impératif (voir unité 5, page 83) ;
Exemple : ***Prenez** des vacances.*
• *il faut* + infinitif ;
Exemple : ***Il faut** prendre des vacances.*
• *pouvoir* + infinitif.
Exemple : ***Tu peux** prendre des vacances.*

ENTRAÎNEMENT

2 Utilisez les mots entre parenthèses pour écrire un conseil.

Exemple : *J'ai mal à la tête. (prendre une aspirine)*
→ *Tu peux prendre une aspirine.*

a | J'ai mal au ventre. (manger des légumes)
b | Elle a de la fièvre. (aller voir le docteur)
c | Nous sommes très stressés. (se reposer)
d | J'ai très chaud. (boire un verre d'eau)

PRODUCTION ORALE

3 À deux ! Vous n'êtes pas en forme. Vous appelez votre médecin. Il vous écoute, il vous pose des questions et il vous donne des conseils. Jouez ce dialogue avec votre voisin(e).

Exemple : *– Allô, docteur ? Bonjour, je m'appelle Kevin, j'ai 26 ans, et je ne suis pas en forme…*
– Bonjour Kevin. Qu'est-ce qui vous arrive ?

VOCABULAIRE > le corps et la santé

Le visage

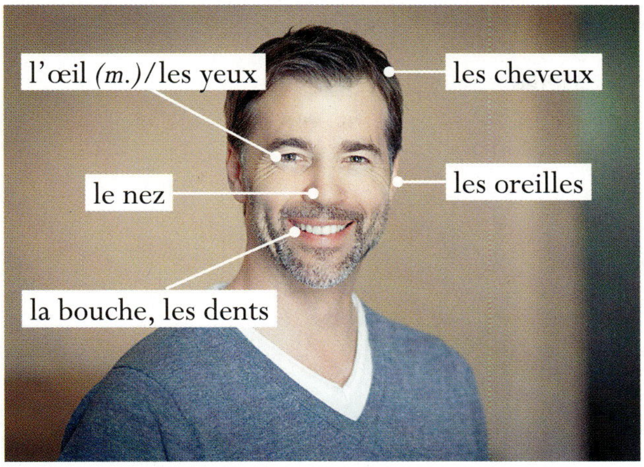

Les parties du corps

le bras	la main, le doigt
le dos	le pied
la gorge	la tête
la jambe	le ventre

1 **Complétez le document avec les mots de la liste ci-dessus.**

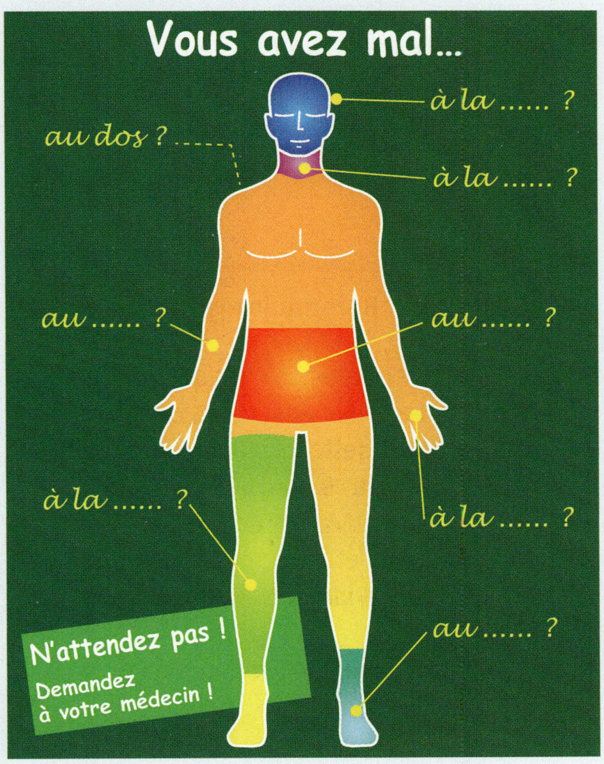

PRODUCTION ORALE

2 **À trois !** **Une personne désigne une partie de son corps. Le premier qui trouve gagne.**

Chez le médecin

(avoir de) la fièvre
avoir mal à la/à l'/au/aux...
le docteur, le médecin
la fatigue/être fatigué(e)
la maladie/être malade
le mal de tête

Chez le pharmacien

l'aspirine *(f.)*
le comprimé
les médicaments
le pansement
la pommade
le sirop
le thermomètre

3 a **Observez les photos et dites quel est le problème de chaque personne.**

a
Exemple : *Il a mal à la tête.*

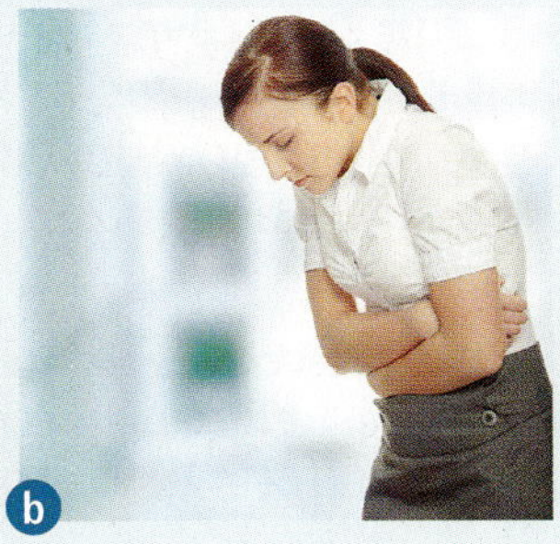
b
.....

c
.....

d
.....

e
.....

f
.....

b **Observez à nouveau les photos. Dans l'armoire à pharmacie, trouvez un médicament ou un objet pour chaque situation.**
Exemple : a → *l'aspirine.*

PHONÉTIQUE L'enchaînement consonantique

Cahier unité 9 d'activités

ÉCHAUFFEMENT

1 a Écoutez et observez les phrases. Quel découpage syllabique vous entendez ? Choisissez la proposition 1 ou la proposition 2.

cd 101

a | Elle a mal.
Proposition **1** | e/lle/a/mal
Proposition **2** | e/lla/mal

b | J'achète un thermomètre.
Proposition **1** | j'a/chè/te/un/ther/mo/mètre
Proposition **2** | j'a/chè/tun/ther/mo/mètre

c | Votre ami peut vous aider ?
Proposition **1** | vo/tre/a/mi/peut/vou/sai/der
Proposition **2** | vo/tra/mi/peut/vou/sai/der

d | Prenez quatre aspirines.
Proposition **1** | pre/nez/qua/tre/as/pi/rines
Proposition **2** | pre/nez/qua/tras/pi/rines

b Réécoutez les phrases. Comptez les syllabes pour vérifier vos réponses à l'activité 1a.

cd 101

FONCTIONNEMENT

2 Choisissez la bonne réponse.

Comme **a** | on entend **b** | on n'entend pas le *e* final des mots *elle*, *j'achète*, *votre* et *quatre*, ils s'enchaînent avec la voyelle qui suit. C'est le phénomène de l'enchaînement consonantique.

ENTRAÎNEMENT

3 Écoutez et écrivez les phrases. Puis, comme dans l'exemple, repérez l'enchaînement consonantique. Enfin, répétez les phrases.

cd 102

Exemple : *Il habite où ?*
il/ha/bi/**toù**

4 À deux ! Votre voisin(e) vous montre un élément de la liste 1 et un élément de la liste 2. Vous devez faire une phrase avec un enchaînement consonantique et les deux mots montrés par votre voisin(e) en moins de quinze secondes.

Liste 1 : *elle, notre, votre, quatre, il rentre.*
Liste 2 : *ami, âge, à la maison, enfant.*
Exemple : *Il rentre à la maison.*
il/ren/**tra**/la/mai/son

L'ESSENTIEL GRAMMAIRE/VOCABULAIRE

1 Le passé composé des verbes pronominaux. Faites des phrases au passé composé avec les éléments proposés.

Exemple : *(nous / se retrouver / à huit heures)*
→ *Nous nous sommes retrouvés à huit heures.*

a | (je / se lever / à six heures et demie)
b | (elle / se laver et s'habiller)
c | (tu / se raser / ce matin)
d | (ils / se marier / l'année dernière)

2 Les pronoms COI. Reformulez les phrases avec *lui* et *leur*.

Exemple : *Le directeur a envoyé les documents à Luc.* → *Le directeur lui a envoyé les documents.*

a | Nous avons offert des chocolats au professeur.
b | Elle n'a pas parlé de ce voyage à ses enfants.
c | Tu vas téléphoner à Milena pour la fête ?
d | J'écris souvent des lettres à mes amies.
e | Ce film ne plaît pas beaucoup à tes parents.

3 Les émotions. Associez chaque situation à une ou plusieurs émotion(s).

a | Nous avons vu un beau film, mais ça finit mal.
b | Il ne peut pas venir à ta fête samedi.
c | C'est bizarre, vous ne comprenez pas.
d | Mon chat a disparu, je ne sais pas où il est.
e | J'ai perdu mon passeport : c'est la panique !

1 | l'inquiétude
2 | l'étonnement
3 | le stress
4 | la tristesse
5 | la déception

4 Les parties du corps, la santé. Retrouvez la partie du corps associée à chaque problème : *la gorge, les yeux, la main, la jambe.*

a | Je me suis blessé avec un couteau, je ne peux pas écrire. → .....
b | J'ai eu un accident de ski, je ne peux plus marcher. → .....
c | Je porte une écharpe, et j'ai très mal quand je bois et quand je mange. → .....
d | Je ne vois pas bien ! J'ai besoin de lunettes. → .....

ATELIERS

1 CRÉER UN CALENDRIER DE LA SANTÉ

Vous allez réaliser un calendrier pour rester en forme toute l'année, avec des conseils pour chaque mois.

JANVIER

Vous avez mal au ventre parce que vous avez beaucoup mangé pour le nouvel an ?

Mangez léger !
Il faut faire du sport !

AOÛT

Attention ! Il fait très chaud !

Il ne faut pas rester au soleil. Il faut boire beaucoup d'eau.

Démarche

Formez des groupes de trois à quatre.

1 Préparation

- Pour chaque mois de l'année, pensez à un état de santé désagréable et à une explication.

Exemple : *En janvier : mal au ventre.*
→ *On a beaucoup mangé pendant les fêtes de fin d'année.*

- Imaginez ensuite une solution pour chaque problème.

Exemple : *manger du riz.*

2 Réalisation

Vous écrivez les problèmes et leurs solutions sur le calendrier.
Utilisez les différentes structures du conseil !

3 Présentation

- En classe, présentez votre calendrier.
- Pour chaque situation, mimez le conseil ou la solution imaginée. La classe devine ce que c'est.

2 TOURNER UNE MINI-SÉRIE COMIQUE

ATELIER TECH'

Vous allez réaliser une mini-série comique qui présente les problèmes d'une personne malchanceuse.

Démarche

Formez des groupes de trois ou quatre.

1 Préparation

- Imaginez un personnage *(homme ou femme, caractère, goûts...).*
- Faites la liste des événements qui lui arrivent : *sa voiture tombe en panne...*
- Définissez :
  - le lieu *(à la maison, au travail, en vacances...)* ;
  - le moment *(un matin, un week-end...)* ;
  - les personnages secondaires *(des amis, des collègues...).*
- Répartissez les rôles (le réalisateur, les acteurs).

2 Réalisation

- Écrivez le scénario de votre mini-série :
  - en deux ou trois phrases, présentez la situation et les personnages ;
  - écrivez les dialogues ;
- Choisissez un titre pour votre série.
- Trouvez des accessoires, choisissez un décor, allumez votre téléphone mobile et... filmez !

3 Présentation

- Présentez votre vidéo à la classe : le réalisateur dit deux ou trois phrases sur la série, et les acteurs présentent leur personnage.
- Regardez les vidéos.

Tous malades !

1 Regardez l'illustration et lisez les phrases. Retrouvez le prénom des cinq malades.

a | Georges est entre deux personnes qui ont de la fièvre.

b | Habib est à gauche de deux personnes qui ont mal au ventre.

c | La voisine de José a mal à la gorge.

d | José n'a pas mal à la tête.

e | Le voisin de Marie a mal au pied droit, mais il n'a pas mal au dos.

f | Pauline et Georges sont entre deux personnes qui ont mal au dos.

g | Pauline est à droite d'une personne qui a mal au dos, mais pas mal à l'œil.

Les superstitions

2 a Mots croisés. Placez dans la grille les noms des superstitions.

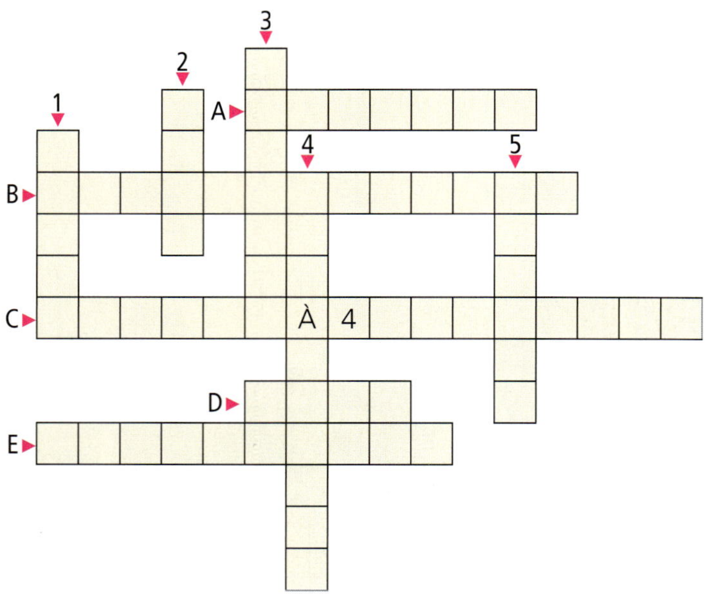

Les porte-bonheur

A ▶ : ….. les doigts

B ▶ : voir une ….. ….. *(2 mots)* dans le ciel, la nuit

C ▶ : trouver un ….. à quatre …..

E ▶ : quand une ….. vole et vient se poser sur vous

1 ▼ : toucher le pompon sur le ….. d'un marin

4 ▼ : accrocher un ….. à ….. sur le mur de sa maison.

Les porte-malheur

D ▶ : croiser un ….. noir

2 ▶ : mettre le ….. à l'envers sur la table

3 ▼ : passer sous une …..

5 ▼ : être ….. à table

b Retrouvez les mots 3, 4, 5, 9 sous forme de dessins dans l'affiche.

c Quel chiffre s'y cache ?

BEAU TRAVAIL !

Objectifs

- Parler de ses études
- Décrire une expérience positive
- Exprimer un souhait ou un projet professionnel

Tu travailles trop !

DOCUMENTS

A Ensemble, échangeons

www.mesetudes.com

FOIRE AUX QUESTIONS

ERASMUS+ AGENCE FRANCE · ÉDUCATION FORMATION

1 Erasmus+, qu'est-ce que c'est ?
C'est un programme de la Commission européenne ouvert à tous. Il encourage la mobilité des jeunes et des professionnels dans les domaines de l'éducation, la formation, la jeunesse et le sport. C'est aussi un programme d'échange pour les étudiants.

2 Qui propose Erasmus+ ?
Les établissements d'enseignement supérieur : universités, grandes écoles, instituts d'études politiques, écoles d'art, etc.

3 Est-ce que je peux partir avec Erasmus+ si je ne suis pas étudiant en Europe ?
Oui. Erasmus+ est un programme international d'études. Si vous êtes inscrit dans une université partenaire, vous pouvez partir avec Erasmus+.

4 On peut faire quels cursus avec Erasmus+ ?
De nombreux parcours universitaires sont possibles (diplômes de licence, master, doctorat…) dans les disciplines de votre choix : langues, lettres, droit, économie, physique, mathématiques, médecine, sociologie…

5 Où est-ce qu'on peut partir ?
Dans les pays de l'Union européenne (Allemagne, Espagne, France, Grèce, Roumanie, Slovaquie…) et dans les pays partenaires (Albanie, Arménie, Islande, Liban, Russie, Turquie…).

6 Comment partir avec Erasmus+ ?
Renseignez-vous sur le site Internet http://ec.europa.eu/programmes/erasmus-plus et cherchez votre discipline. Quand vous avez trouvé une université d'accueil, préparez votre dossier et surveillez le calendrier : vous devez déposer votre dossier de candidature complet avec votre CV avant la date limite !

7 Quelles sont les aides financières ?
Si vous participez au programme Erasmus+, vous recevez une bourse de l'Union européenne pour le logement, le voyage et la vie de tous les jours.

Plus d'infos sur…
http://www.generation-erasmus.fr/
https://www.facebook.com/GenerationErasmus

COMPRÉHENSION ÉCRITE

Entrée en matière

1 Observez le document. Est-ce que vous connaissez Erasmus+ ?

1re lecture

2 De quel type de document il s'agit ?

3 À qui il s'adresse ?

2e lecture

4 Vrai ou faux ?

a | Erasmus+ est un programme pour l'enseignement supérieur.
b | Les étudiants non européens peuvent partir avec Erasmus+.
c | Avec Erasmus+, on ne peut pas choisir sa discipline d'études.
d | Erasmus+ propose des bourses aux étudiants.

Vocabulaire

5 Quels diplômes sont proposés par Erasmus+ ?

6 Relisez la question 6 du document. Quelles sont les 5 étapes pour s'inscrire au programme Erasmus+ ?

Au fait !

CV est l'abréviation de curriculum vitae.
On présente ce document à des employeurs quand on cherche du travail.

7 Associez les synonymes.

a | bourse — 1 | aide financière
b | cursus — 2 | discipline
c | domaine — 3 | parcours

8 Retrouvez les noms de ces disciplines dans le document.

a

b

c

d

B Ils sont partis avec Erasmus+

cd 103

« Je vis une expérience formidable ! »

COMPRÉHENSION ORALE

1re écoute

1 Qui parle ?

2 Qu'est-ce qu'ils disent ?

a | Ils donnent des conseils pour le dossier de candidature d'Erasmus+.

b | Ils parlent de leur expérience avec Erasmus+.

c | Ils passent un examen de langues.

2e écoute

3 Complétez le tableau.

	Lucie	Livia	Piotr
Nationalité	.....	italienne	.....
Lieu	Stockholm	.....	.....
Discipline	.....	.....	architecture
Niveau	master 1	.....	.....

4 Dites à quel(le) étudiant(e) correspondent ces affirmations. *(plusieurs réponses possibles)*

a | Il/Elle a une bourse pour vivre.

b | Il/Elle est content(e) de rencontrer des étudiants d'autres pays.

c | Il/Elle apprend d'autres manières de travailler.

d | Il/Elle aime apprendre une nouvelle langue.

e | Il/Elle veut continuer à voyager.

f | L'expérience Erasmus+ lui permet de réfléchir à son futur métier.

PRODUCTION ÉCRITE

5 Et vous ? Vous avez vécu une expérience positive au cours de votre scolarité ? Racontez.

Pour décrire une expérience positive

- Je vis une expérience formidable.
- C'est un avantage de parler espagnol.
- J'ai beaucoup de chance de voyager.
- C'est une occasion unique de m'enrichir.
- Cette expérience me permet de progresser.

Pour parler de ses études

- Je suis étudiant(e) en master 1 d'économie.
- Je suis en (3e année de) licence.
- J'étudie l'architecture.
- Je suis inscrit(e) à l'université de Lisbonne.

GRAMMAIRE > la condition avec *si*

Cahier d'activités unité 10

ÉCHAUFFEMENT

1 Observez les phrases et répondez aux questions.

a | Si vous êtes inscrit dans une université partenaire, vous pouvez partir avec Erasmus+.

b | Si vous participez au programme Erasmus+, vous recevez une bourse de l'Union européenne.

a Dans ces phrases, quelle est la condition pour partir avec Erasmus+ ? Quelle est la condition pour recevoir une bourse de l'Union européenne ?

b Quel mot introduit ces conditions ?

FONCTIONNEMENT

La condition avec *si*

2 Complétez la règle.

Pour exprimer une **condition**, on utilise :
..... + présent + présent.
Exemple : ***Si*** *tu es étudiant, tu peux étudier à l'étranger avec Erasmus+.*

REMARQUE

Si devient ***s'*** devant *il* et *ils*.
Exemple : ***S'****il étudie, il peut réussir.*

ENTRAÎNEMENT

3 Transformez les phrases comme dans l'exemple.

Exemple : *Je suis étudiant. Je peux étudier dans un autre pays.* → *Si je suis étudiant, je peux étudier dans un autre pays.*

a | Elle obtient sa licence. Elle peut s'inscrire en master.

b | Vous avez une expérience Erasmus+. C'est un avantage pour trouver du travail.

c | Tu passes une année à l'étranger. Tu fais des rencontres importantes.

PRODUCTION ÉCRITE

4 Imaginez et écrivez les conditions nécessaires pour s'inscrire à un programme d'échange à l'étranger.

Exemple : *Vous pouvez vous inscrire :*
– si vous avez moins de 30 ans ;
– si…

DOCUMENTS

C Découvrons le campus !

COMPRÉHENSION ÉCRITE

Entrée en matière

1 Observez la photo. À votre avis, c'est quel lieu ?

1re lecture

2 De quoi parle ce document ? À qui s'adresse la présidente ?

2e lecture

3 Qu'est-ce qu'un campus ?

4 Quels sont les lieux pour étudier ? Quels sont les lieux pour se détendre ?

Vocabulaire

5 Retrouvez dans le document qui :

a | dirige l'université.

b | enseigne et fait de la recherche à l'université.

PRODUCTION ORALE

6 À deux, vous vous posez des questions. Utilisez les expressions du but.

Exemple : – *Pourquoi vous étudiez le français ?*

– *Pour aller travailler au Canada.*

Chers étudiants,

Bienvenue au campus de l'université Pierre et Marie Curie !

Notre université existe depuis 1934.
Elle a longtemps été réservée aux cursus scientifiques.
Aujourd'hui, elle est toujours renommée, et nous avons le plaisir d'ouvrir un département d'économie.

L'université Pierre et Marie Curie, c'est :

- 5 départements : biologie, informatique, mathématiques, physique-chimie, économie.
- 4 amphithéâtres pour étudier dans de bonnes conditions.
- Plus de 100 salles de cours.
- Des laboratoires équipés pour accueillir les enseignants-chercheurs.
- Une bibliothèque avec plus de 50 000 ouvrages et une bibliothèque numérique en ligne.
- 2 restaurants universitaires pour faire des repas complets, et une cafétéria.
- Un gymnase, un stade et des espaces verts.

Pendant la semaine de la rentrée, n'oubliez pas d'aller au secrétariat pour obtenir votre carte d'étudiant.

Profitez de votre année !

Christine Carambani, *présidente de l'université*

Pour exprimer le but

- J'apprends l'anglais pour le travail. (pour + *nom*)
- Je vais au secrétariat pour obtenir ma carte d'étudiant. (pour + *infinitif*)

GRAMMAIRE > la durée, la continuation

Cahier d'activités unité 10

ÉCHAUFFEMENT

1 Observez les phrases et classez les mots soulignés dans le tableau.

a | Elle a longtemps été réservée aux cursus scientifiques.

b | L'université est toujours renommée.

c | Pendant la semaine de la rentrée, allez au secrétariat.

Durée limitée	Action qui continue dans le présent
.....	.....

FONCTIONNEMENT

La durée, la continuation

- L'action dure sur une **période limitée dans le temps** : *pendant* + nom ; verbe + *longtemps*.
Exemples : *J'ai étudié l'arabe* ***pendant*** *les vacances.*
Tu as vécu ***longtemps*** *en Chine ?*
- L'action a commencé dans le passé et **continue dans le présent** : verbe + *toujours*.
Exemple : *J'aime* ***toujours*** *mon métier !*

ENTRAÎNEMENT

2 Utilisez *longtemps, pendant* ou *toujours*.

a | Il y a ..... des cours dans cet amphithéâtre ? Il est vieux !

b | Il est parti ..... au Canada. On ne l'a pas vu ..... trois ans.

c | Non, ils ne sont pas rentrés, ils sont ..... à l'université.

PRODUCTION ORALE

3 À deux, racontez votre parcours scolaire ou universitaire avec des indicateurs de temps.

VOCABULAIRE > l'université, les études

Le campus et les personnes

l'administration *(f.)*
l'amphithéâtre *(m.)*
la bibliothèque
la cafétéria
le chercheur, la chercheuse
le département
l'enseignant(e)
l'étudiant(e)
le gymnase
le laboratoire
le/la président(e)
le restaurant universitaire/ le resto U *(fam.)*
la salle de cours
le/la secrétaire
le secrétariat
le stade

Les études

la bourse d'études
la carte d'étudiant(e)
le diplôme (la licence, le master, le doctorat)
le dossier de candidature
s'inscrire/être inscrit(e)
le séjour à l'étranger

Au fait !

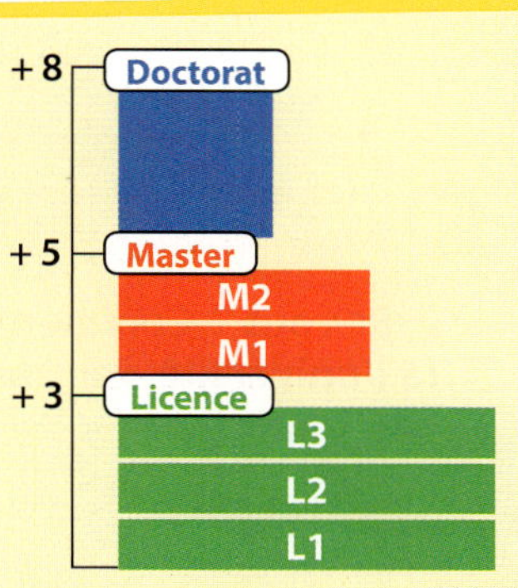

Les disciplines, les matières

l'architecture *(f.)*
la biologie
le droit
l'économie *(f.)*
l'informatique *(f.)*
les langues
les lettres, la littérature
les mathématiques
la médecine
la physique
les sciences politiques
la sociologie

1 Complétez le document avec les mots : *bourse, carte d'étudiant, disciplines, dossier de candidature, inscriptions.*

Les étapes de l'inscription à l'université

mars-avril	mai	juin	juillet-août	septembre

Vous vous renseignez sur les ….. qui vous intéressent.	Vous préparez votre …..	Les ….. commencent sur le site de l'université.	Vous faites votre demande de …..	Vous retirez votre ….. au secrétariat.

2 Trouvez les symboles qui correspondent aux disciplines.

PRODUCTION ORALE

3 Et vous, quelle est votre matière préférée ?

DOCUMENTS

D Premiers jours à l'université

dvd 10

COMPRÉHENSION AUDIOVISUELLE

1er visionnage (du début à 0'16)

1 **Qui est-ce qu'on voit ? À votre avis, ils sont où ?**

2e visionnage (de 0'16 à la fin)

2 **À quelle période de l'année la vidéo est filmée ?**

3 **De quoi parlent les personnes ?**

4 **Est-ce qu'elles sont toutes françaises ? Vous reconnaissez des accents étrangers ?**

3e visionnage

5 a **Quelles sont les difficultés des nouveaux étudiants ? Associez.**

a | Audrey — 1 | ne connaît pas la ville.
b | Léana — 2 | a besoin d'informations.
c | Wilson — 3 | ne connaît personne.

b **Quelles solutions est-ce qu'ils trouvent ?**

6 **Relevez les sentiments qu'ils expriment.**

Sentiments négatifs (–)	Sentiments positifs (+)
Je suis un peu perdu. …..	…..

PRODUCTION ORALE

7 **Et vous ? Comment se passent vos rentrées (à l'université, au travail…) ? Donnez vos sentiments.**

PHONÉTIQUE Prononcer [ʀ]

Cahier d'activités unité 10

ÉCHAUFFEMENT

1 a **Écoutez le son [ʀ] et observez le mot.** cd 104

les arts

b **Écoutez les mots et classez-les dans le tableau.** cd 105

On entend plusieurs fois [ʀ]	On entend une seule fois [ʀ]	On n'entend pas [ʀ]
…..	l'université, …..	…..

c **Réécoutez et vérifiez vos réponses à l'activité 1b avec la transcription p. 209.** cd 105

d **Relisez la transcription. Est-ce que tous les *r* écrits se prononcent ?**

FONCTIONNEMENT

2 **Complétez les exemples avec des mots des activités 1 a et b.**

• Le son [ʀ] peut s'écrire *r* ou *rr*.
Exemples : *l'université, s'inscrire*, ….., ….., ….., …..

• En général, on prononce le *r* écrit à la fin d'un mot.
Exemples : *obtenir*, ….., …..

REMARQUE
En général, on ne prononce pas le *r* final des mots qui se finissent en *-ier* (exemple : *un dossier*).

3 **Vous connaissez d'autres mots avec un *r* final prononcé ? Et avec un *r* final non prononcé ?**

ENTRAÎNEMENT

4 **Écoutez et répétez les phrases.** cd 106

5 **À vous ! Lisez les phrases à voix haute. Faites attention aux *r* qui ne se prononcent pas. Ensuite, écoutez pour vérifier votre prononciation.** cd 107

a | Je voudrais partir en Turquie pour commencer un cursus de littérature et devenir professeur(e).
b | Mon frère est pâtissier, mais il voudrait découvrir un nouveau métier : pourquoi pas boucher ?
c | Je reçois une aide financière pour étudier à l'étranger. Quand ma bourse arrive, je coche le jour sur mon calendrier.

CIVILISATION

E Universités 2.0

COMPRÉHENSION ÉCRITE

Au fait !

***FacLab** = faculté + laboratoire*
C'est le nom du « fablab » de l'université de Cergy-Pontoise.

FACLAB
APPRENDRE
CRÉER
PARTAGER

Le FacLab de l'université de Cergy-Pontoise est un lieu ouvert à tous : il réunit des étudiants, des chercheurs, des enseignants, des designers, des artistes, des ingénieurs…

UNIVERSITÉ de Cergy-Pontoise

Créer

Vous avez une idée d'objet et vous voulez le créer ? Le FacLab met à votre disposition les machines nécessaires à la réalisation de votre projet : imprimante 3D, outils de découpe (bois, tissu, etc.), machine à coudre… Des techniciens et des enseignants sont là pour vous accompagner.

Partager

Ici, on apprend à plusieurs ! Les utilisateurs expérimentés partagent leurs connaissances. Les plans de fabrication des objets sont accessibles en ligne à tous les utilisateurs de fablabs partout dans le monde.

Apprendre

Dans le FacLab, vous prenez part aux projets de fabrication des autres membres. Vous pouvez aussi participer à des ateliers, à des formations…

Un « fablab », qu'est-ce que c'est ?

Les fablabs (« laboratoires de fabrication ») sont nés à la fin des années 1990 au Massachusetts Institute of Technology (MIT), aux États-Unis. Aujourd'hui, il existe de nombreux fablabs dans le monde, notamment dans plusieurs universités françaises (Bordeaux, Le Havre…) et francophones (Lausanne, Laval, Rabat, Tunis…).

1re lecture

1 De quoi parle ce document ?

2 Le FacLab, qu'est-ce que c'est ?

a | Un amphithéâtre où des cours ont lieu.
b | Un espace avec des outils et des machines pour fabriquer des objets.
c | Une salle de formation en informatique.

3 À qui est ouvert le FacLab ?

2e lecture

4 Vrai ou faux ?

a | Dans le FacLab, on peut découper du bois.
b | Le FacLab ne donne pas d'informations sur les objets qu'il fabrique.
c | Des universités francophones ont inventé les fablabs.

5 Comment est-ce qu'on apprend dans un fablab ?
(plusieurs réponses possibles)

a | Seul, avec des formations en ligne.
b | Avec des formations et des ateliers.
c | Avec les autres utilisateurs.
d | Avec l'aide des techniciens.
e | On n'apprend pas : on doit être formé pour participer.

Oh, le cliché !

« Le système éducatif français est un des meilleurs du monde. »
D'après le classement du *Times Higher Education*, l'École normale supérieure de Paris (54e) est la seule parmi les 100 meilleures universités dans le monde en 2015. L'année dernière, il y avait deux universités françaises dans ce classement.
www.lefigaro.fr, octobre 2015

→ Et chez vous, quelles sont les universités renommées ?

Francophonie

L'**Agence universitaire de la Francophonie** (www.auf.org) est une association pour développer l'enseignement supérieur en français. Elle propose aussi aux étudiants des bourses de mobilité et des cursus en ligne (FOAD, MOOC)…

DOCUMENTS

F Mon parcours professionnel

cd 108

COMPRÉHENSION ORALE

« *Je rêve d'être avocat…* »

Entrée en matière

1 Observez l'affiche et la photo. Qu'est-ce que c'est ? Ça se passe où et quand ?

1re écoute

2 Dans les dialogues, on entend :

a | des étudiants et des professeurs.
b | des étudiants et des professionnels.
c | des professeurs et des professionnels.

3 Ils parlent de quoi ?

2e écoute (1er dialogue)

4 Vrai ou faux ? Les études pour devenir avocat sont difficiles.

5 Qu'est-ce qu'il faut faire pour devenir avocat ?

a | avoir un doctorat b | partir à l'étranger c | passer un concours

6 Trouvez les deux causes de stress pour un avocat.

3e écoute (2e dialogue)

7 Quelle est la matière qu'étudie Audrey ?

8 Pourquoi le professionnel lui propose d'être jardinière ?

9 Quelles sont les compétences nécessaires pour devenir jardinier ?

a | avoir de l'imagination
b | savoir travailler en équipe
c | être artiste
d | parler une langue étrangère
e | connaître les plantes

Vocabulaire

10 Associez une définition à un mot.

a | la spécialité (professionnelle)
b | la carrière
c | les responsabilités
d | les conditions de travail
e | la commande

1 | la demande, le projet d'un client
2 | le domaine particulier d'une profession
3 | l'ensemble d'une vie professionnelle
4 | les lieux, les rythmes de travail
5 | les tâches qu'on doit accomplir dans son métier

PRODUCTION ORALE

11 Et vous, quelles sont vos compétences ?
Exemple : *Je sais parler en public et je suis doué(e) pour les langues étrangères.*

Pour exprimer une capacité, une compétence
- Je sais dessiner.
- Je peux porter des objets lourds.
- Je connais (bien) les fleurs.
- Je suis doué(e) pour la peinture/peindre.

Pour exprimer un souhait ou un projet professionnel
- J'espère que je vais réussir.
- J'ai envie de défendre les gens.
- Je rêve d'être architecte.
- Ça me plairait (de travailler dehors).
- Je suis motivé(e) (pour passer le concours).
- C'est mon projet professionnel.

GRAMMAIRE > les pronoms relatifs *qui* et *que*

Cahier d'activités unité 10

ÉCHAUFFEMENT

1 Observez les phrases. Les pronoms *qui* et *que* remplacent quels mots ?

a | Vous devez passer un concours qui est difficile.
b | Le week-end, je prépare les dossiers qui sont urgents.
c | Je dois bien connaître les fleurs que je plante.
d | Je choisis les commandes que je préfère et les horaires qui me conviennent.

FONCTIONNEMENT

Les pronoms relatifs *qui* et *que*

2 Choisissez la bonne réponse.

- Les pronoms *qui* et *que* remplacent un nom et relient deux phrases.

Exemple : *Vous faites des études. Ces études sont difficiles.*
→ *Vous faites des études **qui** sont difficiles.*

- Ils changent en fonction de leur rôle dans la phrase.

– *Qui* est a | complément b | sujet.
Exemple : *Je connais un avocat **qui** est excellent.*
– *Que* est a | complément b | sujet.
Exemple : *Jeanne travaille dans un quartier **que** j'adore.*

REMARQUE
Devant une voyelle ou un *h* muet, *que* devient ***qu'***.
Exemple : *C'est un travail **qu'**il aime.*

ENTRAÎNEMENT

3 Transformez les phrases comme dans l'exemple.

Exemple : *Je fais un métier. J'aime ce métier.*
→ *Je fais un métier que j'aime.*

a | Nous connaissons un médecin. Le médecin travaille beaucoup.
b | Kim étudie un livre. J'ai déjà lu ce livre.
c | Tu as un travail. Tu as commencé ton travail l'année dernière.
d | Ils ont une fille. Leur fille fait des études de physique.

4 Complétez avec *qui, que* ou *qu'*.

a | J'aime parler avec des professionnels ….. connaissent leur métier.
b | Le diplôme ….. je prépare permet d'être dentiste.
c | J'ai des horaires de travail ….. sont pratiques.
d | Les commandes ….. il reçoit sont très intéressantes.

PRODUCTION ORALE >>> DELF

5 Vous rencontrez des professionnels à un salon. Vous vous présentez et vous dites quel projet vous souhaitez accomplir. Utilisez les pronoms *qui* et *que*.

Exemple : *Je veux être créateur des jeux vidéos que j'imagine et qui sont en 3D...*

DOCUMENTS

G C'est à faire !

COMPRÉHENSION ÉCRITE

1*ᵉ *lecture

1 **Trouvez les six messages écrits par Greg et les trois messages écrits par ses collègues.**

2 **Qu'est-ce qui est écrit sur ces messages ?** ***(plusieurs réponses possibles)***

a | des choses à faire
b | des conseils
c | des listes de courses
d | des ordres
e | des rendez-vous

2*ᵉ *lecture

3 **Vrai ou faux ?**

a | L'entreprise va embaucher un(e) stagiaire.
b | Un homme dirige l'entreprise.
c | La connexion Internet fonctionne bien.

Vocabulaire

4 **Qui fait quoi dans l'entreprise ? Associez les services et les tâches.**

a | la comptabilité
b | les ressources humaines
c | le service technique

1 | le coût d'un projet
2 | l'entretien du matériel et du réseau informatique
3 | le recrutement d'un employé

GRAMMAIRE > l'intensité

Cahier d'activités unité 10

ÉCHAUFFEMENT

1 a **Observez les mots soulignés. Quels mots donnent des précisions sur un adjectif ? sur un verbe ?**

Exemple : *Tu es un peu fatigué ?* → Les mots *un peu* précisent l'adjectif *fatigué.*

a | Très important !
b | La connexion Internet est un peu lente.
c | Tu travailles trop !

b **Classez ces mots en fonction de leur intensité.**

+ : .....
++ : .....
+++ : .....

FONCTIONNEMENT

L'intensité

Pour indiquer l'intensité, on utilise les adverbes :
– *assez, très, trop, (un) peu* + adjectif ;
Exemple : *C'est* ***très*** *gentil !*
– verbe + *(un) peu, assez, beaucoup, trop.*
Exemple : *Tu parles* ***trop*** *!*

2 **Complétez avec les adverbes.**

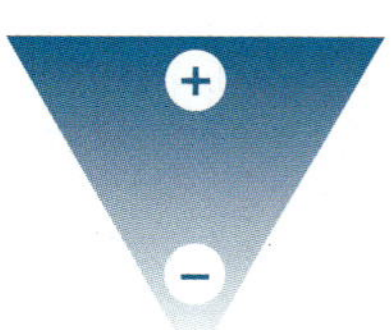

trop
....., ...
.....
(un) peu

ENTRAÎNEMENT

3 **Choisissez la bonne réponse.**

a | Le directeur est *beaucoup/très* sympathique.
b | Mon bureau est *trop/beaucoup* petit.
c | Tu as sommeil. Tu ne dors pas *assez/trop*.
d | Je n'aime pas *beaucoup/très* les réunions.

PRODUCTION ÉCRITE >>> DELF

4 **Vous travaillez dans un bureau. Vous écrivez des post-it à vos collègues. Utilisez des adverbes d'intensité.** ***(40 à 50 mots)***

Exemple : *Tu ne dors pas assez !*

VOCABULAIRE > l'entreprise, la vie professionnelle

Les personnes et les services

le/la chef
le/la collègue
la comptabilité
le/la comptable
le directeur/la directrice
la direction
l'employé(e)
l'équipe *(f.)*
le/la responsable
les ressources humaines
le service technique
le/la stagiaire
le/la technicien(ne)

1 Complétez l'organigramme de cette entreprise avec les mots : *comptabilité, direction, employés, responsable, ressources humaines, techniciens.*

…..				
SERVICES				
Communication	Achats	Ressources humaines	…..	Technique
….. de la communication	Responsable du service achats	Directeur des …..	Chef comptable	Responsable du service technique
Employés du service communication	….. du service achats	Employés des RH	Comptables	…..

Les conditions de travail et les tâches

avoir des responsabilités
avoir/passer une commande
la carrière
écrire/envoyer un rapport
faire un budget
faire une pause (repas)
les horaires
organiser une réunion
prendre/avoir un rendez-vous
préparer un dossier
recruter quelqu'un
réserver une salle (de réunion)

Les compétences

avoir de l'imagination
dessiner
écrire
s'organiser
parler en public
parler une langue étrangère
travailler en équipe

2 Associez une photo à une tâche.

a

b

c

d

3 Complétez les phrases avec les mots : *écrire, en équipe, horaires, parler en public, s'organiser.*

a | Dans mon entreprise, les ….. sont fixes : on travaille de 9 h à 18 h tous les jours.
b | Pour devenir journaliste dans la presse, il faut savoir …..
c | Si tu as peur de ….., ne sois pas professeur !
d | Dans beaucoup de métiers, on travaille ….. : on partage les idées et les tâches.
e | Il rend tout le temps ses dossiers à l'heure ! Il sait …..

PHONÉTIQUE Les sons [t]/[d]

Cahier d'activités unité 10

ÉCHAUFFEMENT

1 a Écoutez le son [t] et le son [d] et observez les mots. cd 109

a | **t**on
b | **d**on

b Écoutez les phrases. Dites dans quelle phrase vous entendez : plusieurs fois le son [t] ; plusieurs fois le son [d] ; plusieurs fois les sons [t] et [d]. cd 110

[t]	[d]	[t] et [d]
…..	…..	…..

c Réécoutez et vérifiez vos réponses à l'activité 1b avec la transcription p. 210. cd 110

FONCTIONNEMENT

2 Complétez les exemples avec des mots de l'activité 1c.

• Le son [t] peut s'écrire avec les lettres *t* (exemples : *stagiaire*, ….., ….. et aussi dans le cas d'une liaison : *est un*) ou *tt* (exemple : *a**tt**raper*).

• Le son [d] peut s'écrire avec les lettres *d* (exemples : ….., ….., …..) ou *dd* (exemple : *a**dd**ition*).

REMARQUE

En général, la lettre *t* se prononce [s] avec *ion* et avec *ie* (exemples : *direction, diplomatie*).

ENTRAÎNEMENT

3 Écoutez et répétez les phrases. cd 111

4 À vous ! Montrez une des étiquettes à votre voisin(e). Il/Elle doit trouver un mot avec la syllabe demandée en moins de 15 secondes. Ensuite, inversez les rôles. Attention : une syllabe ne peut être utilisée qu'une fois dans un mot.

Exemple : part- ?
– *partager !*

Première syllabe :
de- | part- | ad- | ét- | tech- | di-

Dernière syllabe :
-té | -tique | -dre | -dent/e | -taire | -teur/trice

b À deux, vous créez une phrase avec les mots trouvés.

L'ESSENTIEL GRAMMAIRE/VOCABULAIRE

1 Exprimer une condition. Faites des phrases avec des conditions, comme dans l'exemple.

Exemple : *étudier le droit / devenir avocat* → *Si tu étudies le droit, tu peux devenir avocat.*

a | apprendre à dessiner / être auteur de BD
b | être cuisinier / travailler le week-end
c | s'inscrire dans un club / rencontrer d'autres étudiants
d | avoir moins de 25 ans / avoir une réduction

2 Les pronoms relatifs *qui* et *que*. Complétez avec *qui, que* ou *qu'*.

a | Il a choisi le métier ….. il a toujours voulu faire.
b | La stagiaire ….. je cherche doit savoir parler anglais.
c | Je fais un métier ….. plaît beaucoup aux enfants : je suis enseignant !
d | Les fablabs sont des espaces ….. accueillent tout le monde.
e | L'ordinateur ….. le service technique vient d'installer est très rapide.

3 L'université, les études. Complétez le témoignage de Léa avec les mots : *amphithéâtres, campus, inscrite, licence, séjour à l'étranger, sociologie, stade.*

Je m'appelle Léa, j'ai 20 ans et j'étudie la ….. Je suis ….. en 2e année de ….. L'année dernière, j'ai fait un ….. : j'ai passé six mois à l'université de Copenhague. Mes endroits préférés dans le ….. ? Les ….. (ils sont très grands !) et le ….. (j'adore courir !).

4 L'entreprise. Complétez ce témoignage avec les mots : *compétences, dessiner, équipe, horaires, imagination, service.*

Bonjour à tous, mon métier, c'est graphiste. Je travaille dans une ….. de trois employés au ….. de la communication dans une entreprise. Dans ce métier, les ….. importantes sont : savoir ….., avoir de l'….., connaître les logiciels de graphisme. Les ….. ? 9 h – 17 h 30 tous les jours !

ATELIERS

1 CRÉER UN QUIZ D'ORIENTATION

Vous allez imaginer un quiz pour aider les étudiants à choisir leur futur métier.

Démarche

Formez des groupes de trois ou quatre.

1 Préparation

- En groupes, vous choisissez cinq métiers dans des domaines différents : *le droit, l'enseignement, le commerce…*
- Vous préparez une fiche avec les caractéristiques de votre métier :

– le type de travail : *manuel, artistique, intellectuel…* ;
– les études : *lettres, économie, biologie…* ;
– les compétences : *savoir écouter les autres, savoir écrire…* ;
– l'environnement de travail : *dans un bureau, en extérieur, chez soi…* ;
– les modalités de travail : *en équipe, avec des enfants, seul…*

2 Réalisation

- En groupes, vous réalisez votre questionnaire à partir des caractéristiques des métiers que vous avez choisis : écrivez les questions et donnez les propositions de réponses.

Exemple : *Question 1 : Quelle est votre matière préférée ?*
❑ *la littérature*
❑ *les langues*
❑ *les mathématiques…*

- Associez les différentes réponses à une fiche métier.

Exemple : *Si j'aime les langues, je peux être traducteur.*

3 Présentation

- Échangez votre questionnaire avec un autre groupe.
- Faites le quiz et découvrez vos résultats !

2 RÉALISER UN CV EN VIDEO

ATELIER TECH'

Vous allez filmer une vidéo de présentation professionnelle.

Démarche

Formez des groupes de trois ou quatre.

1 Préparation

En groupes, imaginez le profil d'une personne.
Écrivez des informations sur elle : *sa situation* (son âge, *le lieu où elle habite, sa situation de famille*), *ses études, ses expériences professionnelles, ses expériences à l'étranger, ses compétences et ses passions.*

2 Réalisation

Une personne du groupe joue la personne qui cherche un emploi. Filmez son CV. Vous pouvez ajouter des photos, des sous-titres.

3 Présentation

- Présentez vos films aux autres groupes !
- La présentation peut se faire en classe ou sur un outil de partage en ligne (réseau social, cloud…).

Stratégies Production orale

Ces stratégies sont utiles pour préparer et réussir le DELF A1 (cf. épreuve blanche p. 187).
L'épreuve dure environ 6 minutes.
Il y a 3 exercices. Le 1er exercice se fait sans préparation mais vous allez avoir 10 minutes pour préparer les exercices 2 et 3.

Qu'est-ce que vous devez faire ?

- **Entretien dirigé** *(1'00)* : l'examinateur vous pose des questions sur vous, votre famille, vos loisirs, votre logement, vos études, etc. Vous lui répondez.
- **Échange d'informations** *(2'00)* : dans cet exercice, il faut montrer que vous êtes capable de poser des questions. Pour cela, vous avez 6 cartes avec des mots écrits dessus. Vous devez poser des questions à l'examinateur qui sont en relation avec ces mots.
  Par exemple, si vous avez la carte « travail », vous pouvez demander à l'examinateur : « *Quel est votre métier ?* », « *Est-ce que vous aimez votre travail ?* », « *Où travaillez-vous ?* », etc. Il y a beaucoup de questions possibles. Soyez créatif !
- **Dialogue simulé** (ou jeu de rôle) *(2'00)* : pour cet exercice, l'examinateur va vous proposer deux sujets. Vous tirez un sujet au sort.
  Vous êtes un client : vous achetez quelque chose dans un magasin ou vous demandez des informations dans une situation simple de la vie de tous les jours. Par exemple, vous devez faire des courses au marché ou bien demander les horaires des séances de cinéma et le prix d'une place, puis acheter un billet.
  Pour cet exercice, on vous donne des billets et des pièces, une carte de crédit ou un chèque en papier.

À quoi vous devez faire attention ?

- Si vous n'avez pas bien compris, demandez poliment à l'examinateur de répéter. N'oubliez pas d'utiliser des formules de politesse comme « *bonjour* », « *s'il vous plaît* », « *merci* », « *excusez-moi* », « *au revoir* ».
- Révisez bien les différentes questions avec « *Est-ce que ?* », « *Qu'est-ce que ?* », « *Qui ?* », « *Quand ?* », « *Où ?* », « *Quoi ?* », « *Comment ?* », « *Pourquoi ?* », « *Combien ?* », « *Quel ?* ».
- Faites des phrases courtes et simples. Pensez à utiliser quelquefois des mots pour relier vos idées : « *et* », « *alors* ».
- Pendant tout l'examen, n'oubliez pas d'utiliser les expressions que vous connaissez, de montrer que vous connaissez des mots différents. Faites attention à la conjugaison des verbes, au genre des mots (masculin ou féminin). Pensez aussi à prononcer clairement.

Préparation au DELF A1

Entraînez-vous à l'EXERCICE 2 : échange d'informations ***4 points***

Bibliothèque ? | Université ? | Matière ?

Métier ? | Collègues ?

Bureau ?

AU GRAND AIR

Objectifs

- Exprimer une insatisfaction
- Parler d'un changement de vie
- Décrire son mode de vie

J'en ai assez !

DOCUMENTS

A Ville ou campagne ? cd 112

COMPRÉHENSION ORALE

Entrée en matière

1 Observez le sondage et sa source. Qui est interrogé ? À quel sujet ?

> **Au fait !**
> Les **Franciliens** sont les habitants de la région Île-de-France, qui entoure Paris.

1re écoute

2 Qu'est-ce que c'est ?

a | une émission de radio
b | un journal d'information
c | une publicité

3 Quel est le sujet ?

4 Où vivent les personnes interrogées ? Est-ce qu'elles sont contentes de leurs vies ?

2e écoute

5 Associez les critères du sondage aux déclarations de Marie, Karim et Paul.
Exemple : *Marie → le temps libre, ...*

6 Ils utilisent quelles expressions ? Associez.

a | Marie
b | Karim
c | Paul

1 | « C'est trop déprimant. »
2 | « Ce n'est pas mon truc. »
3 | « J'en ai marre ! »
4 | « Je n'en peux plus ! »

« J'en ai marre de la ville ! »

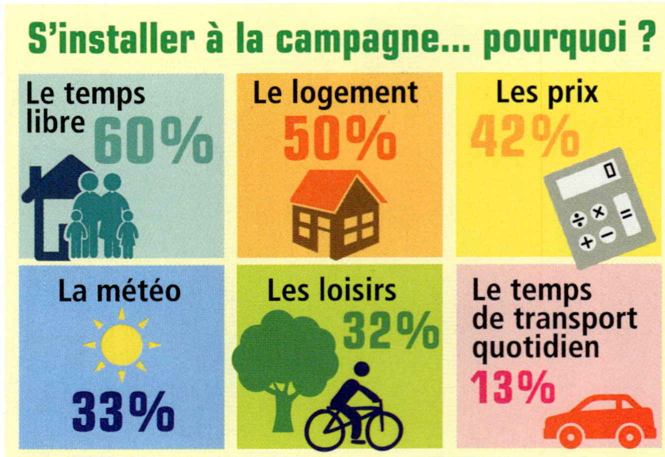

Source : « Ces Franciliens qui rêvent de quitter Paris », sondage CSA, 2012

Vocabulaire

7 Quels mots sont positifs ? Quels mots sont négatifs ?
agréable – calme – déprimant – reposant – stressant

8 Quel est le synonyme d'*embouteillage* ?

a | bouchon b | pollution c | voiture

B On part ?

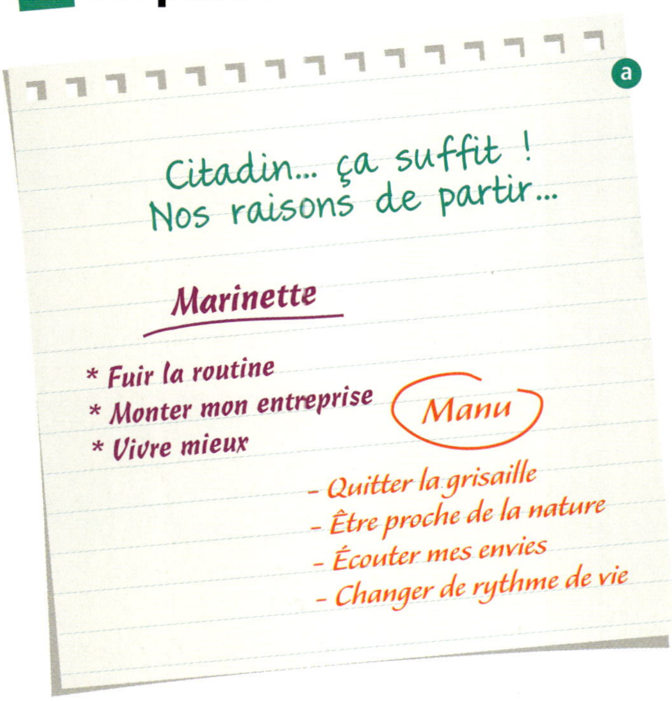

a

Citadin... ça suffit !
Nos raisons de partir...

Marinette

* Fuir la routine
* Monter mon entreprise
* Vivre mieux

Manu

- Quitter la grisaille
- Être proche de la nature
- Écouter mes envies
- Changer de rythme de vie

COMPRÉHENSION ÉCRITE

1re lecture (document a)

1 Qui a écrit ces listes ?

2 De quoi parlent ces listes ?

3 Qui...

a | veut changer de métier ?
b | veut se rapprocher de la nature ?
c | en a assez des journées qui se ressemblent ?

Vocabulaire

4 La grisaille, c'est :

a | une couleur. b | le mauvais temps. c | le travail.

2ᵉ lecture (document b)

5 **Qui sont les personnages principaux ? Qui est Monsieur Henri ?**

6 **Qu'est-ce qu'ils ont décidé ? Aujourd'hui, où est-ce qu'ils vivent ?**

PRODUCTION ORALE

7 **Et vous, qu'est-ce que vous n'aimez pas dans votre lieu de vie ? Exprimez votre insatisfaction.**
Exemple : *J'en ai marre de la pollution.*

Pour exprimer son insatisfaction

- Ce n'est pas mon truc.
- Je me sens mal, triste…
- C'est trop déprimant, stressant…
- J'en ai marre / J'en ai assez de la ville !
- Ça suffit !
- Je n'en peux plus !

Le retour à la terre, Jean-Yves Ferri & Manu Larcenet, 2010 © Dargaud

GRAMMAIRE > la comparaison (2) : *plus de (… que), moins de (… que)*

Cahier d'activités unité 11

ÉCHAUFFEMENT

1 a **Observez les phrases. Quels mots permettent de comparer ?**

a | Je veux avoir plus de temps libre.
b | Les loyers sont plus élevés dans les grandes villes.
c | À la campagne, il y a plus de transports en commun qu'en ville ?
d | On passe moins de temps dans la voiture.

b **Relisez. Dans quelles phrases on compare des quantités ?**

FONCTIONNEMENT

La comparaison : *plus de (… que), moins de (… que)*

Pour comparer des quantités, on utilise :
plus de ou ***moins de*** + **nom** (+ ***que***).
Exemple : *À la campagne, il y a* ***plus d'****arbres* ***qu'****en ville.*

RAPPEL
On peut aussi comparer deux éléments avec ***plus / moins / aussi*** + **adjectif** + ***que***.
Exemple : *La campagne est* ***moins*** *polluée* ***que*** *la ville.*

ENTRAÎNEMENT

2 **Complétez avec *plus de (… que), moins de (… que).***

a | À la campagne, on voit ….. animaux. (+)
b | Tu fais ….. de sport en ville ? (-)
c | Dans mon village, il y a ….. médecins ….. en ville. (-)
d | Dans les centres-villes, il y a ….. appartements ….. de maisons. (+)
e | Je veux passer ….. temps dans les transports. (-)

PRODUCTION ÉCRITE

3 **Écrivez cinq phrases pour comparer la ville et la campagne.**
Exemple : *En ville, on peut voir plus de musées.*

C Changer de vie, c'est possible !

Recommencer à zéro

Documentaire de I. Wideroy et J. Richard • 2015 • 120 mn
Diffusion : 5 février 2016 à 20.30 sur France FLE

VOIR LA BANDE ANNONCE ▶

RÉSUMÉ *Quitter la ville pour s'installer à la campagne, avoir une maison, un jardin… Ce changement, ils l'ont fait ! Rencontre avec Margot et Hugo, anciens citadins.*

« Je crois au changement. J'y crois vraiment ! » Margot a 38 ans, elle habite à Saint-Julien, dans la Drôme. En 2014, elle a fait un choix important. Elle a quitté sa vie de citadine, sa famille et ses amis, et elle s'est installée dans un petit village de 1 000 habitants. Elle a aussi changé de métier. « Mon projet professionnel, j'y ai beaucoup réfléchi. J'ai recommencé à zéro, ce n'était pas gagné ». Petit à petit, elle a rencontré de nouvelles personnes et elle semble heureuse aujourd'hui.
Hugo est né à Lyon. À 30 ans, avec sa femme, il a décidé de changer de vie. Ils ont tout quitté pour déménager à la campagne. Ils habitent maintenant à 40 minutes de Lyon… dans une belle maison de campagne avec jardin. Ils se sont très bien adaptés à leur nouvel environnement. Est-ce qu'ils pensent encore à leur vie d'avant ? « On n'y pense pas. Je ne regrette pas notre choix ! »

COMPRÉHENSION ÉCRITE

1re lecture

1 Qu'est-ce que c'est ?
a | un article de journal
b | un programme de télévision
c | une publicité

2 Margot et Hugo…
a | rêvent de partir à la campagne.
b | vivent à la campagne.
c | veulent rester en ville.

2e lecture

3 Est-ce que le changement a été facile pour Margot ?

4 Quelles sont les deux décisions de Margot ?

5 Est-ce que Margot, Hugo et sa femme sont contents de leur décision ?

PRODUCTION ORALE >>> DELF

6 Vous avez pris une décision importante (travail, déménagement, projet, etc.). Racontez.

Pour exprimer une décision, un choix de vie
- J'ai décidé de déménager.
- Elle a fait un choix.
- Elle a changé de vie.
- Ils ont tout quitté, (tout) recommencé à zéro.
- Je ne regrette pas mon choix.

GRAMMAIRE > le pronom COI *y*

Cahier d'activités unité 11

ÉCHAUFFEMENT

1 Observez les phrases. *Y* remplace quels groupes de mots ?
a | Je crois au changement. J'y crois vraiment !
b | Mon projet professionnel, j'y ai beaucoup réfléchi.
c | – Est-ce que vous pensez à votre vie d'avant ?
– On n'y pense pas !

FONCTIONNEMENT

Le pronom COI *y*

Le pronom *y* remplace :
- un objet ou une idée ;
- des compléments qui commencent par *à, au, à la, à l', aux*.

Il est placé avant le verbe.

ENTRAÎNEMENT

2 Transformez les phrases comme dans l'exemple.
Exemple : *Je pense à ma nouvelle vie.* → *J'y pense.*
a | Ils pensent aux vacances.
b | Elle fait attention à sa santé.
c | Tu penses à ton avenir ?
d | Nous réfléchissons à un beau projet.
e | Vous faites attention aux animaux ?

VOCABULAIRE > la ville et la campagne

Les lieux, les personnes

l'appartement *(m.)*
le centre-ville
le/la citadin(e)
le/la Francilien(ne)
le jardin
la maison de campagne
le village

1 Associez les photos aux mots de la liste.

L'ambiance d'un lieu

agréable
calme
déprimant(e)
reposant(e)
stressant(e)

Les inconvénients de la ville

l'embouteillage *(m.)*, le bouchon *(fam.)*
la grisaille *(fam.)*
les petits logements
la pollution
les prix élevés
la routine
le rythme de vie
le temps de transport

2 Donnez un titre à ces photos avec les mots de la liste.

a

b

c

Le changement de vie

le choix/choisir (de)
commencer une nouvelle vie
la décision/décider (de)
le déménagement, déménager
quitter la ville
s'adapter
s'installer
la vie d'avant ≠ la nouvelle vie

3 Choisissez la bonne réponse.

a | J'ai fait *un choix/un déménagement* : j'ai changé de métier !
b | Il *décide/s'installe* à la campagne.
c | Nous *avons choisi/avons quitté* Paris pour aller en Bretagne.

PRODUCTION ORALE

4 Et chez vous ? Est-ce que les citadins rêvent de partir à la campagne ? Pour quelles raisons ?

DOCUMENTS

D Vivre et travailler au vert

dvd 11

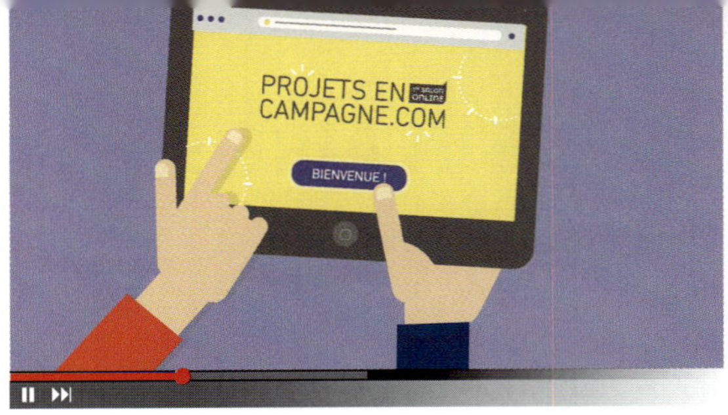

COMPRÉHENSION AUDIOVISUELLE

Entrée en matière

1 Observez l'image. À votre avis, de quoi parle la vidéo ?

1er visionnage

2 Qu'est-ce que c'est ?

a | une émission sur le tourisme
b | une publicité
c | un reportage

3 Le salon s'adresse à des gens qui veulent…

a | partir en vacances à la campagne.
b | quitter la campagne.
c | s'installer à la campagne.

2e visionnage

4 Associez les personnes à leur motivation.

a | la jeune femme — 1 | avoir plus d'espace
b | les jeunes — 2 | créer un projet ensemble
c | le couple et leur enfant — 3 | travailler dans de meilleures conditions

5 Vrai ou faux ? Ce salon propose de :

a | discuter avec une conseillère.
b | regarder des témoignages en vidéo.
c | rencontrer des professionnels.
d | trouver des offres d'emplois ou de formations.
e | visiter des maisons.

Vocabulaire

6 Que signifie l'expression *au vert* ?

PHONÉTIQUE Les sons [p]/[b]

Cahier d'activités unité 11

ÉCHAUFFEMENT

1 a Écoutez et observez les mots. cd 113

a | **p**eau b | **b**eau

b Écoutez. Dans quelles paires les mots sont identiques ? Dans quelles paires les mots sont différents ? cd 114

c Écoutez les phrases. Vous entendez le son [p] dans quels mots ? Vous entendez le son [b] dans quels mots ? cd 115

[p]	[b]
.....	.....

FONCTIONNEMENT

2 Mettez votre main sur votre gorge et prononcez les mots *peau* et *beau*. Puis complétez.

• Le son ….. est une consonne sonore (je sens des vibrations).
• Le son ….. est une consonne sourde (je ne sens pas de vibrations).

3 Complétez avec des mots de l'activité 1c à l'aide de la transcription p. 210.

• Le son [p] peut s'écrire : ***p*** ou ***pp*** (exemples : ….., ….., …..).
• Le son [b] s'écrit avec la lettre ***b*** (exemples : ….., ….., …..).

REMARQUES

• Dans certains mots, la lettre *p* ne se prononce pas (*tem**p**s, beaucou**p***…).
• *ph* se prononce [f].

ENTRAÎNEMENT

4 Écoutez et répétez les phrases. cd 116

5 a Qu'est-ce qu'on trouve à la campagne ? Écrivez une liste de mots avec les sons [p] et [b].

Exemple : *de beaux paysages, peu de pollution…*

b Formez des groupes de cinq. Une première personne dit un élément, la deuxième personne le répète et ajoute un deuxième élément de la liste, etc.

Exemple : – *À la campagne, il y a de beaux paysages.*
– *À la campagne, il y a de beaux paysages et de belles photos à prendre*, etc.

E Je cultive mon jardin

cd 117

« Ce sont des graines de courgettes. »

COMPRÉHENSION ORALE

Entrée en matière

1 Observez la photo. Qu'est-ce que vous voyez ?

1re écoute

2 Il s'agit :

a | d'une émission de radio.
b | d'un journal.
c | d'une publicité sur le jardinage.

3 De quoi ça parle ?

4 Qui parle ?

2e écoute

5 Qu'est-ce qu'il y a dans ce jardin ?

6 Vrai ou faux ?

a | Chaque jardinier s'occupe de son jardin.
b | Les jardiniers partagent les fruits et légumes récoltés.
c | Les jardiniers sont obligés de venir plusieurs jours par semaine.
d | Les jardiniers échangent des recettes de cuisine.

Vocabulaire

7 Associez les noms de fleurs aux photos : *marguerite, rose, tulipe*.

a 
b 
c 

8 Complétez les phrases avec les mots : *arrose, cueille, graines, plante*.

Aujourd'hui, je ….. des fleurs. D'abord, je mets les ….. dans la terre, puis je les ….. avec de l'eau. Dans quelques mois, je les ….. !

PRODUCTION ORALE

9 Vous avez envie de participer à un jardin partagé ? Qu'est-ce que vous voulez cultiver ?

Francophonie

Les *jardins partagés* existent dans beaucoup de grandes villes du monde entier. À **Montréal**, le programme a commencé en 1975. Aujourd'hui, il existe 97 jardins, avec de la terre, des graines, un point d'eau et des outils pour les jardiniers.
En Europe, la **Suisse** a été le premier pays à développer ce type de jardins (appelés *plantages*), dès 1995, à Lausanne.

Oh, le cliché !

« Les Français vivent à la campagne dans des petits villages. »

En France, les villes représentent 22 % du territoire. Elles sont très peuplées : 78 % de la population vit en ville.

Insee 2010

F 100 % nature

SOCIETE ET HABITATS – n° 395 – mars 2016

Une année avec...

Société et habitats **est allé à la rencontre de ces femmes et de ces hommes modernes qui vivent au contact de la nature. Ils nous racontent leur quotidien.**

Franck, Céline et leurs enfants

Je vis à la montagne, au grand air : je me sens très libre ! Je suis berger depuis dix ans et j'habite avec ma famille dans une ferme. Nous passons nos journées à nous occuper des animaux : moi, je suis avec mes moutons et ma chienne, qui court après les bêtes ! Ma femme Céline est éleveuse de chèvres. On fait du fromage, mais on a aussi des lapins et des poules et on vend les œufs aux habitants du village. Ici, l'hiver, bien sûr, on fait du ski, c'est notre principale activité. L'été, il y a plein de choses à faire. On fait de la randonnée en forêt, on fait du kayak dans les rivières ou bien de l'escalade.

Maria et Pierre

Nous, on habite à la campagne. Nos parents sont agriculteurs : ils cultivent des céréales et des légumes dans leurs champs et ils ont des vaches.
Vivre à la campagne, c'est génial ! On va à l'école à vélo. Et le week-end, on joue au foot avec nos copains, ou alors on joue à des jeux de société à la maison. Moi je fais du cheval, mais ma sœur est trop petite ! Parfois, on campe aussi dans la forêt, avec nos parents.

Karim, Tania et leurs enfants

Vivre à la mer, c'est très agréable... On profite de la vie ! Bien sûr, on travaille comme tout le monde. Karim et moi, nous sommes maraîchers.
On cultive des légumes et on les vend. L'hiver, on aime bien rester à la maison. Mais à partir du printemps, quand il fait beau, on va tout le temps à la plage et on se baigne... Karim va à la pêche et moi je pratique mon sport favori : je fais de la voile ! L'été, il y a beaucoup de touristes... On préfère se promener sur les petits chemins à la campagne et faire des pique-niques en famille !

COMPRÉHENSION ÉCRITE

Entrée en matière

1 Observez les photos. Où sont ces personnes ?

1re lecture

2 Qui sont ces personnes ? Elles parlent de quoi ?

3 Où est-ce qu'elles vivent ?

2e lecture

4 Quelles sont leurs professions ? Expliquez ce qu'elles font.

5 Vrai ou faux ?

a | Franck et sa famille vivent dans une ferme.
b | Céline élève des moutons.
c | Pierre fait du cheval.
d | La voile est l'activité préférée de Tania.
e | Karim et Tania aiment aller à la plage en été.

Vocabulaire

6 Quelle expression signifie *vivre dans la nature* ?

7 **Retrouvez les activités des personnes interrogées et classez-les dans le tableau.** ***(plusieurs réponses possibles)***

À la campagne	.....
À la mer	.....
À la montagne	.....

PRODUCTION ÉCRITE >>> DELF

8 **Vous rendez visite à un(e) ami(e) qui habite à la campagne. Racontez son quotidien (travail, loisirs…).** ***(40 à 50 mots)***

Décrire son mode de vie

- J'habite à… avec…
- Vivre à la mer, c'est agréable.
- Je passe ma journée à m'occuper des animaux.
- Ma principale activité, c'est…
- L'été, je fais de la voile.

GRAMMAIRE > les articles contractés (rappel)

Cahier d'activités unité 11

ÉCHAUFFEMENT

1 **Observez les phrases. Trouvez les articles contractés.**

Exemple : Je vis à la montagne, ***au*** *grand air.*

a | On vend les œufs aux habitants.

b | On fait du kayak dans les rivières ou de l'escalade.

c | On joue au foot avec nos copains.

d | Je fais de la voile.

FONCTIONNEMENT

Les articles contractés

2 **Complétez le tableau.**

Devant un mot…			
singulier masculin	**singulier féminin**	**singulier commençant par une voyelle**	**pluriel**
de + le = ... (kayak)	**de la** (voile)	**de l'** (escalade)	de + les = **des** (jeux)
à + le = ... (village)	**à la** (plage)	**à l'** (école)	à + les = ... (habitants)

ENTRAÎNEMENT

3 **Complétez les phrases.**

a | Nous allons de temps en temps ..... marché mais ..... maison, nous cuisinons beaucoup avec les produits du jardin.

b | Je propose des activités ..... enfants quand ils rentrent de l'école : nous faisons ..... peinture ou nous allons ..... potager pour jardiner.

c | Il habite au bord ..... mer : tous les week-ends, il fait ..... bateau avec ses enfants.

d | L'hiver, ... montagne, on fait ..... ski et ..... jeux en famille.

PRODUCTION ORALE

4 **Vous faites quelles activités pour vous détendre ?**

Exemple : *Je vais à la piscine. Je fais du vélo.*

« Ici, c'est le départ du sentier découverte. »

G Le Grand Parc de Miribel-Jonage

cd 118

COMPRÉHENSION ORALE

Entrée en matière

1 Lisez le texte. Que propose le sentier découverte aux visiteurs ?

a | des enregistrements audio
b | des panneaux à lire
c | une visite guidée

1re écoute

2 Qui parle ? Qu'est-ce qu'ils font ?

3 Ils parlent de quoi ?

2e écoute

4 Vrai ou faux ?

a | La forêt du point 2 est naturelle.
b | Le lac du point 4 est naturel.
c | Fanny et son grand-père observent des oiseaux.
d | Le Rizan est un fleuve.
e | On voit des immeubles autour du parc.

DES HOMMES, UN FLEUVE ET UNE ILE

Sentier découverte

Téléchargez gratuitement **10 pistes audio** sur votre lecteur mp3 depuis www.grand-parc.fr, rendez-vous aux balises numérotées **et découvrez avec Fanny, sa maman et son grand-père l'histoire des Allivoz et du Rizan.**

Vocabulaire

5 Relevez les mots en lien avec la nature (arbres, lieux naturels...). Vous pouvez vous aider de la transcription de l'enregistrement p. 211.

GRAMMAIRE > la comparaison (3) : l'équivalence

Cahier d'activités unité 11

ÉCHAUFFEMENT

1 Observez les phrases. Quels mots expriment l'équivalence ?

a | Les arbres ont la même forme, la même taille.
b | Cette forêt est aussi grande que douze terrains de football !
c | Le lac a le même âge que ta maman.
d | L'eau est aussi claire qu'un miroir.

FONCTIONNEMENT

La comparaison : l'équivalence

Pour comparer deux éléments qui se ressemblent ou qui sont équivalents, on utilise : ***le / la / les même(s)*** + nom ou ***aussi*** + adjectif + ***que***.
Exemple : *Mon jardin est **aussi** grand **que** ce champ. Il a **la même** superficie.*
REMARQUE : *Les arbres sont **pareils**. (=) Les arbres sont **différents**. (≠)*

ENTRAÎNEMENT

2 Complétez les phrases avec *le, la, le(s) même(s), pareil(s), pareille(s), aussi... que.*

a | Ils se ressemblent : ils ont ..... yeux.
b | Nos maisons sont ..... : deux chambres, une cuisine et un jardin.
c | Ils vont dans ..... camping.
d | Son jardin est ..... grand ..... notre maison !

PRODUCTION ÉCRITE

3 Regardez autour de vous : comparez les objets qui se ressemblent.

Exemple : *L'immeuble en face est aussi grand que l'immeuble au bout de la rue.*

VOCABULAIRE > la nature

Les lieux

la campagne/la mer/ la montagne
le champ
le chemin
la forêt
le lac
le parc
la plage
la rivière
le ruisseau

Les professions

l'agriculteur, l'agricultrice
le berger, la bergère
l'éleveur, l'éleveuse
le maraîcher, la maraîchère

1 Associez une profession à une photo.

a 

b 

c 

Les loisirs de plein air

la baignade, se baigner
le camping, camper
l'escalade *(f.)*
faire de la randonnée
faire du cheval
faire du vélo
jouer au foot
le kayak
la pêche, pêcher
le pique-nique, pique-niquer
le ski
la voile

PRODUCTION ORALE

2 Quelles sont vos activités de plein air préférées ?

Les arbres, les fleurs

la marguerite
le marronnier
le peuplier
la rose
la tulipe

Les animaux

le chat, la chatte
le cheval
la chèvre
le chien, la chienne
le lapin
le mouton
l'oiseau *(m.)*
la poule
la vache

Le jardinage

arroser
cueillir
la graine
le jardinier, la jardinière
planter
le potager
récolter

3 Décrivez ce que vous voyez.

PHONÉTIQUE L'enchaînement vocalique

Cahier unité 11 d'activités

ÉCHAUFFEMENT

1 a Écoutez et observez les phrases. Ensuite, repérez les groupes de mots composés ainsi : mot qui finit par une voyelle prononcée + mot qui commence par une voyelle prononcée. cd 119

Exemple : *j'**ai** **e**u*

a | Quand j'ai eu 35 ans, j'ai déménagé à la campagne.
b | Je me suis installé ici.
c | Je loue un appartement.
d | Nous vivons à Albi.

b Écoutez les groupes de mots repérés dans l'activité 1a. Il y a combien de syllabes dans chaque groupe ? Est-ce que vous entendez une pause entre les deux mots ? cd 120

FONCTIONNEMENT

2 Choisissez la bonne réponse.

Quand un mot finit par une voyelle prononcée et que le mot suivant commence par une voyelle, les deux voyelles qui se suivent forment deux syllabes prononcées.
a | Il y a une pause
b | Il n'y a pas de pause entre ces deux syllabes.

C'est **l'enchaînement vocalique**.
Exemples : *j'ai_eu, à_Albi*

REMARQUE
On ne fait pas la liaison après un mot qui finit par *-in, -en, -an, -on* prononcés [ɛ̃], [ɑ̃] et [ɔ̃] et qui est suivi par un mot commençant par une voyelle : on fait un enchaînement vocalique. Exemple : *mon voisin_et moi*

ENTRAÎNEMENT

3 Écoutez et observez les phrases. Réécrivez-les avec les mots séparés. cd 121

a | Onfaitdesjeuxdesociétéàlamaison.
b | Jevoudraisvivreàlacampagneouàlamer.
c | Sesentirbienautravailestaussiimportantquedesesentirbienàlamaison.
d | Ellen'ajamaisvoyagéaussiloindesaville.

4 Vous écrivez une phrase avec un ou des enchaînement(s) vocalique(s) sans séparer les mots, votre voisin(e) la réécrit avec les mots séparés.

L'ESSENTIEL GRAMMAIRE/VOCABULAIRE

1 La comparaison. Complétez les phrases avec *plus de (… que), moins de (… que)*.

a | Dans ton village, il y a ..... habitants ..... dans mon village. (+)
b | Je passe ..... temps à faire les courses. (–)
c | Mes enfants font ..... jeux à l'extérieur ici. (+)
d | En France, il y a ..... plages ..... en Allemagne. (+)

2 Les articles contractés. Complétez les phrases avec l'article qui convient.

a | Le journal parle ..... village !
b | Il a parlé ..... fête avec ses amis.
c | Ils y sont allés cet été. Où ça ? ..... montagne !
d | Moi je vais souvent ..... parc !
e | Non, je ne parle pas ..... voisins.

3 La ville et la campagne. Ils habitent en ville ou à la campagne ?

a | « On a une grande maison avec un jardin. Mon mari travaille dans les champs. »
b | « Ici il n'y a pas beaucoup d'espaces naturels, seulement des petits parcs. »
c | « En 2001, je suis devenu fermier. »
d | « Ici, les gens passent beaucoup de temps dans les transports en commun, c'est stressant. »
e | « Le grand air, c'est super ! On est loin de la pollution ! »

4 Les loisirs de plein air. Complétez les phrases avec les mots : *camping, pêcher, pique-nique, randonnée, rivières, voile*.

a | Envie de dormir sous les étoiles ? Rendez-vous au ..... du Mistral !
b | Vous rêvez de ..... dans les ..... ou en mer ? Bienvenue au club « les amoureux des poissons ».
c | Il y a du soleil, un peu de vent ? C'est parti pour une super journée de ..... !
d | À la montagne, on fait de la ..... en été.
e | Le meilleur repas de la semaine, c'est le ..... au parc de Miribel !

ATELIERS

1 CRÉER UN CALENDRIER DU JARDINIER

Vous allez réaliser un calendrier des fruits et légumes.

Démarche

Formez des groupes de cinq.

1 Préparation

- Individuellement, vous faites une liste de vos 10 fruits et légumes préférés.
- Mettez vos listes en commun, puis cherchez des informations sur les fruits et légumes choisis : quand est-ce qu'on les plante, quand est-ce qu'on les récolte ?
Exemple : *Courgettes : plantation au printemps, récolte de mai à septembre.*

2 Réalisation

- Sur une feuille, vous réalisez votre calendrier. Tracez 4 colonnes pour le printemps, l'été, l'automne et l'hiver.
- Écrivez le nom des fruits et légumes dans les différentes colonnes, et leurs dates de plantation.
- Cherchez des photos pour illustrer le calendrier : dans des magazines, sur Internet…

3 Présentation

- Chaque groupe présente son calendrier à la classe et dit :
– les fruits et légumes qu'on peut manger aux différents moments de l'année ;
– les plats qu'on peut faire avec ces produits.
- Comparez les calendriers : quels fruits et légumes sont les plus cultivés ? Les moins cultivés ?

2 CRÉER UNE FICHE INTERACTIVE DE SORTIE « NATURE »

ATELIER TECH'

Vous allez préparer un programme de sortie « nature » pour le week-end.

Démarche

Formez des groupes de cinq.

1 Préparation

- En groupes, choisissez votre sortie « nature » : *une promenade dans un parc (naturel) ou une forêt, une journée à la plage, une randonnée à la montagne…*
- Cherchez un lieu et pensez aux activités que vous voulez faire (*faire un pique-nique, visiter un château, etc.*) ou ce que vous voulez voir (*une forêt, un lac, etc.*).
- Vous pouvez trouver des idées sur des sites comme www.parcs-naturels-regionaux.fr ; www.aev-iledefrance.fr… Explorez !

2 Réalisation

- Écrivez le programme de votre journée.
Exemple : ***1*** *Le matin, nous allons prendre la voiture pour aller au Parc naturel des Volcans d'Auvergne.*
2 *Nous allons faire une randonnée.*
- Cherchez des photos du lieu.
- Avec un logiciel comme *Powerpoint* ou *Prezi*, créez un diaporama pour présenter votre journée.

3 Présentation

- Devant la classe, vous montrez votre diaporama : vous dites où vous allez ce week-end, vous expliquez votre programme de la journée et vous dites pourquoi vous avez choisi ce lieu.

Des sites classés

Quels sont ces sites* inscrits au patrimoine mondial de l'UNESCO ?

a

b

c

d

e

f

1 La vallée des Baleines en Égypte
2 Les montagnes de calcaire du Mont Perdu (Pyrénées, France)
3 Les lagons de Nouvelle-Calédonie
4 Le centre historique d'Avignon (France)
5 Le lac de Chalain (Jura, France)
6 La ville de Sousse en Tunisie
7 Les palais royaux d'Abomey au Bénin
8 Le Parc national du Gros-Morne au Canada
9 La Grotte Chauvet-Pont-d'Arc (Ardèche, France)
10 Les vignobles de Saint-Émilion (France)

g

h

i

j

Au fait !

Les sites inscrits au ***patrimoine mondial*** **de l'UNESCO** (Convention de 1972) sont des biens culturels ou naturels qui sont protégés par les États signataires de la Convention pour leur valeur universelle exceptionnelle.

PATRIMONIO MUNDIAL · WORLD HERITAGE · PATRIMOINE MONDIAL ·

* Ces sites font partie d'une Liste de 1031 sites à travers le monde.

C'ÉTAIT BIEN ?

Objectifs

- Parler de ses difficultés
- Parler d'un projet
- Dire son accord ou son désaccord

Tu te débrouilles bien !

DOCUMENTS

A Club de langues

COMPRÉHENSION ÉCRITE

Entrée en matière

1 **Observez le document et les photos. À votre avis, que propose ce site ?**

1re lecture

2 **Qu'est-ce qu'une soirée polyglotte ?**

3 **Où et quand a lieu la soirée ? À qui elle s'adresse ?**

Au fait !

Un(e) ***polyglotte*** est une personne qui parle plusieurs langues.

2e lecture

4 **Qui organise la soirée ?**

5 **Vrai ou faux ?**

a | Les participants portent un badge avec leur nom et leur nationalité.

b | Si je suis américaine, je peux parler espagnol avec un garçon anglais.

c | L'entrée coûte 1,50 €.

d | Il y a plusieurs langues par table.

6 **Quel conseil le Polyglot Club donne aux participants ?**

Vocabulaire

7 **Complétez les phrases avec des mots du document.**

a | Il ne connaît pas très bien cette langue, il est .....

b | Avec mes parents, je parle ma .....

http://polyglotclub.com

POLYGLOT Club

SOIRÉE POLYGLOTTE

tous les mardis à 20 h
au Café DENFERT
58 bvd Saint-Jacques
75014 Paris
(Métro Denfert-Rochereau - lignes 4, 6, RER B)

Pratiquez toutes les langues !

Vous rêvez de pratiquer vos langues préférées avec des personnes du monde entier ? À la soirée polyglotte, il y a des conversations dans toutes les langues du monde !

Comment ça marche ? C'est très simple : à votre arrivée, nous vous donnons un badge avec votre prénom et les langues que vous parlez. Des drapeaux indiquent les langues parlées aux différentes tables. Toutes les langues sont les bienvenues. Vous vous installez, vous vous présentez aux autres personnes… et votre soirée multilingue commence !

Vous êtes débutant ? Courage, allez-y ! Les soirées polyglottes vous aident à progresser.

Entrée gratuite

Polyglot Club vous conseille de ne PAS parler votre langue maternelle avec un participant de même langue. Exemple : ne parlez pas français avec un Français si vous êtes français !

Participer

B Pratiquez ! (cd 122)

COMPRÉHENSION ORALE

« *Je veux parler, mais je suis bloqué !* »

Entrée en matière

1 **Observez la photo. Où sont ces personnes ?**

1re écoute

2 **De quoi parlent Maryam et Marco ?**

3 **Qui apprend le français ?**

2e écoute

4 **Classez les éléments dans le tableau.**

a | aller aux soirées polyglottes

b | comprendre à l'oral

c | écrire en français

d | lire en français

e | lire des magazines

f | prendre des cours de français

g | prendre la parole en classe

h | s'exprimer à l'oral

Les difficultés de Marco	Ses progrès	Ses stratégies pour apprendre le français
.....	.....	.....

5 **Qu'est-ce qu'on apprend sur Maryam à la fin du dialogue ?**

Vocabulaire

6 **Complétez les phrases avec les mots : *corrige, échange, exprime, progresse*.**

a | Si les étudiants font des erreurs, le professeur les .....
b | Tous les jours, j'améliore mon niveau de français : je .....
c | Je suis timide. En classe, je ne m'..... pas beaucoup.
d | Je participe à un ..... linguistique avec un ami chinois.

Pour parler de ses difficultés
- J'ai peur de prendre la parole.
- Je suis timide. Je suis bloqué(e).
- J'ai du mal à m'exprimer.
- J'ai des difficultés à/pour lire.

PRODUCTION ORALE >>> DELF

7 **Vous apprenez le français depuis quelques mois. Vous téléphonez à un ami français pour lui parler de votre apprentissage : vous parlez de vos progrès, vos difficultés, et vos stratégies.**

Pour encourager ou rassurer
- Courage ! Vas-y ! / Allez-y !
- Tu te débrouilles bien !
- Tu as un bon niveau.
- Ne t'inquiète pas, ça va aller !

GRAMMAIRE > les pronoms COD et COI (1re et 2e personnes)

Cahier unité 12 d'activités

ÉCHAUFFEMENT

1 **a** **Que remplacent les pronoms soulignés ? Choisissez la bonne réponse.**

Exemple : *Ça me plaît beaucoup.* → *moi* / **à moi**
a | Nous vous donnons un badge. → *vous* / *à vous*
b | Le professeur nous interroge. → *nous* / *à nous*
c | Ça te plaît ? → *toi* / *à toi*
d | Les gens m'écoutent et me corrigent. → *moi* / *à moi*

b **Classez les verbes des phrases dans le tableau.**

Construction directe	Construction avec à
.....	plaire *(plaire à quelqu'un)* .....

FONCTIONNEMENT

Les pronoms COD et COI (1re et 2e personnes)

- Les pronoms COD répondent à la question *Qui ?*
- Les pronoms COI répondent à la question *À qui ?*

Exemple : *Il **vous** encourage et il **me** parle de ses difficultés.*

COD/COI
me (m')
te (t')
nous
vous

Les pronoms COD et COI de 1re et 2e personne sont identiques.

ENTRAÎNEMENT

2 **Trouvez l'ordre des mots pour former des phrases.**

a | montre / nous / Le / professeur / une vidéo
b | m' / cours / beaucoup / intéresse / Ce
c | importante / Je / une chose / vous / vais / dire
d | a / Il / ses / difficultés / ? / t' / parlé / de

3 **Complétez les phrases avec un pronom COD ou COI de 1re ou 2e personne.**

a | Si je fais une erreur, le professeur ..... corrige.
b | Nous sommes 16 dans la classe, mais le professeur ..... invite tous à parler.
c | Antoine, je ..... ai envoyé un SMS ! Tu ne ..... as pas répondu !
d | Mes chers amis, je ..... téléphone pour ..... inviter à mon mariage !
e | Je ..... connais, mais j'ai oublié ton prénom.
f | Nous avons reçu une carte postale de Ben. Il ..... écrit de Thaïlande.

PRODUCTION ORALE

4 **À deux, préparez des questions sur vos manières d'apprendre, vos professeurs, vos activités… Utilisez les verbes : *aider, corriger, donner (des exercices), encourager, expliquer, montrer (des vidéos…), poser (des questions)…***

Exemple : – *Est-ce que le professeur vous corrige ?*
– *Oui, il nous corrige à l'oral et il écrit la phrase au tableau.*

DOCUMENTS

C Des stars francophiles

COMPRÉHENSION ÉCRITE

Entrée en matière

1 Vous connaissez ces stars ? À votre avis, quel est leur point commun ?

1re lecture

2 Quel est le sujet de l'article ?

Cinq célébrités et :

a | leur langue maternelle.
b | leur amour de la cuisine française.
c | leur connaissance du français.

2e lecture

3 Quelle est leur profession ?

4 Qui :

a | a vécu avec des Français ?
b | a longtemps étudié le français ?
c | a un peu oublié le français ?
d | n'aime pas parler français en public ?
e | habite de temps de temps à Paris ?

Ces célébrités peuvent s'exprimer en français !

Justin Bieber, chanteur canadien, a étudié le français il y a dix ans, mais il a des difficultés à s'exprimer en français aujourd'hui.

Pendant ses études universitaires, l'acteur **Bradley Cooper** est venu en France avec un programme d'échange et il a vécu dans une famille d'accueil pendant six mois à Aix-en-Provence. Maintenant, quand il vient en France, il répond aux interviews en français.

Johnny Depp, acteur américain, a longtemps été le compagnon de la chanteuse et actrice française Vanessa Paradis. Il a vécu en France de 1998 à 2012 avec sa famille : il a donc appris un peu de français, mais il ne le parle pas en public. Il est très gêné par son accent !

L'actrice britannique **Emma Thompson** a suivi des cours de français pendant des années. Elle s'exprime très bien dans cette langue.

Serena Williams est une joueuse de tennis américaine. Elle voyage souvent en France pour ses compétitions, et elle a acheté un appartement à Paris en 2007. Elle parle assez bien français.

GRAMMAIRE > les indicateurs de temps (rappel)

Cahier d'activités unité 12

ÉCHAUFFEMENT

1 Observez les phrases. Relevez les indicateurs de temps. Ils indiquent un moment ? une durée ?

a | Il a étudié le français il y a dix ans.
b | Pendant ses études universitaires, il est allé en France.
c | Il a longtemps été le compagnon de Vanessa Paradis.
d | Il a vécu en France de 1998 à 2012.
e | Elle a acheté un appartement à Paris en 2007.

FONCTIONNEMENT

Les indicateurs de temps et de durée

Moment précis *(Quand ?)*		
Passé	**Présent**	**Futur**
– en + *mois, année* – il y a… – hier, le mois dernier	– aujourd'hui – maintenant	– en + *mois, année* – dans… – demain, la semaine prochaine
Durée *(Combien de temps ?)*		
de… à… ; pendant… ; longtemps		

ENTRAÎNEMENT

2 Choisissez l'indicateur de temps correct.

a | Elle a été professeure *à/de* 2007 *à/en* 2009.
b | J'ai appris le turc *dans/il y a* cinq ans.
c | Hier, j'ai dormi *il y a/pendant* trois heures.
d | Mon cours commence *en/dans* quinze minutes.
e | *Dans/En* janvier 2013, il s'est installé à Delhi.

PRODUCTION ÉCRITE

3 Choisissez une célébrité de votre pays qui parle une langue étrangère. Vous la présentez : imaginez quand, comment et combien de temps elle a étudié cette langue.

VOCABULAIRE > la pratique d'une langue étrangère

Parler une langue

l'accent *(m.)*
apprendre/étudier une langue
la communication, communiquer
la compréhension (orale, écrite)
être polyglotte
l'expression *(f.)*, s'exprimer
la langue maternelle
le niveau de langue
prendre la parole
prendre/suivre des cours
progresser/s'améliorer

Les stratégies

la conversation
corriger
l'échange linguistique *(m.)*
faire un séjour en France, dans un pays francophone
la famille d'accueil
la lecture
lire (des livres, des magazines…)
pratiquer
le programme d'échange
la soirée polyglotte
regarder un film en version originale

PRODUCTION ORALE

1 À votre avis, quelles stratégies sont utiles ? peu utiles ?

2 Quelles sont leurs stratégies pour apprendre le français ?

DOCUMENTS

D Ana, Francesco, Adriana et Noé (épisode 2)

dvd 12

COMPRÉHENSION AUDIOVISUELLE

Entrée en matière

1 Vous reconnaissez ces personnes ?

1er visionnage

2 Ils parlent de quels sujets ?

2e visionnage (du début à 0'47")

3 Associez.

a | Adriana	1 | a appris le français pour le plaisir.
b | Ana	2 | a commencé le français à 16 ans.
c | Francesco	3 | étudie la médecine en France.
d | Noé	4 | a vécu à Lyon.

3e visionnage (0'48" à 2')

4 Vrai ou faux ?

a | Les pronoms *en* et *y* n'existent pas en espagnol.
b | Noé trouve les voyelles difficiles à prononcer.
c | Les Français aiment beaucoup l'accent d'Ana.

d | *Ciao* a le même sens en français et en italien.
e | Adriana pense que les Français passent beaucoup de temps à manger.

5 Quelle expression Adriana et Ana utilisent pour dire *très longtemps* ?

4e visionnage (2'01 à la fin)

6 Complétez les conseils.

a | « ..... vos livres préférés en français. »
b | « N'ayez pas peur ! Allez-y, ... en français ! »
c | « Demandez à vos amis de vous ..... ! »
d | « ..... beaucoup de temps avec des Français ! »

PRODUCTION ORALE

7 À vous ! Répondez aux trois questions posées dans la vidéo.

PHONÉTIQUE Les sons [j]/[w]/[ɥ]

Cahier d'activités unité 12

ÉCHAUFFEMENT

1 a Écoutez et observez les mots. cd 123

a | hier b | oui c | nuit

b Écoutez. Dans quelles paires les (groupes de) mots sont identiques ? Dans quelles paires les (groupes de) mots sont différents ? cd 124

c Écoutez. Vous entendez le son [j] dans quels mots ? et le son [w] ? et le son [ɥ] ? cd 125

[j]	[w]	[ɥ]
.....	.....	.....

FONCTIONNEMENT

2 Complétez avec des exemples de l'activité 1c à l'aide de la transcription p. 211.

• Le son [j] peut s'écrire :

***i* + voyelle**	bien, ...
voyelle + *y* + voyelle	envoyé
-ill	fille, ...
voyelle + *-il* à la fin d'un mot	accueil
enchaînement avec le pronom *y*	il y a

Attention à *ville* [vil], *mille* [mil] et *tranquille* [tʀɑ̃kil].

• Le son [w] peut s'écrire :

oi [wa]	*ou* + voyelle	*oin* [wɛ̃]
.....	.....	.....

Le son [w] s'écrit parfois : *qu* + voyelle (*É**qua**teur*) et *gu* + voyelle (*lin**gui**stique*).

• Le son [ɥ] s'écrit : *u* + voyelle (souvent *u* + *i*, exemples : *aujourd'h**ui***, ...).

ENTRAÎNEMENT

3 Écoutez et répétez les phrases. cd 126

4 À trois, complétez le tableau. Trouvez trois mots par colonne avec les sons [j], [w] et [ɥ]. Quand vous avez fini, dites « Stop ! » et comptez vos points.

Animal	Objet	Pays/Ville	Profession
.....	.....	.....	.....

CIVILISATION

E Les Français en chanson !

cd 127

Aux yeux du monde, je suis curieux,
Je mange des grenouilles, des escargots.
La gastronomie, c'est sérieux !
Je n'ai pas un appétit d'oiseau.

Refrain
C'est super, je suis Français,
Je vis dans un très beau pays,
Oui chez moi, tout est parfait !
Je suis chauvin ? D'accord ! Tant pis !

Je suis toujours très élégant,
C'est bien pour jouer les romantiques.
Mon béret me donne l'air charmant,
De la tête aux pieds, je suis chic.

Refrain

Avec mes amis Québécois,
Belges, Suisses ou Sénégalais,
Et tous les francophones autour de moi,
On adore chanter en français !

Je suis râleur, c'est mon passe-temps,
On me dit paresseux aussi.
Je fais la grève assez souvent,
Du lundi jusqu'au vendredi !

Refrain

COMPRÉHENSION ORALE

Entrée en matière

1 **À votre avis, de quoi parle cette chanson ?**

1re écoute

2 **Dans cette chanson :**
a | un chanteur français se présente.
b | un chanteur parle de ses amis français.
c | un chanteur parle de l'apprentissage des langues.

3 **Dans quel ordre ces sujets sont abordés ?**
a | le caractère du chanteur et la grève
b | l'élégance et le romantisme
c | la francophonie
d | la nourriture

2e écoute (lignes 1 à 12)

4 **Est-ce que la cuisine est importante pour le chanteur ? Qu'est-ce qu'il mange ?**

3e écoute (lignes 13 à 20)

5 **Vrai ou faux ? Le chanteur pense qu'il s'habille bien, avec goût.**

6 **Dans le couplet 3, quelles nationalités sont citées ? Quel est leur point commun ?**

7 **Dans le couplet 4, relevez deux défauts du chanteur et une pratique dans le monde du travail.**

Vocabulaire

8 ***Avoir un appétit d'oiseau,* c'est manger :**
a | beaucoup. b | peu. c | des graines.

9 ***Être chauvin,* c'est :**
a | avoir un amour exagéré pour son pays.
b | être trop gourmand.
c | ne pas avoir de cheveux.

PRODUCTION ORALE

10 **À votre avis, est-ce que le chanteur est sérieux ou est-ce qu'il se moque ?**

11 **Pour vous, quels clichés sur les Français sont vrais dans cette chanson ? Quels clichés sont faux ?**

12 **La gastronomie, la mode… sont des symboles de la France. Quels symboles représentent votre pays ou votre région ? Présentez deux symboles à la classe.**

F Les prévisions de la semaine

HOROSCOPE Semaine du 13 au 19 juin 2016

Bélier

20 mars-20 avril
La semaine dernière a été difficile, mais la chance va revenir cette semaine.

Taureau

20 avril-20 mai
C'est bientôt l'été, partez en voyage ! Vous allez faire des rencontres.

Gémeaux

21 mai-21 juin
Vous êtes en pleine forme, mais vous vous sentez seul. Invitez des amis !

Cancer

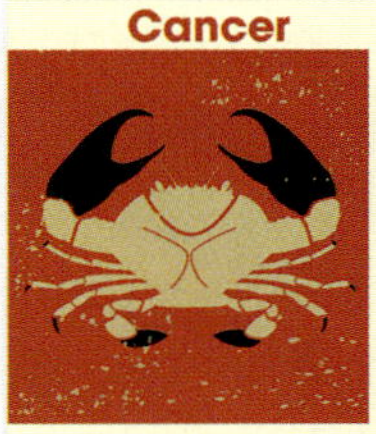

21 juin-22 juillet
Vous avez un projet professionnel sérieux. Vous devez le réaliser.

Lion

22 juillet-23 août
Vous avez oublié vos amis ! Il faut les appeler. Attention : vous allez faire une grosse dépense.

Vierge

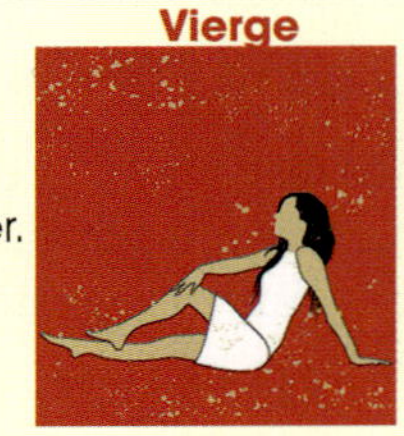

23 août-23 septembre
La semaine dernière, vous avez bien profité de votre temps libre. Maintenant, au travail !

Balance

23 septembre-23 octobre
Au travail, vous êtes dans une situation compliquée. Trouvez une solution ! Attention, ne mangez pas trop.

Scorpion

23 octobre-22 novembre
Vous voulez passer un examen ? Attendez un peu ! Ce n'est pas le bon moment. Offrez un cadeau à votre mari/femme.

Sagittaire

22 novembre-21 décembre
La chance est avec vous cette semaine. Vous allez vivre une rencontre amoureuse surprenante et vous allez gagner de l'argent.

Capricorne

21 décembre-20 janvier
Une personne chère vous manque. Vous êtes fatigué(e) : vous avez fait trop de sport.

Verseau

20 janvier-19 février
Vos proches vont vous offrir de bons moments. Au travail, vous allez passer une semaine agréable.

Poissons

19 février-20 mars
Votre semaine de travail va être chargée. Pour vos loisirs, choisissez une activité originale : un nouveau sport, par exemple.

COMPRÉHENSION ÉCRITE

Entrée en matière

1 Où est-ce qu'on trouve ce type de document ?

2 Quel est votre signe astrologique ?

1re lecture

3 Que dit ce document ?

a | Il donne des informations sur le futur et des conseils.
b | Il décrit les problèmes du monde.
c | Il propose des destinations de voyage.

4 Quels thèmes ne se trouvent pas dans l'horoscope ?

a | l'argent
b | le logement
c | la musique et le cinéma
d | les relations amicales et amoureuses
e | le temps libre
f | la vie professionnelle

2e lecture

5 Complétez les phrases avec les signes : *Balance, Bélier, Capricorne, Verseau, Vierge.*

a | Les ..... et les ..... vont passer une bonne semaine.
b | Les ..... et les ..... ne vont pas très bien.
c | Les ..... doivent reprendre le travail.

6 Trouvez le signe de ces personnes.

a | « Je vais payer quelque chose de cher. »
b | « Je vais avoir beaucoup de choses à faire au bureau. »
c | « J'ai besoin de voir des gens. »
d | « Une personne que j'aime est absente : je suis un peu triste. »
e | « J'ai un bon projet à proposer à mon travail. »

Vocabulaire

7 Associez les synonymes.

a | compliqué
b | sérieux
c | surprenant

1 | difficile
2 | étonnant
3 | raisonnable

G Quels sont vos projets ? cd 128

« *Tu veux connaître ton futur ?* »

COMPRÉHENSION ORALE

1re écoute

1 **De quoi parlent Claudio et Hani ?**

2 **Que lit Claudio ?**

2e écoute

3 **Quel est le signe astrologique de Claudio et celui d'Hani ?**

4 **Qui croit aux horoscopes ? Qui n'y croit pas ?**

5 **Quels sont leurs projets après les cours de français ?**

PRODUCTION ORALE

6 **Et vous, qu'est-ce que vous pensez des horoscopes ? Vous êtes d'accord avec Claudio ou avec Hani ?**

Pour parler d'un projet

- J'ai un projet de vacances.
- Je vais passer le DELF dans trois jours.
- Je compte/Je pense voyager.

Pour dire son accord ou son désaccord

- C'est vrai. Tu as raison.
- Je suis d'accord (avec vous).
- C'est faux.
- Mais non, pas du tout !
- Je ne suis pas d'accord.

GRAMMAIRE > les temps (rappel)

Cahier d'activités unité 12

ÉCHAUFFEMENT

1 **Observez les phrases. À quels temps sont les verbes ? Dites s'ils expriment une action passée, un conseil, une situation présente ou un moment futur.**

a | Une personne chère vous manque.
b | Invitez des amis !
c | Je passe le DELF dans trois jours.
d | Tu as préparé l'examen ?
e | Vous allez faire des rencontres.

FONCTIONNEMENT

Les temps

2 **Complétez la règle avec *impératif* et *présent*.**

- Le **passé composé** permet de parler d'une action ou d'un **moment passé** : *Vous **avez fait** trop de sport.*
- Le ….. permet de parler d'une action ou d'une **situation présente** (au moment où on parle/écrit) : *Vous **vous sentez** seul.*

On utilise aussi ce temps pour parler d'un **moment proche** dans le futur : ***C'est** bientôt l'été.*

- L'….. permet de donner des **conseils** ou des **instructions** : ***Partez** en vacances !*
- Le **futur proche** permet de parler d'un projet, d'un événement ou d'une **situation future** : *Votre semaine **va être** chargée.*

ENTRAÎNEMENT

3 **Conjuguez les verbes aux bons temps.**

a | L'avion *(décoller)* ….. dans une minute.
b | Aujourd'hui, c'*(être)* ….. dimanche. Je *(être)* ….. très fatigué, je *(avoir)* ….. une semaine très chargée.
c | Tu *(être)* ….. en retard, *(monter)* ….. dans la voiture !

PRODUCTION ÉCRITE >>> DELF

4 **Dans votre journal, vous racontez ce que vous avez fait cette semaine, ce que vous faites en ce moment, comment vous vous sentez… Vous terminez par vos projets. *(40 à 50 mots)***

DOCUMENTS « *Tu lis quels magazines ?* »

H La presse, ça m'intéresse !

cd 129

COMPRÉHENSION ORALE

Entrée en matière

1 Observez les couvertures. Vous avez envie de lire quels magazines ?

1re écoute

2 Quel est le sujet de conversation de Pierre et Victoria ?

3 Est-ce que Victoria habite seule ?

2e écoute

4 Lilian, Pierre, Victoria et Zoey lisent quels magazines ? Pourquoi ?

Vocabulaire

5 Associez les définitions et les mots.

a | un article
b | un kiosque
c | une rubrique

1 | un lieu pour acheter des journaux
2 | un texte dans un journal
3 | une partie d'un journal sur un thème

PRODUCTION ORALE

6 Et vous, quels types de magazines vous intéressent ?

Pour exprimer son intérêt

- Vraiment ? C'est vrai ?
- Intéressant ! / Je trouve ça intéressant.
- La rubrique « Cuisine » m'intéresse.

GRAMMAIRE > les pronoms compléments (rappel)

Cahier d'activités unité 12

ÉCHAUFFEMENT

1 Observez les phrases. Trouvez les pronoms COD et COI. Ils se construisent avec quels verbes ?

a | La rubrique « Cuisine » m'intéresse.
b | Je la lis pour les recettes.
c | Il leur parle de foot pour apprendre à les connaître.
d | *Les Inrocks*, ça me plaît bien.
e | Le vendeur vous adore.

FONCTIONNEMENT

Les pronoms compléments

COD	COI
me / m'	me / m'
te / t'	te / t'
le / la / l'	lui
nous	nous
vous	vous
les	leur

- Verbes à construction **directe** (+ COD) : *aimer, appeler, écouter, lire, voir* ***quelque chose***.
- Verbes à construction **indirecte** (+ COI) : *parler, plaire, répondre, téléphoner* ***à quelqu'un***.
- Verbes à double construction (COD + COI) : *demander, dire, donner, écrire, offrir* ***quelque chose à quelqu'un*** (Exemple : *Je* ***leur*** *offre* ***un magazine***.)

ENTRAÎNEMENT

2 Complétez avec un pronom COD ou COI.

a | Cette journaliste, nous ..... voyons à la télévision tous les soirs.
b | Je n'ai pas vu Matthieu, je vais ..... téléphoner.
c | Le professeur ..... a demandé mon devoir, mais je ..... ai oublié.
d | Mes amis, si je réussis le DELF, je ..... invite !
e | Nos amis ..... ont offert un DVD en français.

PRODUCTION ÉCRITE

3 Vous écrivez à votre magazine préféré. Vous dites où et quand vous le lisez, quelles rubriques vous plaisent et pourquoi. Utilisez des pronoms compléments.

VOCABULAIRE > la presse

l'actualité *(f.)*
l'article *(m.)*
l'horoscope *(m.)*
le journal
le kiosque à journaux
le magazine

le magazine culturel
le magazine d'actualité
le magazine féminin
le magazine sportif
le numéro (de + *nom du journal*)

la rubrique cinéma
cuisine
littérature
musique
politique
société
le vendeur de journaux

1 Avec les mots de la liste, complétez les phrases puis la grille.

a | Bonjour, vous avez le dernier ….. de *Jardin facile* ?
b | Tous les matins, j'achète le …..
c | Il est allé acheter son magazine préféré au ….. à journaux.
d | La première page des journaux parle des sujets d'….. : politique, économie…

1 | Quand je reçois *Les Inrocks*, je lis d'abord les articles sur le cinéma : c'est ma ….. préférée.
2 | Les magazines ….. intéressent aussi les hommes !
3 | Je suis journaliste sportif, je dois écrire un ….. sur le match de football d'hier.

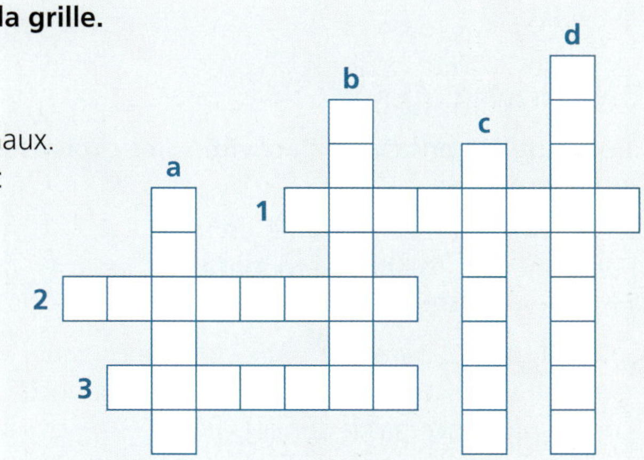

2 Associez les phrases aux personnages.

1 | Cherche la page des critiques de film !
2 | S'il vous plaît, monsieur, vous avez le numéro de *Géo* sur la Chine ?
3 | Bon, pour toi, c'est *Le Journal des enfants* et pour maman, c'est *Elle*, c'est ça ? »
4 | Bonjour, je cherche un magazine sportif, qu'est-ce que vous avez ?
5 | Mon horoscope de la semaine est vraiment pessimiste !
6 | Zut, où est la rubrique « Économie » dans ce journal ?

PHONÉTIQUE e prononcé, e non prononcé

Cahier d'activités unité 12

ÉCHAUFFEMENT

1 a Écoutez et observez la phrase. Quels *e* sont prononcés ? Quels *e* ne sont pas prononcés ? cd 130

Samedi, j'ai lu un magazine surprenant.

b Écoutez et observez les phrases. Quels *e* soulignés se prononcent ? Quels *e* soulignés ne se prononcent pas ? cd 131

a | Je regarde un film en langue française.
b | Vendredi, j'invite mes amis du programme d'échange.
c | Ma petite sœur habite en Allemagne.
d | Les étrangers aiment acheter du pain à la boulangerie.

FONCTIONNEMENT

2 Réécoutez la phrase de l'activité 1a et choisissez la bonne réponse.

• En général, le *e* écrit à la fin d'un mot
a | se prononce **b** | ne se prononce pas.
Exemple : *magazine.*

• Souvent, quand il y a une seule consonne avant le e et une seule consonne après, **a** | on prononce **b** | on ne prononce pas le son [e].
Exemple : *samedi.*

• Normalement, quand il y a deux consonnes avant le *e*, **a** | on prononce **b** | on ne prononce pas le son [ə].
Exemples : *surprenant.*

Au fait !

Vous connaissez le roman *La Disparition* de Georges Perec ? Dans ce récit, l'auteur a supprimé tous les *e* !

ENTRAÎNEMENT

3 Écoutez et répétez les phrases. cd 132

4 À deux, vous écrivez une liste de mots avec des *e* prononcés et des *e* non prononcés. Puis, imaginez un dialogue avec ces mots.

L'ESSENTIEL GRAMMAIRE/VOCABULAIRE

1 Les indicateurs de temps. Complétez le dialogue avec : *dans, de... à, en, il y a, pendant*.

– J'ai vécu à Barcelone ….. quinze ans, ….. 1996 ….. 2011.
– ….. juin 2011, je suis parti en Australie. Je suis revenu en France ….. trois mois.
– Mais le mois dernier, j'ai trouvé un travail à New York. Je pars ….. deux semaines !

2 Les pronoms compléments COD et COI. Répondez aux questions : utilisez les éléments proposés et un pronom complément.

Exemple : *Tu m'appelles à quelle heure ? (téléphoner à vingt heures)* → *Je* ***te*** *téléphone à vingt heures.*

a | Tu offres un cadeau à ta femme pour la Saint-Valentin ?
(non/inviter au restaurant)
b | Le professeur vous interroge souvent ?
(oui/poser des questions)
c | Vous m'avez écrit une lettre ?
(non/un mail)
d | Qu'est-ce que tu as dit à tes parents ?
(expliquer le problème)

3 La langue étrangère. Choisissez le bon mot.

a | Elle a passé un an au Chili. Elle a un très bon *niveau/programme/voyage* d'espagnol.
b | Le cours commence : le professeur *améliore/corrige/prend* la parole.
c | Ses parents sont américains. L'anglais est sa langue *d'accueil/étrangère/maternelle*.
d | J'ai donné une mauvaise réponse : mon voisin m'a *corrigé/exprimé/interrogé*.

4 La presse. Associez les éléments pour former des expressions.

a | l'actualité
b | l'horoscope
c | un kiosque
d | le numéro
e | un vendeur

1 | 1 000 des *Inrocks*
2 | des Gémeaux
3 | à journaux
4 | de journaux
5 | politique de la semaine

ATELIERS

1 CRÉER L'HOROSCOPE DE LA CLASSE

Vous allez écrire un horoscope pour la classe.

Démarche

Formez des groupes de trois ou quatre.

1 Préparation

- En groupe classe, imaginez des signes astrologiques à partir d'un thème : *animaux, plantes, aliments*, etc.
- Faites une liste des thèmes qu'on trouve dans les horoscopes : *les amis, la santé, le travail…*
- Chaque groupe choisit deux signes.

2 Réalisation

- Pour chaque signe, rappelez-vous ou imaginez : *ce qui s'est passé cette semaine, la situation présente, les prévisions pour les jours prochains, les conseils à donner.*
- Écrivez un texte avec des phrases au passé, au présent, au futur et à l'impératif.

Exemple : *Vous n'avez pas été en forme la semaine dernière, mais vous avez repris des forces ! Cette semaine, vous allez avoir de la chance… Jouez au loto !*

3 Présentation

- Chaque groupe lit ses textes devant la classe.
- Rassemblez tous les signes et affichez l'horoscope sur un mur de la classe.

2 RÉALISER UN KIOSQUE À JOURNAUX NUMÉRIQUE

ATELIER TECH'

Vous allez imaginer des titres de journaux et les proposer dans un kiosque en ligne.

Démarche

Formez des groupes de quatre.

1 Préparation

- Décidez quel(s) type(s) de journaux et magazines vous allez présenter dans votre kiosque : *d'actualité ? culturels ? de voyage ? féminins ?*
- Cherchez différents journaux sur Internet pour vous inspirer.
- Chaque groupe choisit son type de magazine.

2 Réalisation

Créez une couverture pour votre magazine :
– imaginez un titre (exemple : *Musique Mag, Foot !, Le Monde des fleurs…*) ;
– choisissez une photo et un titre pour l'article principal ;
– proposez quelques rubriques.

3 Présentation

- Chaque groupe présente son magazine ou son journal devant la classe.
- Regroupez les magazines sur un site ou un réseau social de votre choix : votre kiosque numérique est disponible en ligne !

Préparation au DELF A1 Production orale

Entraînez-vous au DIALOGUE SIMULÉ *12 points*

Pour vous aider, consultez les stratégies présentées page 158.

Chez le marchand de journaux

Vous êtes en France. Un ami français vous donne 20 euros et vous demande de lui acheter des journaux et des magazines. Il aime le cinéma et l'économie.
Vous allez chez le marchand de journaux. Vous vous renseignez sur les journaux et les magazines, sur leur prix, vous choisissez et vous payez.

Diplôme d'études en langue française DELF A1

Niveau A1 du Cadre européen commun de référence pour les langues

NATURE DES ÉPREUVES	DURÉE	NOTE SUR
1. Compréhension de l'oral Réponse à des questionnaires de compréhension portant sur trois ou quatre très courts documents enregistrés ayant trait à des situations de la vie quotidienne (deux écoutes). *Durée maximale des documents : 3 minutes*	**20 minutes environ**	**/ 25**
2. Compréhension des écrits Réponse à des questionnaires de compréhension portant sur quatre ou cinq documents écrits ayant trait à des situations de la vie quotidienne.	**30 minutes**	**/ 25**
3. Production écrite *Épreuve en deux parties :* • compléter une fiche, un formulaire ; • rédiger des phrases simples (cartes postales, messages, légendes...) sur des sujets de la vie quotidienne.	**30 minutes**	**/ 25**
4. Production orale *Épreuve en trois parties :* • entretien dirigé ; • échange d'informations ; • dialogue simulé.	**5 à 7 minutes** *Préparation : 10 minutes*	**/ 25**
	Note totale :	**/100**

Seuil de réussite pour obtenir le diplôme : 50 /100
Note minimale requise par épreuve : 5 / 25
Durée totale des épreuves collectives : 1 heure 20 minutes

1 Compréhension de l'oral (25 points)

Répondez aux questions en cochant (❑) la bonne réponse ou en écrivant l'information demandée.

cd 133 EXERCICE 1 *4 points*

Vous allez entendre 2 fois un document. Il y a 30 secondes de pause entre les 2 écoutes puis vous avez 30 secondes pour vérifier vos réponses. Lisez les questions.

Vous entendez ce message sur votre répondeur. Répondez aux questions.

1 Anne va aller... *(1 point)*

❑ à la piscine.
❑ au marché.
❑ à l'université.

2 Quel jour est-ce qu'elle vous propose de venir avec elle ? *(1 point)*

....

3 À quelle heure Anne vous donne rendez-vous ? *(1 point)*

....

4 Anne vous propose aussi... *(1 point)*

❑ d'aller au cinéma.
❑ de venir manger chez elle.
❑ de prendre un café.

cd 134 EXERCICE 2 *5 points*

Vous allez entendre 2 fois un document. Il y a 30 secondes de pause entre les 2 écoutes puis vous avez 30 secondes pour vérifier vos réponses. Lisez les questions.

Vous êtes au supermarché en France. Vous entendez cette annonce. Répondez aux questions.

1 D'après l'annonce, il y a une promotion au rayon... *(1 point)*

❑ fromages.
❑ fruits et légumes.
❑ boulangerie.

2 Combien coûte le camembert ? *(1 point)*

....

3 Il y a aussi des promotions sur... *(1 point)*

❑ le lait cru.
❑ les fromages de chèvre.
❑ les fromages de brebis.

4 Qui peut vous conseiller ? *(1 point)*

....

5 Ces offres sont valables jusqu'à... *(1 point)*

❑ 12 h.
❑ 12 h 30.
❑ 0 h.

cd 135 EXERCICE 3 *6 points*

Vous allez entendre 2 fois un document. Il y a 30 secondes de pause entre les 2 écoutes puis vous avez 30 secondes pour vérifier vos réponses. Lisez les questions.

Vous entendez ce message sur votre répondeur. Répondez aux questions.

1 Monsieur Moreau travaille… *(1 point)*

❑ en Autriche.
❑ dans une agence de voyage.
❑ à l'aéroport.

2 Il vous propose 2 places pour… *(1 point)*

❑ un opéra.
❑ un concert.
❑ un match de basket.

3 Cet événement se passe… *(1 point)*

❑ à Strasbourg.
❑ à Sarrebourg.
❑ à Salzbourg.

4 À quel numéro de téléphone vous devez rappeler ? *(2 points)*

....

5 Vous pouvez rappeler jusqu'à… *(1 point)*

❑ 16 h.
❑ 17 h.
❑ 18 h.

DELF A1

cd 136 EXERCICE 4 *10 points*

Vous allez entendre 5 petits dialogues correspondant à 5 situations différentes. Il y a 15 secondes de pause après chaque dialogue. Puis vous allez entendre à nouveau les dialogues : vous pouvez compléter vos réponses.

Regardez les images. Notez, sous chaque image, le numéro du dialogue qui correspond. Attention, il y a 6 images et seulement 5 dialogues.

A	B	C

Situation n° …	Situation n° …	Situation n° …
D	**E**	**F**

Situation n° …	Situation n° …	Situation n° …

2 Compréhension des écrits (25 points)

Répondez aux questions en cochant (❏) la bonne réponse ou en écrivant l'information demandée.

EXERCICE 1 ***6 points***

Vous allez chez des amis en France. Vous arrivez chez eux mais il n'y a personne. Vous trouvez ce mot sur la porte de la maison.

Bonjour Lenie ! 16 h

Jean n'est pas encore rentré du travail parce qu'il a une réunion importante. Il va arriver vers 19 h. Je ne peux pas rester car je dois aller chercher les enfants à l'école. Est-ce que tu pourrais aller à la boulangerie acheter une baguette et des pains au chocolat pour les enfants s'il te plaît ? Je n'ai pas le temps, je dois me dépêcher pour ne pas arriver en retard à l'école. La boulangerie se trouve rue des Pyroligneux, c'est juste derrière la maison, à côté de la pharmacie. Merci beaucoup. À tout à l'heure (vers 17 h).

Marguerite.

1 À quelle heure Marguerite écrit ce message ? *(1 point)*

❏ 16 h.
❏ 17 h.
❏ 19 h.

2 Où est Jean ? *(2 points)*

....

3 Marguerite n'est pas là parce qu'elle doit aller… *(1 point)*

❏ à une réunion.
❏ à l'école.
❏ à la pharmacie.

4 Vous devez acheter… *(1 point)*

❏  

❏  

❏   

5 Où est la boulangerie ? *(1 point)*

....

EXERCICE 2 *6 points*

Vous lisez le courriel d'un ami. Répondez aux questions.

De : Sylvie.DeWit@gmail.com

Objet : spectacle

Salut !
On va écouter Maurane, ma chanteuse préférée, en concert mercredi soir, n'oublie pas ! Je t'explique comment aller à la salle de concert.
Alors, comme tu habites rue Pierre Demours, c'est facile. Tu sors de chez toi, tu marches un peu et tu prends la rue Théodore de Banville sur ta gauche. Puis, tu prends la première rue à droite et ensuite la deuxième rue à gauche, rue des Renaudes. Tu descends cette rue et quand tu arrives boulevard de Courcelles, tu traverses et en face, tu prends la rue de la Néva. Tu descends cette rue et tu arrives rue du Faubourg-Saint-Honoré. La salle de concert est juste en face.
On se retrouve à 19 h 30 à l'entrée ? Si tu ne trouves pas ton chemin, téléphone-moi.
Bisous !
À demain ☺

1 Quel spectacle vous allez voir avec Sylvie ? *(1 point)*

....

2 Quel jour vous allez voir ce spectacle ? *(1 point)*

....

3 Vous habitez… *(1 point)*

❏ rue Demours.
❏ rue de la Néva.
❏ rue du Faubourg-Saint-Honoré.

4 À quelle heure vous avez rendez-vous avec Sylvie ? *(1 point)*

....

5 Dessinez sur le plan le trajet pour aller au rendez-vous. Marquez d'une croix (X) la salle de concert. *(2 points)*

DELF A1

EXERCICE 3 *6 points*

LUNDI	MARDI	MERCREDI	JEUDI	VENDREDI	SAMEDI	DIMANCHE
	8 h–9 h rendez-vous chez Docteur Longe	11 h téléphoner à Hélène (anniversaire)	9 h–12 h réunion avec la direction		10 h 30 café avec Anne 11 h 30 courses au marché	10 h–12 h yoga
			12 h 30–13 h course à pied	12 h 30–14 h déjeuner client avec M. Roux		
14 h rendez-vous client avec M. Brun						14 h cinéma avec Marc
19 h cours de chant	19 h courses au magasin bio	20 h exposition avec Catherine				

1 Quel jour est-ce que vous prenez un cours de chant ? *(1 point)*

....

2 Quel jour est-ce que vous avez un déjeuner professionnel avec un client ? *(2 points)*

....

3 Vous voyez Marc pour… *(1 point)*

❏ prendre un café.
❏ voir une exposition.
❏ aller voir un film.

4 Vous faites du sport combien de fois cette semaine ? *(1 point)*

....

5 Où est-ce que vous faites vos courses le mardi ? *(1 point)*

....

EXERCICE 4 *7 points*

Vous êtes en France. Vous trouvez ce prospectus dans votre boîte aux lettres.

Carnaval de Hem

Venez fêter le carnaval mercredi prochain !

Rendez-vous à partir de 15 h à la mairie. Vous pouvez venir avec vos déguisements ou louer un costume sur place pour 5 euros. Nous avons des costumes pour tous les goûts : roi, reine, clown, monstre, pirate, fée, superman, batman, docteur, infirmière, jardinier, cuisinier, joueur de football, etc. La parade dans la ville commence à 16 h et se termine à 17 h 30. À la fin de la journée, la mairie organise un buffet avec des crêpes, des gâteaux, des jus de fruit et du chocolat chaud. Au programme, il y a aussi de la musique, de la danse et des jeux. Toutes les personnes qui souhaitent participer à ce carnaval sont les bienvenues.

Pour s'inscrire : mairie-de-hem@orange.fr
Pour tout renseignement complémentaire, appelez le 03 20 58 99 31.

Répondez aux questions.

1 Dans quelle ville se passe cette fête de carnaval ? *(1 point)*

....

2 Pour le carnaval… *(2 points)*

❑ il faut acheter un costume à la mairie.
❑ on peut louer un costume à la mairie.
❑ on doit arriver à la mairie avec ses déguisements.

3 Qu'est-ce qui commence à 16 h et se termine à 17 h 30 ? *(1 point)*

....

4 Que propose la mairie à la fin de la journée ? *(1 point)*

❑ 

❑ 

❑ 

5 Si vous voulez vous inscrire à cette fête de carnaval, vous devez : *(2 points)*

❑ aller à la mairie à 15 h le jour de la fête.
❑ téléphoner.
❑ écrire un courriel à la mairie.

3 Production écrite (25 points)

EXERCICE 1 ***10 points***

Vous participez à un concours dans votre école de langue. Remplissez ce formulaire pour participer.
(1 point par réponse)

Gagnez un week-end à Avignon !

Nom : ....
Prénom : ....
Date de naissance : ....
Profession : ....
Adresse : ....
....

Adresse électronique : ....
Numéro de téléphone : ....
Depuis quand apprenez-vous le français ? ....
....
Date d'inscription : ....

Signature :

EXERCICE 2 *15 points*

Vous vivez en France. Vous venez de trouver un travail et vous voulez fêter ça. Vous écrivez un courriel à un ami pour l'inviter. Vous indiquez le jour, le lieu et l'heure de la fête. (40 mots minimum)

Objet : fête

4 Production orale (25 points)

L'épreuve se déroule en trois parties : un entretien dirigé, un échange d'informations et un dialogue simulé (ou jeu de rôle).
Elle dure de 5 à 7 minutes.
Vous disposez de 10 minutes de préparation pour les parties 2 et 3 (échange d'informations et dialogue simulé).

ENTRETIEN DIRIGÉ *1 minute environ*

Vous répondez aux questions de l'examinateur sur vous, votre famille, vos goûts ou vos activités (exemples : « Comment vous vous appelez ? » ; « Quelle est votre nationalité ? »...).

ÉCHANGE D'INFORMATIONS *2 minutes environ*

Vous posez des questions à l'examinateur à partir des mots écrits sur les cartes. Vous ne devez pas réutiliser uniquement le mot mais surtout l'idée.
Exemple : avec la carte « situation familiale », vous pouvez poser la question « Est-ce que vous avez des enfants ? ».

DIALOGUE SIMULÉ (ou jeu de rôle) *2 minutes environ*

- Vous jouez la situation proposée.
- Vous vous informez sur le prix des produits que vous voulez acheter ou commander. Vous demandez les quantités souhaitées. Pour payer, vous disposez de photos de pièces de monnaie et de billets.
- N'oubliez pas de saluer et d'utiliser des formules de politesse.
- Dans certains sujets, le genre masculin est utilisé pour alléger le texte. Vous pouvez naturellement adapter la situation en adoptant le genre féminin.

Sujet *Dans un magasin*

Vous vous installez en Suisse dans une nouvelle maison. Vous demandez le prix, vous choisissez des objets de décoration et des meubles. Vous payez.

PHONIE-GRAPHIE

Les voyelles et les semi-voyelles

[i]	ami, finir, mystère, île
[e]	il a parlé, chez
[ɛ]	progrès, carnet, fête, cher, je vendais
[a]	madame, là, pâtes, récemment
[y]	culture, sûr, j'ai eu
[ø]	feu, chanteuse, œufs
[œ]	menteur, cœur
[u]	nous, où, goût, août
[o]	chaud, beau, trop, rose, hôtel
[ɔ]	téléphone
[ɛ̃]	un, parfum, raisin, simple, pain, faim, peinture, italien, moyen, synthèse, sympa
[ɑ̃]	avant, chambre, vent, exemple
[ɔ̃]	macaron, pompier
[j]	travailler, soleil, crayon, miel
[ɥ]	lui, muet
[w]	moi, coin, citoyen, mouette

Les consonnes

[p]	pomme, appel
[b]	belle
[t]	tard, attendre
[d]	douze
[k]	kilo, car, classe, cinq, quitter
[g]	gare
[f]	facile
[v]	voiture
[s]	servir, piste, passer, leçon, cinéma, patient
[z]	valise, les_étudiants, zéro, deux_amis
[ʃ]	chat
[ʒ]	déjà, fromage
[m]	mère
[n]	nous
[l]	Italie, belle
[ʀ]	revoir, arriver
[ɲ]	ignorer

L'INTONATION

En français, l'intonation peut être montante (↗) ou descendante (↘).

A L'intonation permet de distinguer par exemple une phrase déclarative, d'une phrase interrogative ou exclamative. Très souvent, c'est la ponctuation qui va vous aider.

1 Dans une phrase affirmative ou négative : la voix descend à la fin de la phrase.

Exemple : *Elle est là.* ↘

2 Dans une phrase interrogative (sans inversion) : la voix monte à la fin de la phrase.

Exemple : *Elle est là ?* ↗

3 Dans une phrase impérative : on commence par monter la voix, et ensuite on descend la voix.

Exemple : *Viens tout de suite !* ↗ ↘

4 Dans une phrase exclamative : la voix monte.

Exemple : *C'est ton anniversaire !* ↗

Attention ! En français, quand on parle, on ne sépare pas tous les mots : on fait des groupes. On les prononce comme si on prononçait un très long mot : c'est le groupe rythmique.
On monte la voix à la fin de chaque groupe rythmique à l'intérieur de la phrase, puis on la descend à la fin.

Exemple : *Je voudrais un café* (↗), *un jus d'orange* (↗) *et un croissant* (↗), *s'il vous plaît.* (↘).

B Souvent, la ponctuation ne suffit pas à donner l'intention de communication. En effet, l'intonation traduit aussi les émotions, les sentiments, les attitudes des personnes qui parlent. Une phrase peut donc exprimer des sens différents, en fonction de la situation dans laquelle se trouvent les personnes.

Exemple : « *Tu vas chez Jules demain soir ?* »
→ Cette interrogation peut être une simple question mais aussi une demande de confirmation, l'expression d'une inquiétude, d'une envie…

INDEX DES CONTENUS

TRANSCRIPTIONS > documents du CD

UNITÉ 0 Bienvenue !

2 Page 12, C'est du français ! Activité 2

a Un steak-frites, s'il vous plaît. – b Taxi ! – c Un café, s'il vous plaît !

3 Page 13, Salut, ça va ? Activité 1

1 Monsieur Delage : Bonjour, madame Dupuis.
Madame Dupuis : Bonjour, monsieur Delage.
Monsieur Delage : Vous allez bien ?
Madame Dupuis : Très bien, merci !
2 La maman : Bonne journée les enfants !
Les enfants : À ce soir, maman !
3 Alice : Salut Manon ! Tu vas bien ?
Manon : Salut Alice ! Oui, ça va, et toi ?
Alice : Ça va.
4 Homme 1 : Bonne soirée, au revoir !
Homme 2 : Au revoir monsieur, à bientôt !

4 Page 14, L'alphabet, Activité 1

A – B – C – D – E – F – G – H – I – J – K – L – M – N – O – P – Q – R – S – T – U – V – W – X – Y – Z

5 Page 15, Je m'appelle… Activité 1

Lou : Bonjour à tous ! Je m'appelle Lou.
Tous : Bonjour, Lou !
Élodie : Moi, je m'appelle Élodie, et vous ?
Alexandre : Alexandre.
Théo : Et moi, je m'appelle Théo.
Élodie : Bonjour Théo, bonjour Alexandre.

6 Page 15, Je m'appelle… Activité 2

Le professeur : Bonjour à tous, je m'appelle Nicolas Debiais. Je fais l'appel… Jean-Baptiste Huron ?
Jean-Baptiste : Oui !
Le professeur : Pétra Rioux ?
Pétra : Oui !
Le professeur : Hector Lardy ?
Hector : Présent !
Le professeur : Magalie Garnier ?
Magalie : Oui !
Le professeur : Merci…

7 Page 15, Je m'appelle… Activité 4

Enzo : Je m'appelle Enzo Tellier.
Femme : Comment ça s'écrit ?
Enzo : Enzo, E.N.Z.O. Tellier T.E. deux L. I.E.R. Et vous ?

8 Page 16, Un, deux, trois… partez ! Activité 2a

0 – 1 – 2 – 3 – 4 – 5 – 6 – 7 – 8 – 9 – 10 – 11 – 12 – 13 – 14 – 15 – 16 – 17 – 18 – 19 – 20 – 21 – 22 – 23 – 24 – 25 – 26 – 27 – 28 – 29 – 30 – 31

9 Page 18, Dans la classe

1 Je ne comprends pas.
2 Comment on dit… en français ?
3 Vous pouvez répéter s'il vous plaît ?
4 Excusez-moi, je suis en retard.
5 Comment ça s'écrit ?

UNITÉ 1 Et vous ?

10 Page 20, A : Présentations

Le conducteur SNCF : Bonjour et bienvenue dans le train IDzap Bordeaux-Paris !
Oskar : Place 3… c'est ici. Bonjour ! Je m'appelle Oskar. Et vous ?
Boris : Bonjour, je m'appelle Boris. Et voilà Julia, ma femme.
Julia : Bonjour !
Boris : Vous êtes français, Oskar ?
Oskar : Non, je suis suédois. Et vous ?
Boris : Moi, je suis russe et Julia est italienne.
Julia : Oui, et j'ai 63 ans aujourd'hui !
Oskar : Ah ?! Joyeux anniversaire !
Daniela : Place 4. C'est là. Bonjour !
Julia : Bonjour, madame. Je m'appelle Julia. Et voici Boris.
Daniela : Bonjour, monsieur. Bonjour, madame. Moi, c'est Daniela. … Et voilà Alberto.
Alberto : Bonjour tout le monde !
Julia : Et toi, comment tu t'appelles ?
Adelina : Adelina.
Boris : Pardon ? Elle s'appelle comment ?
Daniela : Elle s'appelle Adelina. Et elle a 8 ans.
Boris : Adelina, c'est français ?
Daniela : Non, c'est mexicain. Elle est mexicaine… et nous aussi !

11 Page 21, Grammaire, Exercice 3

a français/française – b suédois/suédoise – c mexicain/mexicaine – d allemand/allemande – e espagnol/espagnole – f italien/italienne – g coréen/coréenne – h russe/russe

12 Page 23, Vocabulaire : les nombres de 32 à 69

32 – 33 – 34 – 35 – 36 – 37 – 38 – 39 – 40 – 41 – 42 – 43 – 44 – 45 – 46 – 47 – 48 – 49 – 50 – 51 – 52 – 53 – 54 – 55 – 56 – 57 – 58 – 59 – 60 – 61 – 62 – 63 – 64 – 65 – 66 – 67 – 68 – 69

13 Page 23, Vocabulaire, Exercice 2

13 – 62 – 57 – 16 – 43

14 Page 24, Phonétique > Prononcer une phrase simple

Exercice 1

Je m'appelle Francesco.

15 Page 24, Exercice 3

a Je m'appelle Sara. – b Je suis sénégalais. – c J'ai 28 ans. – d J'aime la peinture.

16 Page 25, D : Vive les artistes francophones !

a Elle s'appelle Mariam Doumbia. Elle est chanteuse et elle est malienne. Avec Amadou, ils sont Amadou et Mariam. Un disque d'Amadou et Mariam ? *Dimanche à Bamako* !
b Charline Vanhoenacker est journaliste. Elle est belge. L'émission de Charline s'appelle « Si tu écoutes, j'annule tout ».
c Il s'appelle Xavier Dolan, il est québécois. Il est acteur et réalisateur. *Le* film de Xavier ? C'est *Mommy* ! Le film est en français.
d Tahar Ben Jelloun est marocain. Il est écrivain. Moi, j'aime le livre *La nuit sacrée*…

17 Page 26, F : Rencontres de volontaires

Dialogue 1

Simon : Bonjour, je m'appelle Simon, je suis belge. Comment vous vous appelez ?
Léonie : Léonie. J'habite aux Comores, je viens de Moroni, et vous ?
Simon : J'habite en Belgique.

Dialogue 2

Peter : Bonjour, moi c'est Peter.
Abel : Bonjour Peter, vous êtes canadien ?
Peter : Oui, j'habite à Toronto, mais je suis né à Paris. Et vous ?
Abel : Moi, c'est Abel. Je vis à Madrid.
Peter : Vous parlez espagnol ?
Abel : Oui, je parle espagnol et français !

Dialogue 3

Maria : Bonjour, moi, c'est Maria, j'habite au Niger, je viens de Dossa.
Lien : Bonjour Maria. Moi, je m'appelle Lien. J'habite à Hanoi, au Vietnam.
Maria : Je suis née au Vietnam !
Lien : Ah bon ?
Maria : Oui, maintenant, je vis à Niamey.
Lien : Vous parlez vietnamien ?
Maria : Non, je parle français, anglais et chinois. Et vous ?
Lien : Moi, je parle vietnamien, espagnol… et français bien sûr !

18 Page 28, G : On reste en contact ?

Maria : Au fait, Abel, c'est quoi, ton numéro ?
Abel : Alors… c'est le 06 21 75 84 32.
Maria : 06… 21… 75… 84… 32. Super, merci. C'est un portable français ?
Abel : Oui ! Mon numéro de fixe en Espagne, c'est +34 (c'est l'indicatif pour l'Espagne) 33 98 92 34.
Maria : Ah oui, tu es espagnol…
Abel : Non, je ne suis pas espagnol, j'habite à Madrid. Et toi, quel est ton numéro ?
Maria : Moi, je n'aime pas les téléphones portables ! J'ai un fixe… Mon numéro c'est le 01 45 79 82 58.
Abel : Attends… 01… 45…
Maria : … 79, 82, 58. Tu as mon adresse mail ?
Abel : Non…
Maria : Alors c'est : Maria M-A-R-I-A point rossi R-O-deux S-I arobase V-O-L-O-N-T-A-I-R-E point O-R-G. Et toi ?
Abel : Mon mail, c'est : Abel A-B-E-L perez P-E-R-E-Z arobase volontaire point org
Maria : Ok, merci. Bon, eh bien au revoir Abel ! À bientôt au téléphone ou par mail !
Abel : Oui, à bientôt Maria !

19 Page 29, Vocabulaire, Exercice 3

a 07 78 25 34 92 – **b** 00 33 1 58 23 61 85 – **c** 05 85 50 91 78

20 Page 30, Phonétique > Les groupes rythmiques et l'accent tonique

Exercice 1a

a J'habite en Pologne, je parle anglais. – **b** Nous sommes brésiliens, nous parlons portugais. – **c** Elle est française, elle a 30 ans, elle parle espagnol, elle est journaliste.

21 Page 30, Exercice 1b

Je m'appelle Arthur, je suis journaliste, j'habite en Russie, je parle français.

22 Page 30, Exercice 3

a Je m'appelle Dioke, je suis malien, j'aime la peinture. – **b** Elle s'appelle Carole Dupré. – **c** Vous parlez anglais ? – **d** J'ai 23 ans, je parle chinois, j'aime la lecture !

UNITÉ 2 On va où ?

23 Page 34, A : Bienvenue à Bordeaux

Dialogue 1

La guide : Bonjour à tous, je m'appelle Catherine, je suis votre guide. Bienvenue à Bordeaux. C'est parti pour la visite de la ville !
Nous sommes ici dans un quartier historique, avec des monuments et des rues commerçantes. C'est le quartier Saint-Pierre.
Ici, c'est la place Saint-Pierre. Et là-bas, il y a le fleuve et les quais.
Allez, en route… Vous voyez le théâtre à gauche ? C'est le Grand Théâtre.
Un visiteur : Excusez-moi, j'ai une question : le Grand Théâtre, c'est un théâtre ou un opéra ?
La guide : C'est un théâtre *et* un opéra ! Il s'appelle le Grand Théâtre ou l'Opéra National.
Un visiteur : Ah d'accord, merci.

Dialogue 2

La guide : Bon alors, on continue ?
Les visiteurs : Oui !
La guide : Voici la tour Pey Berland et voilà la cathédrale Saint-André.
Un visiteur : Waouh, c'est magnifique !
La guide : Et ça, c'est quoi ? C'est le musée d'art contemporain ?
Un visiteur : Le CAPC ? Non, pas du tout, le musée est loin d'ici…

24 Page 36, B : Strasbourg et son centre-ville

Dialogue 1

Homme : Bonjour madame, pour aller à la place Kléber, s'il vous plaît ?
Femme : Ce n'est pas très loin. Vous allez tout droit jusqu'à la Poste, au carrefour vous tournez à droite, c'est la rue des Grandes Arcades, vous continuez, vous passez devant une banque et la place Kléber est à gauche.
Homme : Merci beaucoup !

Dialogue 2

Femme : Excusez-moi, je suis perdue… je cherche la rue des Bœufs.
Homme : Alors, la rue des Bœufs… au carrefour, vous prenez la rue du Vieux-Marché-aux-Poissons, vous passez devant le musée historique et la bibliothèque. Vous traversez le pont et vous arrivez dans la rue des Bouchers. La rue des Bœufs, c'est juste après l'école, c'est la… deuxième à gauche.
Homme : Très bien ! Et où est la cathédrale ?
Femme : Euh, juste ici.
Homme : Ah, ben oui, merci !

25 Page 38, Phonétique > L'intonation montante et descendante

Exercice 1a

a Vous allez à la poste ? – **b** Vous allez à la poste.

26 Page 38, Exercice 1b

a Vous voyez le théâtre ? – **b** C'est le Grand Théâtre ? – **c** C'est le musée d'art contemporain. – **d** C'est où ? – **e** La cathédrale est ici.

27 Page 38, Exercice 3

a C'est quoi ? – **b** C'est une école ? – **c** C'est une bibliothèque. – **d** Vous continuez tout droit. – **e** Je tourne à droite ?

28 Page 41, F : La Braderie de Lille

La standardiste : Lilletransports, bonjour !
L'homme : Bonjour madame. Je vous appelle pour la nuit du samedi 5 septembre.
La standardiste : Ah oui, la nuit de la Braderie.
Homme : Oui. Pour le retour, je fais comment ? Il y a des métros la nuit ?
La standardiste : Non, il n'y a pas de métros, mais le service des bus continue. Les bus 1 et 12 roulent toute la nuit.
L'homme : Ah, et le bus 18 ? Il roule jusqu'à quelle heure ?
La standardiste : Le 18… jusqu'à minuit, monsieur.
L'homme : D'accord, la ligne 2, c'est jusqu'à minuit aussi ?
La standardiste : Non, la ligne 2 fonctionne jusqu'à 4 h.
L'homme : Très bien ! Merci, madame, au revoir.

29 Page 42, G : À pied ou en bus ? Activité 1

Son 1 *voiture* – Son 2 *bus* – Son 3 *métro* – Son 4 *scooter*

30 Page 44, Phonétique > La prononciation des verbes en *-er* au présent

Exercice 1a et b

je visite – tu visites – il/elle visite – nous visitons – vous visitez – ils/elles visitent

31 Page 44, Exercice 3

je travaille – tu travailles – il travaille – elle travaille – ils travaillent – elles travaillent – nous travaillons – vous travaillez

UNITÉ 3 Qu'est-ce qu'on mange ?

32 Page 48, B : On fait les courses !

Dialogue 1
Le marchand : Bonjour ! C'est à qui ?
La cliente : À moi.
Le marchand : Bonjour, madame. Qu'est-ce que je vous sers ?
La cliente : Des fruits, s'il vous plaît. Combien coûte le raisin ?
Le marchand : 2 euros le kilo.
La cliente : Alors, 1 kilo de raisin et deux barquettes de fraises. Est-ce que vous vendez des bouteilles de jus de pomme ?
Le marchand : Oui.
La cliente : Alors deux bouteilles, s'il vous plaît.
Le marchand : Autre chose ?
La cliente : Oui : 4 oranges et 2 citrons.
Le marchand : Et voilà… Alors 12,50 euros, s'il vous plaît.
La cliente : Tenez. Merci. Bonne journée !
Le marchand : Bon dimanche !
Dialogue 2
La marchande : Monsieur, bonjour. Vous désirez ?
Le client : Bonjour. Je voudrais du fromage. Euh… Un morceau de camembert, s'il vous plaît.
La marchande : Voilà, monsieur. Et avec ça ?
Le client : Ce sera tout.
La marchande : Alors 2,30 euros.
Le client : Merci, bon dimanche !
La marchande : Merci, à vous aussi !
Dialogue 3
La boulangère : Bonjour.
La femme : Bonjour. Je voudrais une baguette, s'il vous plaît.
La boulangère : Une baguette... Autre chose ?
La femme : Oui, trois croissants et deux pains au chocolat. Et… qu'est-ce que tu veux Justin ?
Justin : Une part de tarte aux pommes !
La femme : Bon… une part de tarte aux pommes, s'il vous plaît.
La boulangère : Voilà, madame. Alors 11 euros et 60 centimes. Vous payez comment ? en espèces ou par carte bancaire ?
La femme : Par carte.
La boulangère : D'accord. Votre code, s'il vous plaît. Et voilà !
La femme : Merci.
La boulangère : Merci, madame ! Au revoir et bonne journée.

33 Page 52, Phonétique > Le e final non prononcé, le é final prononcé

Exercice 1

a dimanche – b surgelé – c pâtisserie – d supermarché

34 Page 52, Exercice 3

a J'achète une tomate. – b Le marché ferme. – c Je mange un steak haché. – d Elle aime le fromage.

35 Page 54, F : À table !

Dialogue 1
La cliente : Garçon, s'il vous plaît ?
Le serveur : Oui ?
La cliente : Un café et un verre d'eau, s'il vous plaît.
Le serveur : Voilà, madame. Attention, la tasse est chaude !
La cliente : Merci. Je peux avoir du sucre et une cuillère ?
Le serveur : Oui bien sûr, voilà.
La cliente : Merci. Combien je vous dois ?
Le serveur : 1,40 €.
Dialogue 2
Le serveur : Bonjour ! Je peux prendre les commandes ?
Le client : Oui ! Moi, j'ai très faim ! Une formule, s'il vous plaît. La salade en entrée et... le plat du jour, c'est quoi ?
Le serveur : Aujourd'hui, c'est du poisson.
Le client : Parfait. Alors, la salade et le plat du jour.
Le serveur : Bien. Et pour vous, madame ?
La cliente : Qu'est-ce qu'il y a dans le gazpacho ?
Le serveur : Des tomates, des concombres et des poivrons, de l'ail, un peu d'huile, du vinaigre et du sel.
La cliente : Il y a beaucoup de poivrons ?
Le serveur : Non…
La cliente : C'est parfait, je prends un gazpacho. Et comme plat, le steak-frites, s'il vous plaît.
La cliente : Et une carafe d'eau.
Le serveur : C'est noté ! Et en dessert ?
Le client : Ah, oui ! Moi, je voudrais de la mousse au chocolat, s'il vous plaît.
La cliente : Et pour moi, des fraises. Merci.
Dialogue 3
La serveuse : Et voici… Deux petits déjeuners.
Client 1 : Merci. Et l'addition, s'il vous plaît.
La serveuse : Oui, voilà : 13,90 €.
Client 1 : On laisse un pourboire pour la serveuse ?
Client 2 : Tu penses ? Combien ?
Client 1 : Je ne sais pas… 2 euros ?
Client 2 : D'accord.

36 Page 58, Phonétique > La consonne finale non prononcée

Exercice 1a et b

Exemple : lait – a repas – b plat – c prix – d sirop – e boulanger – f billet – g vous payez

37 Page 58, Exercice 3

a Vous mangez un dessert. – b Il prend un bon petit déjeuner. – c Vous prenez beaucoup de camembert chez le fromager. – d Vous payez comment ? – e Je voudrais un jus de fruits.

UNITÉ 4 Les soldes, c'est parti !

38 Page 64, B : Qu'est-ce que je mets aujourd'hui ?

Dialogue 1

L'homme : C'est l'heure… J'ai froid ! Il fait quel temps aujourd'hui ? Il y a du soleil, il fait beau… Mais, pfiou ! Il fait froid ! Il fait – 5° ! Et il y a du vent ! … Bon, c'est normal, c'est l'hiver. *Clothe to me*, qu'est-ce que je mets aujourd'hui ? Ah oui, c'est bien, un costume gris en laine et mon manteau noir. C'est parfait !

Dialogue 2

La femme : Qu'est-ce que je mets pour aller au restaurant ce soir ? … Il fait beau et il fait chaud, il n'y a pas de nuages… Ma robe bleue ? ma jupe rouge ? Je sais ! Ma petite robe jaune en coton, c'est idéal !
L'homme : Ah oui, elle te va bien! Mais attention chérie, regarde le journal, il pleut ce soir.
La femme : Ouh là, oui, c'est vrai, il y a des orages et il fait 18° degrés ! Bon, *Clothe to me*, dis-moi, qu'est-ce que je mets ce soir ? Une robe, mon imperméable beige, et des bottes. Ok, c'est une bonne idée ! Ah, et mon parapluie !

39 Page 66, Phonétique > L'élision

Exercice 1

a 2016, c'est l'année de la mode ! – **b** Il fait froid dans l'Ouest et dans le Sud, c'est l'hiver ! – **c** J'adore les vêtements en cuir, je trouve ça joli. – **d** Il n'y a pas beaucoup de tailles différentes, ça ne me plaît pas. – **e** En janvier, c'est le moment d'acheter des pulls et de porter un manteau !

40 Page 66, Exercice 3

a C'est l'hiver ! – **b** J'ai froid ! – **c** En novembre, c'est l'automne. – **d** J'aime les soldes d'été. – **e** Ton chapeau n'est pas beau.

41 Page 68, E : Promotion sur les objets connectés

Dialogue 1

Le père : Ouh là là… premier jour des soldes ! Il y a du monde !
Le fils : Oui, mais nous allons faire de bonnes affaires, papa ! Je vais trouver un ordinateur pas cher !
Le père : Oui, et moi, je vais payer…
Le fils : Allez, viens, le rayon informatique, c'est là !
Le père : Alors, tu trouves quelque chose ?
Le fils : Je viens de voir cet ordinateur-là. Il y a un grand écran, le clavier est très fin et la souris est super pratique !
Le père : Et combien ça coûte ?
Le fils : C'est l'ordinateur en promotion sur le site Internet. Il est à – 50 %.
Le père : Hmm… ça fait combien ? Ah, oui, ce n'est pas cher. Allez, je vais à la caisse.
Le fils : Attends ! Je vais voir les tablettes aussi. C'est au rayon téléphonie-multimédia. Et je veux voir aussi le rayon appareils photo !
Le père : Bon… ok. Il y a des livres aussi ?
Le fils : Oui, avec les DVD et les CD au rayon loisirs. Et il y a des liseuses numériques et des lecteurs MP3.
Le père : Qu'est-ce que c'est, ça ? Ça sert à quoi ?
Le fils : Les liseuses numériques, c'est pour lire et les lecteurs MP3, ça sert à écouter de la musique, enfin !

Dialogue 2

Le fils : Merci papa !
Le père : De rien, mais je viens de dépenser beaucoup d'argent !
Le fils : Mais non, tu viens de faire de bonnes affaires, regarde : un bel appareil photo numérique, une perche à selfies et un ordinateur !
Le père : Et ma tablette !

42 Page 70, F : Rendez-vous aux objets trouvés

Dialogue 1

L'employé : Personne suivante ! Bonjour, madame.
La femme : Bonjour, monsieur. Je cherche un sac à dos perdu jeudi dans le métro.
L'employé : Oui, ce sac à dos est de quelle couleur ?
La femme : Rouge et jaune.
L'employé : D'accord. Quelle est sa taille ?
La femme : Grand. Et rectangulaire.
L'employé : Ah oui, la forme, c'est important. Je vais voir et je reviens. Regardez, c'est ce sac ? Pfiou… il est lourd !
La femme : Oh oui, c'est ça ! C'est super ! Et tout est dans le sac : mon portefeuille, mes lunettes, mon écharpe, mon ordinateur portable, mes livres !
L'employé : Voici un document officiel à signer. Madame, ce sac à dos, ce portefeuille noir en cuir, ces lunettes marron, cette écharpe rose et verte, cet ordinateur portable et ces deux livres sont bien à vous ?
La femme : Oui, monsieur.
L'employé : Parfait. Signez ici, s'il vous plaît.

43 Page 71, Vocabulaire, Exercice 4

1 Elle est rose, rectangulaire. Pfff… elle est lourde, cette valise ! – **2** C'est un porte-monnaie marron, il est petit. Il est… rond – **3** Il est vert et rectangulaire. C'est un portefeuille. – **4** Ce sac à dos est rouge et il est léger.

44 Page 72, Phonétique > Les liaisons en [z] et en [n]

Exercice 1a

a les DVD – **b** des tablettes – **c** ces lunettes – **d** trois livres – **e** deux chaussures – **f** un portefeuille

45 Page 72, Exercice 1b

a les accessoires – **b** des achats – **c** ces écharpes – **d** trois heures – **e** deux ans – **f** un euro

46 Page 72, Exercice 3b

a Il y a des modes différentes pour les femmes et pour les hommes. – **b** J'adore les objets technologiques : j'ai un smartphone, deux ordinateurs et trois appareils photo numériques ! – **c** Je fais des affaires quand j'achète des articles en solde.

47 Page 74, Stratégies DELF : Compréhension orale

Homme : Pour célébrer notre amour, cette année, j'achète une montre connectée comme cadeau pour ma petite amie ! Elle va adorer !
Femme : Vous aussi, vous pouvez offrir du rêve à votre chéri(e) pour la Saint-Valentin ! 200 professionnels vous attendent au salon de la bijouterie. Rendez-vous du 22 au 25 janvier de 9 h à 19 h, parc des expositions à Paris. Il y a des conférences tous les jours à 15 h sur les nouvelles tendances. Entrée : 28 € jusqu'au 15 janvier, 34 € à partir du 16 janvier. Vous pouvez réserver sur notre site www.salon-bijoux.fr

UNITÉ 5 C'est quoi le programme ?

48 Page 77, B : Un rendez-vous matinal

Dialogue 1

Lorraine : Pardon, monsieur, vous avez l'heure, s'il vous plaît ?
Un homme : Oui, il est neuf heures moins le quart.

Lorraine : *Ouh là ! je suis en retard* ! Merci, monsieur ! Plus vite... plus vite...

Dialogue 2

Rémi : Allo ? Lorraine ? C'est Rémi. Tu es où ? Nous avons rendez-vous à 9 h avec M. Barbier !

Lorraine : Oui, oui, je sais... Quelle heure il est ?

Rémi : Il est neuf heures cinq ! Et M. Barbier est toujours à l'heure !

Lorraine : Oui, oui, je sais. Mais moi, je suis en retard aujourd'hui.

Rémi : À quelle heure tu arrives ? Avant neuf heures et demie ?

Lorraine : Oui, je vais arriver à neuf heures et quart. Tu peux préparer un café, il adore notre café !

Rémi : Bien sûr, oui ! Mais tu te dépêches, s'il te plaît.

Lorraine : Oui, oui, je me dépêche. À tout de suite !

Rémi : À tout de suite !

49 Page 78, C : À la maison, Activité 1

Son a *ménage* – **Son b** *linge* – **Son c** *courses* – **Son d** *enfants* – **Son e** *jardinage* – **Son f** *bricolage* – **Son g** *cuisine* – **Son h** *vaisselle*

50 Page 78, Activité 2

Dialogue 1

Le journaliste : Olivia, Nathan et Paul, vous vivez ensemble. Alors à la maison, qui fait quoi ?

Olivia : Ah ben chez nous, c'est simple, je fais tout !

Paul et Nathan : Non, pas toujours !

Olivia : Ah oui ? Vous faites quoi vous ?

Nathan : Euh... Bon, ok, tu fais souvent la vaisselle, le ménage, et les courses... mais la lessive...

Paul et Nathan : C'est nous...

Olivia : Je ne vais pas laver votre linge, en plus !?

Le journaliste : Merci ! Et vous, Annie et Fred ?

Fred : À la maison, on partage.

Annie : Fred va souvent chercher les enfants à l'école. Moi, je finis le travail à 19 h. Et Fred fait la cuisine toute la semaine... il adore ça !

Fred : On fait les courses ensemble tous les week-ends. La vaisselle, les lessives, c'est moi.

Annie : Et le repassage... ben en fait, on ne repasse jamais !

51 Page 78, Activités 3 et 4

Dialogue 2

Le journaliste : Et comme loisirs ? Qu'est-ce que vous faites ?

Paul : Moi, facile ! Je lis ou j'écoute de la musique ! Dans le métro, dans la rue, chez moi... Bref, tout le temps quoi... La lecture, c'est ma passion !

Olivia : Ça, c'est vrai ! Paul a toujours un livre dans les mains.

Nathan : Moi, c'est le sport. Je cours de temps en temps et je nage trois fois par semaine. Et j'aime regarder la télévision. Et Olivia, elle fait de la danse !

Olivia : Oui, c'est vrai.

Le journaliste : Merci. Annie, Fred ?

Annie : La semaine, les enfants font du sport. Mais le week-end, on adore se promener dans les parcs à pied ou à vélo !

52 Page 79, Vocabulaire, Exercice 1

1 Vous avez rendez-vous avec le docteur Chedemois à 16 h 35. – **2** Le film commence à trois heures moins dix. – **3** Je téléphone à Pauline à 20 heures 30. – **4** Mon train arrive à Bordeaux à deux heures moins le quart. – **5** Je viens te chercher à midi et demi. – **6** – À quelle heure tu te réveilles demain ? – À sept heures moins vingt-cinq.

53 Page 80, Phonétique > Les sons [i]/[y]

Exercice 1a

a dix – **b** mur

54 Page 80, Exercice 1b et c

a Rémi aime la musique. – **b** Il est six heures et demie, je pars du bureau. – **c** La lecture est une activité intéressante. – **d** Le matin, je jardine. – **e** Le soir, nous nous occupons des enfants.

55 Page 80, Exercice 3

a Il est dix heures moins dix, je bricole. – **b** Il est midi et demi, je fais la lessive. – **c** L'après-midi, je suis occupé. – **d** Il y a une réunion au bureau. – **e** Vite ! ma voiture !

56 Page 81, Civilisation, E : On change d'heure !

La journaliste : Et maintenant, c'est l'heure du flash info sur radio Édito. Attention ! Cette nuit, on change d'heure ! On passe à l'heure d'hiver...

Le journaliste : Ah oui, à 3 h du matin, il est 2 h !

La journaliste : C'est ça, on va reculer notre montre d'une heure. C'est bien, non ?

Le journaliste : Oui, on va dormir plus.

La journaliste : On gagne une heure de sommeil, super !

57 Page 83, G : Rendez-vous

Christophe : Allo ?

Pascal : Salut Christophe, c'est Pascal. Ça va ?

Christophe : Oui, très bien.

Pascal : Ma sœur vient ce week-end à Marseille. Tu veux venir avec nous au restaurant vendredi soir ?

Christophe : Ah non, désolé, vendredi soir, je ne peux pas.

Pascal : Dommage. Tu es libre quand ?

Christophe : Ben, samedi, je peux.

Pascal : Super ! À quelle heure ?

Christophe : On se retrouve à midi ?

Pascal : Parfait !

Christophe : Et l'après-midi, je vais à une exposition photo, vous voulez venir avec moi ?

Pascal : Ah non, ce n'est pas possible, on va à l'île du Frioul !

58 Page 84, H : On sort ce soir ?

La standardiste : Le Court-Circuit, bonjour !

L'homme : Bonjour ! Je voudrais avoir des informations sur le programme de ce week-end. Ma femme et moi nous voulons voir la pièce *Le Mensonge*. Il y a des places pour samedi soir ?

La standardiste : Un instant, s'il vous plaît, je regarde... Oui, vous voulez 2 places ?

L'homme : Oui, c'est ça !

La standardiste : Quel est votre nom, s'il vous plaît ?

L'homme : SEVIN... S.E.V.I.N. Et c'est possible de dîner ?

La standardiste : Oui, avant la pièce ou après, c'est comme vous voulez !

L'homme : Nous allons dîner après le spectacle. Je peux réserver une table pour 22 h 30 ?

La standardiste : Bien sûr ! Donc... 2 couverts pour le 24 juin à 22 h 30 au nom de SEVIN.

L'homme : Très bien ! Merci !

La standardiste : Je vous en prie. Pour le théâtre, payez vos places avant 19 h 30, s'il vous plaît.

L'homme : Merci ! Bonne fin de journée, madame !

La standardiste : Au revoir, monsieur ! Et à samedi !

59 Page 86, Phonétique > Les sons [y]/[u]

Exercice 1a

a sur – **b** sous

60 Page 86, Exercice 1b

a tu/tout – b nous/nous – c vous/vu – d rue/roue – e du/doux – f jus/jus

61 Page 86, Exercice 1c et d

a Je visite un musée. – b On se retrouve à quelle heure ? – c On pourrait se voir. – d Prends un pull !

62 Page 86, Exercice 3

a Allô Matthieu ? Salut ! – b Coucou Paul ! – c Marylou et toi, vous voulez venir au restau avec nous ce soir ? – d Pourquoi pas ? Et après, nous pouvons aller au cinéma. – e Ok, je peux consulter le programme si tu veux. À plus tard ! – f À tout à l'heure.

UNITÉ 6 Félicitations !

63 Page 92, B : Voilà le faire-part !

Message 1

Stéphanie, c'est maman ! Nous avons reçu le faire-part, il est très joli ! Oh là là ! je suis grand-mère, je suis si heureuse ! Mais... j'ai téléphoné à tante Odile et oncle Bernard, ils n'ont pas reçu ton faire-part ! Tu as oublié ? Au fait, est-ce que tu as écrit à madame Ernaux ? Allez, bisous !

Message 2

Bruno, c'est papi ! Un bébé, quelle bonne nouvelle ! Bravo ! Ta grand-mère est très contente. Nous sommes très fiers ! On t'embrasse.

Message 3

Salut Bruno, c'est Jérémie, ton vieil ami célibataire. Merci pour le faire-part, et félicitations ! Je n'ai pas pu venir vous voir. J'espère que vous avez pris des photos d'Armel ! Sinon, quand est-ce qu'on se voit ? Salut !

Message 4

Salut Stéphanie ! C'est Jacqueline ! Nous avons reçu votre faire-part, au bureau. Tout le monde vous félicite ! Avec les collègues, nous avons acheté un cadeau pour le bébé. Tu passes quand au bureau ? À bientôt !

64 Page 94, Phonétique > Les voyelles nasales [ɑ̃]/[ɔ̃]

Exercice 1a

a dans – b mon

65 Page 94, Exercice 1b

a vent/vont – b cent/son – c grand/grand – d bon/bon – e ton/temps

66 Page 94, Exercice 1c

a Mon frère et moi, nous habitons chez nos parents. – b J'embrasse mon oncle et ma tante. – c Mes enfants habitent en Champagne, dans l'est de la France. – d Je n'ai pas compris : ton prénom, c'est Léon ?

67 Page 94, Exercice 3

a Mes grands-parents sont très contents de la naissance d'Armand. – b J'ai reçu ton invitation, félicitations ! – c Fernand, c'est ton oncle ou son oncle ? – d Ma tante est souvent à la maison.

68 Page 95, Civilisation, D : Les fêtes en France

Dialogue 1

Un groupe d'amis : 10, 9, 8, 7, 6, 5, 4, 3, 2, 1... Bonne année ! Meilleurs vœux ! Bonne année ! Bonne santé !

Dialogue 2

Une femme : Du rock, du rap, du classique... on peut écouter toutes les musiques ce soir ! Et tous les concerts sont gratuits !
Un homme : Bon, alors, on va où ?

Dialogue 3

La petite fille : Bonjour, père Noël !
Le père Noël : Je te souhaite un joyeux Noël, ma petite ! Est-ce que tu as été sage cette année ?
La petite fille : Oui ! Je t'ai écrit une lettre pour les cadeaux !

Dialogue 4

Une femme : Vite, dépêchez-vous, on va rater le feu d'artifice !
Un homme : Le feu d'artifice, c'est à minuit... On peut aller au bal des pompiers avant !

Dialogue 5

Une femme : Oh, du muguet ! Merci, c'est très gentil !
Un homme : De rien ! Qu'est-ce qu'on fait aujourd'hui ? On reste à la maison ?
Une femme : Bien sûr, on ne travaille pas !

69 Page 96, E : Portraits de famille

Maël : Allô, Nicolas ! C'est Maël ! Un ciné ce soir, ça te dit ?
Nicolas : Oui, bonne idée ! Tu veux voir quel film ?
Maël : J'aimerais bien voir *Une famille à louer*... C'est une comédie, avec Benoît Poelvoorde...
Nicolas : Benoît Poelvoorde... C'est un acteur belge, non ?
Maël : Oui, c'est ça !
Nicolas : Il est brun, grand et... un peu gros, non ?
Maël : Ah... non ! Benoît Poelvoorde, il est blond, et il est mince.
Nicolas : Tu es sûr ? *Une famille à louer*... Attends, mais... sur l'affiche, il est avec sa famille ? Et il a l'air sympa ?
Maël : Ah non ! Sur l'affiche, il est avec sa famille, mais il a l'air... sérieux ! Et un peu stressé.
Nicolas : Il est agriculteur, dans ce film, non ?
Maël : Mais non ! C'est un homme d'affaires ! Tu parles d'un autre film : *La famille Bélier*.
Nicolas : Eh bien, c'est un film avec Benoît Poelvoorde, non ?
Maël : Pas du tout ! Benoît Poelvoorde ne joue pas dans *La famille Bélier*. C'est François Damiens ! Lui aussi, il est belge ! Il est brun et barbu, il a les cheveux courts et frisés. Tu sais, dans ce film, il est agriculteur...
Nicolas : Ah oui ! Bien sûr ! Sa fille est blonde !
Maël : Oui ! L'actrice, c'est Louane Emera, elle a les cheveux longs et les yeux bleus, elle est très jolie et elle est chanteuse !
Nicolas : Bon, comme tu veux ! *La famille Bélier* ou *Une famille à louer*. Les deux films ont l'air très bien.

70 Page 99, Vocabulaire, Exercice 2

a Jérôme est roux, il a les cheveux courts et il a les yeux bleus. – b Louis porte une barbe, des lunettes et il a les cheveux frisés. – c Sonia a les cheveux longs, blonds et raides. – d Alice a les yeux marron et les cheveux frisés.

71 Page 100, Phonétique > Les voyelles nasales [ɑ̃]/[ɛ̃]

Exercice 1a

a lent – b fin

72 Page 100, Exercice 1b

a quand/quand – b banc/bain – c temps/temps – d vin/vent – e pain/pain – f ment/main

73 Page 100, Exercice 1c

a Fabien et moi, on a bu un café ensemble ce matin. – b Quand j'ai faim, c'est simple, je vais au restaurant. – c Mon copain est peintre. Il est sympa et patient.

74 Page 100, Exercice 3b

mince, parents, chanteur, oncle, embrasse, demain, maison, intelligent, principal, olympique, ceinture, bien, châtain, différent, Saint-Valentin, temps, anglais, gentil, tante, musicien, restaurant, prétentieux, romantique, grand-père, simple

UNITÉ 7 Chez moi

75 Page 104, A : Nouvel appartement, nouvelle vie !

Nicolas : Salut Émilie, c'est Nicolas.
Émilie : Nicolas ! Ça fait plaisir. Comment tu vas ?
Nicolas : Très bien, je viens de déménager !
Émilie : Ah bon, tu habites où maintenant ?
Nicolas : Je suis toujours à Lyon, on a loué un appartement avec Céline. Je l'adore !
Émilie : Sympa ! Et quelle est la superficie ?
Nicolas : Il est grand, il fait 110 m² et il y a beaucoup de lumière.
Émilie : 110 m² ? Il y a combien de pièces ?
Nicolas : Cinq : un salon avec une cuisine ouverte, un bureau et trois chambres.
Émilie : Donc une chambre pour vous, une pour le bébé et une chambre d'amis, c'est ça ?
Nicolas : C'est ça, comme ça tu peux venir bientôt ! Tu vas aussi aimer la salle de bains. On va la peindre en bleu et jaune !
Émilie : Génial ! Et il est meublé ?
Nicolas : Oui, il est meublé : dans les chambres, il y a un bureau, des armoires et des lits. Mais les lits ne sont pas très confortables. Je vais les changer.
Émilie : Et la cuisine ?
Nicolas : Elle est tout équipée. Il y a un frigo, un four, une cuisinière et aussi un lave-vaisselle.
Émilie : L'appartement est à quel étage ?
Nicolas : Au 3e étage.
Émilie : Il y a un ascenseur ?
Nicolas : Oui ! Bon, cet appartement, tu viens le visiter ?
Émilie : Le mois prochain, je vais aller à Lyon pour mon travail.
Nicolas : On se voit le mois prochain alors ?
Émilie : Bien sûr !

76 Page 107, Vocabulaire, Exercice 1

Son a *bruit salon* – **Son b** *bruit chambre* – **Son c** *bruit cuisine* – **Son d** *bruit salle de bains*

77 Page 108, Phonétique > Les sons [f]/[v]

Exercice 1a

a fou – **b** vous

78 Page 108, Exercice 1b

a je fais/je vais – **b** ils font/ils vont – **c** vos/faux – **d** le feu/le feu – **e** le verre/le verre – **f** sportive/sportif

79 Page 108, Exercice 1c et d

a Mon four est très perfectionné, il est difficile à utiliser. – **b** Il y a une télévision dans mon nouvel appartement. – **c** Sophie habite en face de la pharmacie. – **d** Je vais venir te voir vendredi.

80 Page 108, Exercice 3

a Je voudrais un frigo et un lave-vaisselle. – **b** Mon fauteuil n'est pas confortable, je vais le vendre. – **c** On se voit très vite pour une visite de ton nouvel appartement. – **d** Votre salon a quatre fenêtres et une cuisine ouverte.

81 Page 112, G : Problèmes à la maison

Dialogue 1
Le plombier : Bonjour, madame ! Je viens pour la fuite d'eau.
La femme : Ah bonjour, entrez. Venez, c'est dans la cuisine. J'y passe beaucoup de temps, j'aime cuisiner ! Tenez, regardez, c'est le robinet… ça fuit !
Le plombier : Ouh là, oui, bon je vais chercher d'autres outils chez moi. J'y vais tout de suite !
La femme : Vous pouvez réparer la fuite aujourd'hui ?
Le plombier : Oui, sans problème. À tout de suite.
Dialogue 2
L'homme : Regardez, il n'y a pas de lumière dans la salle de bains, j'y prends mes douches dans le noir, c'est pas facile ! J'ai changé l'ampoule, mais ça ne marche pas.
L'électricien : Attendez, vous pouvez m'éclairer avec cette lampe ?
L'homme : Oui, bien sûr.
L'électricien : Bon, je vois le problème. C'est cassé !
L'homme : Qu'est-ce qui est cassé ?
L'électricien : L'ampoule ! Vous avez mis une ampoule cassée ! Mettez une ampoule neuve, ça va marcher !
Dialogue 3
La femme : Voilà, je voudrais changer la serrure de la porte d'entrée. Vous voyez, elle ne marche pas bien, c'est difficile d'ouvrir la porte.
Le serrurier : Vous avez les clés ?
La femme : Tenez, les voici.
Le serrurier : Merci. Hum, c'est vrai, ça ne fonctionne pas très bien. Je vais acheter une nouvelle serrure au magasin et Martin va l'installer… Allez, Martin, on y va !

82 Page 114, Phonétique > Les sons [b]/[v]

Exercice 1a

a beau – **b** vos

83 Page 114, Exercice 1b et c

a Il travaille en Afrique. – **b** Je suis dans la salle de bains. – **c** Le plombier répare la fuite. – **d** La porte d'entrée est ouverte.

84 Page 114, Exercice 3

a Valérie va vivre à Vanves. – **b** Benoît boit une boisson dans la bibliothèque. – **c** Yvonne veut vendre vos livres. – **d** Bernard fabrique des meubles pour les habitants de l'immeuble.

UNITÉ 8 Bonnes vacances !

85 Page 118, A : Je réserve les billets…

L'homme : Bon, je suis sur le site de la SNCF. Alors… Aller-retour… Départ : Paris, arrivée : Brest. Date de départ ?
La femme : Le 23 octobre.
L'homme : Ah oui. 23/10. Et le retour… ?
La femme : Le 30 octobre.
L'homme : 30/10. Voilà. Alors… Il y a trois trains le matin : 5 h 30, 7 h 50 et 10 h 10. À quelle heure tu veux partir ?
La femme : Oh là là ! 7 h 50, c'est tôt. 5 h 30, c'est pire ! 10 h 10 c'est mieux : on arrive vers 14 h à la gare de Brest.
L'homme : D'accord… 10 h 10. Et pour le retour : 14 h, 16 h 50 ou 18 h. Qu'est-ce que tu préfères ?
La femme : J'aime mieux partir à 14 h.
L'homme : Ok, 14 h c'est bien. Voilà, c'est réservé, on a les billets.
La femme : Voyons le logement, maintenant.

L'homme : Oui. Je vais sur meilleursejour.com. Alors, la ville : Brest… Ensuite… qu'est-ce que tu préfères ? un hôtel ou une chambre d'hôte ?
La femme : Les chambres d'hôtes sont aussi confortables que les hôtels et souvent moins chères. Et les petits déjeuners sont meilleurs qu'à l'hôtel, non ? Et puis on est chez les habitants : c'est sympa !
L'homme : D'accord, alors je coche « chambre d'hôte ». Et on choisit « chambre double »… Ensuite, « Prix par nuit » ? Je ne sais pas trop…
La femme : Attends... Euh... Essaye « 30 à 49 euros ».
L'homme : D'accord. Hop, « Rechercher ». Oh regarde ! « Le Clos fleuri », ça a l'air pas mal : les chambres sont grandes ! On réserve ?
La femme : Je ne suis pas sûre… Il y aussi « Chez Clara et Jacques ». Leur chambre est plus chère que la chambre du « Clos fleuri » mais elle est plus proche du centre-ville. J'hésite…
L'homme : Je préfère loger près du centre. Et puis regarde la photo : la chambre est plus claire et plus confortable ; il y a une baignoire dans la salle de bains !
La femme : Oui, tu as raison ! Allez, on réserve la deuxième chambre, « Chez Clara et Jacques » donc. Et pour les services ? Est-ce qu'il y a du wifi ?
L'homme : Je ne sais pas, on peut envoyer un mail pour demander des précisions.

86 Page 122, Phonétique > Les sons [wa]/[wɛ̃]

Exercice 1a

a moi – b moins

87 Page 122, Exercice 1b et c

a voyage – b besoin – c point – d choix – e voilà – f coin

88 Page 122, Exercice 2

a Le matin, il y a trois trains pour Quimper. – b Pékin, c'est loin ? – c Nous voyons un avion à Nouméa.

89 Page 122, Exercice 4

a Tu vas à Tourcoing ? Prends la voiture, c'est loin ! – b On part à Troyes ou à Blois ? Fais ton choix ! – c C'est le point de départ de ton voyage ? – d Pour mes vacances, j'ai besoin d'une trousse de toilette et d'accessoires contre le froid.

90 Page 126, G : Vacances ratées !

L'employée : Agence de voyage Soleiltour, bonjour !
Marc Tellier : Bonjour madame. C'est Marc Tellier au téléphone.
L'employée : Bonjour Monsieur Tellier. Alors, vos vacances à Bréal sur Mer ?
Marc Tellier : C'était horrible ! J'ai passé de très mauvaises vacances.
L'employée : Ah bon ? Mais… ce n'est pas possible, nous vous avons proposé un très bon hôtel, très confortable ! Je ne comprends pas…
Marc Tellier : Un très bon hôtel ?! Mais non ! Les chambres sont petites et sombres, la salle de bain est humide et ça sent mauvais.
L'employée : Et les petits déjeuners ?
Marc Tellier : Les petits déjeuners ? Ils n'ont pas de goût ! Et le jus d'orange est très sucré ! Et la rue de l'hôtel est bruyante : impossible de dormir !
L'employée : C'est vrai ? Mais… Et la ville… Vous avez visité la ville ?
Marc Tellier : Ah oui, j'ai visité la ville ! C'était moche et triste, il n'y avait aucune activité.
L'employée : Et… et… et la plage ?
Marc Tellier : C'était sale et il a plu tout le temps. Il faisait très froid ! J'ai attrapé un rhume !
L'employée : Écoutez, je suis surprise et je suis désolée, M. Tellier. Nous vous offrons 30 % de réduction sur votre prochain voyage, d'accord ?
Marc Tellier : Ah non ! la prochaine fois, je vais dans une autre agence ! Au revoir, madame.

91 Page 128, Phonétique > Les sons [k]/[g]

Exercice 1a

a cou – b goût

92 Page 128, Exercice 1b et c

a J'ai de la crème solaire dans mon sac quand je pars en vacances. – b Je vais à Gand ce week-end : j'ai acheté un guide de voyage. – c Je suis allé cinq fois au Maroc : j'adore les souks, le goût de la cuisine et des légumes. – d Jacques est d'accord pour aller au pays de Galles avec moi. Il prend des cours de langue anglaise !

93 Page 128, Exercice 4

a Quarante-quatre euros pour le petit-déjeuner et avec le parking inclus, ce n'est pas cher ! – b Je prends des baskets, un anorak et de l'anti-moustique pour aller en Amérique. – c L'air est sec et froid, mais j'ai acheté des grosses chaussettes ! – d J'aime regarder les voyageurs à la gare du Caire et les vagues sur la plage.

UNITÉ 9 Pas de chance !

94 Page 132, A : Quelle journée !

La mère : Allô Sandra, c'est maman. Tu es où ? Je t'attends à la gare, le train est arrivé, mais tu n'es pas là. Je suis très inquiète. Tu vas bien ?
Sandra : Oui, je vais bien, maman, ne t'inquiète pas. Je suis à Paris, à la gare... J'ai raté mon train ! Désolée, je n'ai pas eu le temps de t'appeler, j'ai eu des soucis toute la journée ! Pfff… je n'ai pas pu voir Luc…Quel dommage…
La mère : Bon, c'est pas grave, mais la prochaine fois tu me préviens ! Qu'est-ce qui s'est passé ? Raconte-moi...
Sandra : D'abord, je suis sortie pour prendre le métro, mais c'était la grève ! Alors j'ai pris un vélo. Ensuite, je suis arrivée au parc, et là, je me suis perdue... C'est un grand parc ! Je n'ai pas trouvé le restaurant pour le déjeuner avec Luc.
La mère : Oh, c'est dommage ! Et finalement, vous vous êtes retrouvés ?
Sandra : Non. Je l'ai appelé, mais il ne répond pas au téléphone, je suis étonnée. C'est bizarre.
La mère : Oh là là ! ma pauvre, tu n'as vraiment pas de chance ! Quelle journée !
Sandra : Et je dois trouver un billet pour le prochain train, ça me stresse ! Quelle galère !

95 Page 136, Phonétique > Les sons [ʃ]/[ʒ]

Exercice 1a

a chat – b jeu

96 Page 136, Exercice 1b et c

a Je n'ai pas de chance, je dois trouver un billet pour le prochain train. – b Ne sortez pas de la voiture par la gauche et mettez votre gilet jaune. – c Il y a eu un embouteillage et je suis arrivée en retard pour notre déjeuner.

97 Page 136, Exercice 3

a Tu as acheté un téléphone orange et jaune. Il n'est pas très joli ! – b Mon chien est jeune et méchant, il a mangé mes chaussures. – c Aujourd'hui, je n'ai pas eu de chance, quelle journée ! – d C'est dommage, je n'ai pas noté notre déjeuner dans mon agenda !

98 Page 136, Exercice 4b

chance, orchestre, émotion, photo, annulation, jeudi prochain, charger, déception, souci, archéologue, cet homme, dimanche, chaussures, Patricia, correction, obligation, s'habiller, changer, gauche, chien, fromage, corriger, garage, voyage, chez moi

99 Page 138, F : Un appel au SAMU

Le médecin-régulateur : Oui allô ?
Le standardiste : Oui, Alain, c'est John, je te passe monsieur X, c'est la fiche 166, c'est un monsieur de 27 ans qui a de la fièvre et qui a mal à la gorge depuis deux jours. Tu vas l'avoir en ligne.
Le médecin-régulateur : D'accord ! Allô, monsieur X ? Bonjour, voilà, c'est le médecin du centre 15. Donc vous avez 27 ans, qu'est-ce qui vous arrive, monsieur ?
Le malade : Bonjour, docteur. Voilà, j'ai mal à la gorge et à la tête. Et j'ai de la fièvre.
Le médecin-régulateur : D'accord. Vous avez mal au dos, aussi ?
Le malade : Oui, j'ai mal au dos, aux bras, et aux jambes.
Le médecin-régulateur : Hmm... Vous pouvez vous lever ?
Le malade : Non, docteur ! Je suis malade, je suis au lit.
Le médecin-régulateur : Qui peut aller à la pharmacie pour vous ? des voisins, peut-être ? Vous pouvez leur demander.
Le malade : Je vais demander à ma femme. Je lui envoie un message. Il faut quels médicaments, docteur ?
Le médecin-régulateur : Alors, dites-moi votre poids et votre taille, s'il vous plaît. Vous pesez combien ? Vous mesurez combien ?
Le malade : Je pèse 82 kilos, et je mesure 1,75 mètre.
Le médecin-régulateur : Alors, il faut de l'aspirine 500. Vous prenez trois comprimés par jour pendant trois jours. Si ça continue, vous appelez votre médecin et vous lui expliquez votre problème.
Le malade : D'accord, merci docteur !

100 Page 140, H : Tout va bien !

Eloïse Pinson : Bonjour, vous êtes sur le répondeur d'Eloïse Pinson ; vous pouvez me laisser un message.
La grand-mère d'Eloïse : Eloïse, ma chérie, c'est mamie ! Tu es fatiguée ? Tu n'es pas en forme ? Moi, je sais pourquoi ! C'est parce que tu restes en ville ! Il faut sortir de Paris, ma petite fille ! Viens à la maison ! Ici, c'est la campagne. Tu peux prendre quatre ou cinq jours de vacances. Moi, j'ai 75 ans et je suis en pleine forme. Bon... j'ai mal aux yeux, parce que je suis vieille mais tu sais, j'ai marché 8 kilomètres ce matin. Je n'ai pas mal aux pieds, et je me sens très bien ! Bisous.

101 Page 142 Phonétique > L'enchaînement consonantique

Exercice 1a et b

a Elle a mal. – **b** J'achète un thermomètre. – **c** Votre ami peut vous aider ? – **d** Prenez quatre aspirines.

102 Page 142, Exercice 3

Exemple : Il habite où ?
a Elle est stressée. – **b** Notre enfant est malade. – **c** Tu peux prendre un jour de vacances. – **d** Il y a des comprimés dans l'armoire à pharmacie.

UNITÉ 10 Beau travail !

103 Page 147, B : Ils sont partis avec Erasmus+

Enregistrement 1
Lucie : Je m'appelle Lucie, je suis belge et je suis étudiante en master 1 de sciences politiques, en Suède, à Stockholm. L'hiver, il fait très froid, mais c'est une ville merveilleuse. Avec Erasmus+, je vis une expérience formidable ! C'est une occasion unique de découvrir une nouvelle culture, une nouvelle langue et de rencontrer des étudiants de pays différents. Maintenant, j'ai envie de m'intéresser aux questions européennes : ça me donne des idées pour la suite, pour ma future vie professionnelle...
Enregistrement 2
Livia : Je m'appelle Livia, je suis italienne et j'étudie l'informatique à l'université de Madrid, en Espagne. Je suis en 3e année de licence. C'est une vraie chance de voyager comme ça à mon âge, c'est très enrichissant. La bourse Erasmus me permet de vivre bien, d'avoir un petit logement dans le centre et de sortir de temps en temps. Cette expérience m'aide à préciser mon projet professionnel. En tout cas, je vais continuer à voyager... et je vais peut-être m'installer dans un pays étranger !
Enregistrement 3
Piotr : Je m'appelle Piotr, je suis russe et je suis inscrit à l'université de Lisbonne, au Portugal. Je suis étudiant en architecture, en M2. J'ai beaucoup de chance d'être ici : pour mon avenir professionnel, c'est un avantage de parler une nouvelle langue et de connaître d'autres méthodes de travail.

104 Page 150 Phonétique > Prononcer [R]

Exercice 1a

les arts

105 Page 150, Exercice 1b et c

a l'université – **b** obtenir – **c** s'inscrire – **d** le chercheur – **e** un master – **f** voyager – **g** le curriculum vitae – **h** un dossier

106 Page 150, Exercice 4

a Elle va apprendre le droit en Russie avec le programme Erasmus+. – **b** Il aime l'architecture mais il suit une formation de secrétaire. – **c** À l'université, mes journées c'est : amphithéâtres, cafétéria et resto U !

107 Page 150, Exercice 5

a Je voudrais partir en Turquie pour commencer un cursus de littérature et devenir professeure. – **b** Mon frère est pâtissier mais il voudrait découvrir un nouveau métier : pourquoi pas boucher ? – **c** Je reçois une aide financière pour étudier à l'étranger. Quand ma bourse arrive, je coche le jour sur mon calendrier.

108 Page 152, F : Mon parcours professionnel

Dialogue 1
L'avocate : Bonjour... Justin ? C'est ça ?
Justin : Oui c'est ça. Bonjour madame.
L'avocate : Vous êtes étudiant ?
Justin : Oui. Je suis en 3e année de licence de droit. Mais je n'ai pas choisi ma spécialité.
L'avocate : C'est important pour votre future carrière. Qu'est-ce que vous avez envie de faire comme métier ?
Justin : Je rêve d'être avocat... Mais ce n'est pas facile. Vous êtes avocate ?
L'avocate : Oui. C'est vrai, les études sont sélectives, et vous devez passer un concours qui est difficile. Ensuite, on travaille beaucoup, on étudie longtemps les dossiers, on fait beaucoup de recherches... Parfois, le week-end, je prépare les dossiers qui sont urgents. Il n'y a pas d'horaires fixes.
Justin : Est-ce que c'est un métier stressant ?
L'avocate : Un peu oui, parce qu'on a des responsabilités importantes. Et puis aussi parce qu'au tribunal, il faut parler en public pendant le procès. Mais c'est un métier magnifique ! C'est important de permettre aux gens de se défendre. On est là pour eux, pour leur donner une voix. C'est un très beau projet professionnel !

Justin : Oh oui, c'est sûr : je veux être avocat. Je suis motivé !... Merci, madame. Bonne journée.

Dialogue 2

Audrey : Bonjour, monsieur.

Le jardinier : Bonjour ! Comment vous vous appelez ?

Audrey : Audrey. Je suis étudiante et je ne sais pas quel métier je veux faire... J'espère que je vais trouver des idées ici.

Le jardinier : Je vois... Qu'est-ce que vous étudiez ?

Audrey : Je suis en L1 de biologie. Et aussi... je sais dessiner. Je prends des cours de dessin en dehors de l'université, c'est ma passion. J'aime beaucoup dessiner des fleurs.

Le jardinier : Donc, vous vous intéressez aux plantes ?

Audrey : Ah oui ! Chez mes parents, il y a un petit jardin. Je connais bien les fleurs. Je suis douée pour ça, il paraît !

Le jardinier : Vous avez pensé à être jardinière ?

Audrey : Jardinière ?

Le jardinier : Oui : dans les parcs, les châteaux, ou chez des gens... Ça vous plairait ? Moi, c'est mon métier.

Audrey : Vous pouvez m'en dire plus ?

Le jardinier : Eh bien, c'est un métier qui est très varié : je dois bien connaître les fleurs que je plante mais il faut aussi être un peu artiste, avoir de l'imagination pour faire un beau jardin...

Audrey : Et quelles sont les conditions de travail ? Vous travaillez dehors ?

Le jardinier : Oui, on est tout le temps à l'extérieur, été comme hiver. Mais j'ai beaucoup de liberté pour m'organiser : je choisis les commandes que je préfère et les horaires qui me conviennent... et je n'ai pas de chef !

Audrey : C'est une super idée ! Merci du conseil !

109 Page 156 Phonétique > Les sons [t]/[d]

Exercice 1a

a ton – **b** don

110 Page 156, Exercice 1b et c

a Aujourd'hui, je dois prendre rendez-vous avec la direction et passer des commandes. – **b** La nouvelle stagiaire est sympathique mais elle travaille trop. – **c** Le directeur de l'université a demandé aux étudiants de participer à un fablab.

111 Page 156, Exercice 3

a J'ai obtenu mon master d'architecture en 2010. – **b** Votre inscription est valide si vous déposez votre dossier avant le 30 septembre. – **c** Elle voudrait devenir avocate, elle est assez douée en droit.

UNITÉ 11 Au grand air

112 Page 160, A : Ville ou campagne ?

Le journaliste : Bonjour à tous, bienvenue dans notre émission *Envies d'ailleurs*. Aujourd'hui, la parole est aux citadins.
Bonjour, Marie. Vous habitez à Paris ?

Marie : Oui.

Le journaliste : Pourquoi vous voulez partir à la campagne ?

Marie : Parce que j'en ai marre de la ville ! Ma vie ici... Pffff... C'est trop déprimant ! Je travaille tout le temps. Je veux m'installer à la campagne pour avoir plus de temps libre et profiter de beaux paysages. Et pour la météo, aussi... C'est trop triste ici, j'en ai assez, je veux du soleil !

Le journaliste : Ah oui, c'est bien connu, on a plus de soleil à la campagne !

Marie : Oui, c'est plus agréable. Et puis en ville, c'est trop cher. Vous avez vu le prix des loyers ? Ils sont plus élevés dans les grandes villes ! Et les logements sont minuscules. Ça aussi, c'est une raison de partir.

Le journaliste : Bonjour, Karim. Vous aussi vous rêvez de partir à la campagne ?

Karim : Oui ! Je me sens mal ici. La pollution, les voitures, je n'en peux plus ! C'est trop stressant.

Le journaliste : À la campagne, il y a plus de transports en commun qu'en ville ?

Karim : Non, mais on passe moins de temps dans la voiture et dans les bouchons. Et ça, c'est reposant.

Le journaliste : Bonjour, Paul. Toi aussi tu veux aller vivre à la campagne ?

Paul : Oui.

Le journaliste : Pourquoi ?

Paul : La ville, c'est pas mon truc. Ici, on habite dans un appartement. À la campagne, on peut avoir une maison. Et puis, j'aime les animaux et les jeux.

Le journaliste : Il y a plus de jeux à la campagne ?

Paul : À la campagne, on peut jouer dehors, dans le jardin. C'est mieux, c'est plus calme qu'en ville.

113 Page 164 Phonétique > Les sons [p]/[b]

Exercice 1a

a peau – **b** beau

114 Page 164, Exercice 1b

a J'ai pu./J'ai bu. – **b** un bon pont/un pompon – **c** C'est bon./C'est bon. – **d** la pub/la pub

115 Page 164, Exercice 1c

a Vous habitez à Paris ? – **b** Je vis à la campagne pour avoir plus de temps libre. – **c** Je prends des photos de beaux paysages arabes. – **d** Je passe beaucoup de temps dans les bouchons.

116 Page 164, Exercice 4

a Les habitants de Paris s'appellent les Parisiens. – **b** Il est berger et il adore se baigner ! – **c** Le propriétaire de mon appartement est dans les embouteillages. – **d** Béatrice habite à la campagne et peut se promener dans les bois.

117 Page 165, E : Je cultive mon jardin

Ramzi : Salut Louise !

Louise : Bonjour Ramzi.

Ramzi : Qu'est-ce que tu plantes ?

Louise : Ça ? Ce sont des graines de courgettes.

Ramzi : Ah ok. Je vais planter autre chose alors : des tomates ?

Louise : Oui, des tomates, très bonne idée ! On va les manger cet été !

La journaliste : Dans ce petit jardin au cœur de Montréal, plusieurs habitants se retrouvent : des habitants plantent des fruits, d'autres des légumes... Dominique, lui, est en train d'arroser des fleurs au bout du jardin, près du grand marronnier...

Dominique : Il ne pleut pas beaucoup en ce moment. Il faut arroser.

La journaliste : Vous avez planté toutes ces fleurs ?

Dominique : Non ce n'est pas moi. C'est Louise, je crois. Elle a planté les roses cet hiver.

La journaliste : Dans ces jardins partagés, la production appartient à tout le monde. Les jardiniers ramassent les fruits, les légumes et les fleurs, puis ils les partagent. Chacun participe au travail comme il peut...

Hugo : Moi, j'ai du temps. Je suis à la retraite alors je viens tous les jours. Élisa, elle, elle travaille pendant la semaine...

Élisa : Oui, moi je viens surtout le week-end.

La journaliste : Qu'est-ce que vous allez cueillir aujourd'hui Elisa ?

Élisa : Aujourd'hui je cueille les tulipes et les marguerites. La semaine prochaine, je vais faire un bouquet avec les roses.

La journaliste : Et ce n'est pas tout : les partages continuent en dehors du jardin…
Ramzi : Moi, je viens ici depuis deux ans. C'est super, on rencontre du monde, les générations et les cultures se mélangent. J'aime jardiner mais j'aime aussi cuisiner. On échange des recettes de tous les pays. Par exemple, Dominique est haïtien et il m'a appris à faire un gâteau à l'ananas.
La journaliste : Des jardins comme ça, il y en a 97 à Montréal et d'autres villes partout dans le monde font la même chose.

118 Page 168, G : Le Grand Parc de Miribel-Jonage

Le grand-père : Voilà, ici c'est le départ du sentier « découverte ». Vous êtes déjà venues ici ?
Fanny : Non, pas aussi loin. Mais avec papa et maman, nous sommes déjà venus nous baigner à la base nautique.
Le grand-père : Allez, c'est parti, suivez-moi !
(…)
Le grand-père : Nous voici au point 2. Regardez bien cette forêt… Vous ne remarquez rien ? Fanny, qu'est-ce que tu en penses ?
Fanny : Euh… Les arbres sont pareils, non ?
La maman : Oui, ils ont la même forme, la même taille… et ils sont alignés en rang ! Tu sais pourquoi, papa ?
Le grand-père : Oui, parce qu'on les a plantés. C'est une forêt artificielle. Et finalement, cette forêt est aussi grande que douze terrains de football…
(…)
La maman : C'est le point 4… quel beau lac !
Le grand-père : C'est un lac artificiel… il a été créé par les hommes. Et il a le même âge que ta maman !
Fanny : Oh, vous avez vu tous ces oiseaux sur le lac ? Ils sont nombreux… et très différents !
Le grand-père : Oui, au lac des Allivoz, il y a beaucoup d'espèces d'oiseaux aquatiques : des hérons cendrés, des cormorans…
Fanny : C'est quoi un cormoran ?
Le grand-père : Un cormoran, c'est un oiseau noir avec un long cou. Tu le vois là-bas ? Il est aussi bien dans l'air que dans l'eau !
(…)
Fanny : Point 6… papi, cette forêt, elle est artificielle ?
Le grand-père : Non Fanny, c'est une forêt naturelle. Tu vois, les arbres ne sont pas de la même espèce, et ils sont plus rapprochés.
(…)
La maman : Il fait froid ici… au point 8 !
Le grand-père : Oui, et ce petit ruisseau s'appelle le Rizan.
Fanny : L'eau est aussi claire qu'un miroir !
(…)
La maman : Ça y est, nous arrivons au bout du sentier.
Fanny : Oh là là ! il y a des champs partout !
Le grand-père : Oui ! Au grand parc de Miribel, il y a environ 400 hectares cultivés !

119 Page 170 Phonétique > L'enchaînement vocalique

Exercice 1a

a Quand j'ai eu 35 ans, j'ai déménagé à la campagne. – b Je me suis installé ici. – c Je loue un appartement. – d Nous vivons à Albi.

120 Page 170, Exercice 1b

a j'ai eu – b déménagé à – c installé ici – d loue un – e à Albi

121 Page 170, Exercice 3

a On fait des jeux de société à la maison. – b Je voudrais vivre à la campagne ou à la mer. – c Se sentir bien au travail est aussi important que de se sentir bien à la maison. – d Elle n'a jamais voyagé aussi loin de sa ville.

UNITÉ 12 C'était bien ?

122 Page 174, B : Pratiquez !

Maryam : Bonjour, je m'appelle Maryam !
Marco : Salut ! Moi, c'est Marco.
Maryam : Qu'est-ce que tu fais dans la vie, Marco ?
Marco : Je prends des cours de français à Paris.
Maryam : Super ! Et... ça te plaît ?
Marco : Ça me plaît beaucoup ! Apprendre une nouvelle langue, je trouve ça... intéressant, mais un peu difficile !
Maryam : Ah oui ? Pourquoi ?
Marco : Je suis timide ! En classe, j'ai peur de prendre la parole. Parfois, le professeur nous interroge, je veux parler, mais je suis bloqué ! J'ai du mal à m'exprimer.
Maryam : Mais... tu as progressé, non ?
Marco : J'ai amélioré ma compréhension orale et mon expression écrite. Mais j'ai toujours des difficultés pour lire et pour parler.
Maryam : Il faut pratiquer. Tu lis un peu en français ?
Marco : Oui, je lis des magazines, mais je ne comprends pas tout. Alors, je regarde les photos ! Et puis je regarde aussi des films en version originale avec les sous-titres !
Maryam : Bonne idée ! Ne t'inquiète pas, ça va aller ! Tu te débrouilles bien ! Tu as un bon niveau.
Marco : Merci ! Mais parfois, les gens me comprennent mal et c'est difficile de communiquer !
Maryam : Mais ici, au Polyglot Club, c'est différent ! Tu viens souvent aux soirées polyglottes ?
Marco : Je suis déjà venu trois fois. Dans ces soirées, les gens m'écoutent, m'apprennent des mots nouveaux et me corrigent. C'est très utile, ces échanges linguistiques.
Maryam : Oui, c'est vrai.
Marco : Mais toi, tu parles très bien français, non ? Et tu n'as pas d'accent !
Maryam : En fait… je suis française ! Le français, c'est ma langue maternelle !

123 Page 178 Phonétique > Les sons [j]/[w]/[ɥ]

Exercice 1a

a hier – b oui – c huit

124 Page 178, Exercice 1b

a ça y est/salé – b entier/entier – c loin/loin – d ma/moi – e lui/lit – f juin/juin

125 Page 178, Exercice 1c

a Ma fille a vécu dans une famille d'accueil en Équateur et elle a bien amélioré son espagnol. – b J'ai envoyé mon fils à l'étranger il y a six mois pour des échanges linguistiques et aujourd'hui, il maîtrise l'anglais. – c Cette joueuse de tennis a un point commun avec ce chanteur canadien : ils ont tous les deux suivi des cours de français.

126 Page 178, Exercice 3

a Tu te débrouilles bien en français, je suis inscrit à un club de conversation, viens avec moi, l'entrée est gratuite. – b Je voudrais aller en Éthiopie en juillet. Il y a peut-être moins de pluie que de soleil à cette période ! – c Ma femme est très douée pour les langues, elle parle bien le suédois et l'espagnol et aujourd'hui, elle veut essayer d'apprendre le danois. – d L'année dernière, j'ai travaillé pendant trois mois à Tokyo, ce n'est pas une petite ville tranquille !

127 Page 179, Civilisation, E : Les Français en chanson !

Voir transcription p. 179

128 Page 181, G : Quels sont vos projets ?

Claudio : Hani, tu veux connaître ton futur ? Je te lis ton horoscope…
Hani : Euh...non, merci, Claudio. L'astrologie, les horoscopes… ça ne m'intéresse pas. Et en général, c'est faux. Je n'y crois pas.
Claudio : Je ne suis pas d'accord avec toi. Moi, je lis toujours mon horoscope, et parfois, c'est vrai ! C'est quoi, ton signe astrologique ?
Hani : Je ne sais pas... Je suis né le 20 novembre.
Claudio : Alors, tu es scorpion. « Vous voulez passer un examen ? Attendez un peu ! Ce n'est pas le bon moment. Offrez un cadeau à votre femme. » Alors ? Qu'est-ce que tu en penses ?
Hani : Tout est faux dans cet horoscope ! Je suis célibataire. Et je passe le DELF dans trois jours, tu sais, le diplôme de français.
Claudio : Waouh ! le DELF ! Tu as préparé l'examen ?
Hani : Oui, j'ai beaucoup travaillé ! Et notre cours de français se termine bientôt. Alors, c'est le bon moment ! Tu vois, les horoscopes, c'est ridicule.
Claudio : Mais non, pas du tout ! Écoute, moi, je suis Taureau : « C'est bientôt l'été, partez en voyage ! Vous allez faire des rencontres. » C'est incroyable ! J'ai un projet de vacances : je compte faire un tour de France avec une amie cet été ! C'est un moyen très efficace de pratiquer le français et de rencontrer des gens. Tu vois, Hani, tout est vrai dans mon horoscope !
Hani : Tu as peut-être raison…

129 Page 182, H : La presse, ça m'intéresse !

Pierre : Dis donc, il y a beaucoup de magazines chez toi, Victoria ! Tiens... le dernier numéro de *Elle* ! je peux le regarder ?
Victoria : Ben, Pierre, tu lis des magazines féminins, toi ? Vraiment ?
Pierre : Euh... oui, je trouve ça intéressant. En fait… la rubrique « cuisine » m'intéresse. Je la lis pour les recettes. Et *So foot*, c'est pour qui ?
Victoria : *So foot*, c'est pour mon colocataire !
Pierre : C'est vrai ? Lilian aime le foot ?
Victoria : Non, pas du tout ! Mais je vais t'expliquer. Il a un nouveau travail, et tous ses collègues sont passionnés de foot. Alors il leur parle de ce sujet pour apprendre à les connaître. C'est un magazine sportif utile... pour sa vie sociale !!
Pierre : Intéressant !... mais toi, tu lis quels magazines ?
Victoria : Eh bien, *Elle*, et puis aussi *Les Inrockuptibles*. C'est un magazine culturel : les rubriques cinéma, musique, littérature... J'adore.
Pierre : Oui, moi aussi, *Les Inrocks*, ça me plaît bien, mais je préfère les articles sur l'actualité : la politique, la société...
Victoria : Oui, c'est vrai. Je l'aime bien.
Pierre : Mais qui lit *Géo* ?
Victoria : *Géo* c'est pour Zoey !
Pierre : Zoey ?
Victoria : Mais... oui ! Zoey! Ma nouvelle colocataire. C'est une étudiante américaine ! Tu ne la connais pas ?
Pierre : Euh... pas encore ! Mais... elle lit en français sans problème ?
Victoria : Oh... elle ne comprend pas tout, mais dans *Géo*, il y a des photos magnifiques. Elle les regarde. Ça l'aide à comprendre.
Pierre : Et vous les trouvez où, ces magazines ?
Victoria : Au kiosque à journaux, en bas.
Pierre : J'imagine que le vendeur vous adore !
Victoria : Ah oui ! On lui achète nos magazines tous les samedis. Il nous aime beaucoup !

130 Page 184 Phonétique > La lettre *e* prononcée, non prononcée

Exercice 1a

Samedi, j'ai lu un magazine surprenant.

131 Page 184 Exercice 1 b

a Je regarde un film en langue française. – **b** Vendredi, j'invite mes amis du programme d'échange. – **c** Ma petite sœur habite en Allemagne. – **d** Les étrangers aiment acheter du pain à la boulangerie.

132 Page 184 Exercice 3

a Bienvenue en Belgique ! – **b** Notre université propose de nombreux enseignements. – **c** On se retrouve devant le café. – **d** Je veux étudier la médecine en Suède.

133 Épreuve blanche du DELF A1

Page 188

Compréhension de l'oral
Exercice 1
Salut Nathalie ! C'est Anne. Je vais aller au marché dimanche matin. Tu veux venir avec moi ? Si tu es d'accord, on se retrouve place Stéphanie demain à 10 h 30. On peut faire les courses et aller prendre un café après. Rappelle-moi vite !

134 Page 188, Exercice 2

Chers clientes, chers clients, votre rayon fromages vous propose le camembert au lait cru à 2,80 €, le comté à 4 € les 200 grammes et de nombreuses promotions sur les fromages de chèvre. N'hésitez pas à demander conseil à votre fromager. Attention, ces offres sont valables jusqu'à midi !

135 Page 189, Exercice 3

Bonjour, ici Monsieur Moreau de l'agence de voyage. Pour votre voyage en Autriche, je peux avoir 2 places pour l'opéra de Mozart au festival de Salzbourg. Rappelez-moi pour me dire si ça vous intéresse. Mon numéro est le 03 25 98 41 55. Je travaille jusqu'à 18 h. Au revoir !

136 Page 189, Exercice 4

Vous allez entendre 5 petits dialogues correspondant à 5 situations différentes. Il y a 15 secondes de pause après chaque dialogue. Notez, sous chaque image, le numéro du dialogue qui correspond. Puis vous allez entendre à nouveau les dialogues et vous pouvez compléter vos réponses. Regardez les images. Attention, il y a 6 images (A, B, C, D, E et F) mais seulement 5 dialogues.

Situation 1
Jacques : Bonjour Anne-Marie !
Anne-Marie : Bonjour Jean-Jacques !
Jacques : Bienvenue dans notre jeu. Je vous souhaite bonne chance !
Situation 2
L'homme : Salut ! J'ai envie d'aller au cinéma. Tu veux venir avec moi ?
La femme : Oui, super. On va voir un film policier ?
L'homme : D'accord.
Situation 3
La docteure : Bonjour Monsieur Leroy.
Monsieur Leroy : Bonjour docteure.
La docteure : Qu'est-ce qui ne vas pas ? Vous avez de la fièvre ?
Monsieur Leroy : Oui, j'ai pris ma température, j'ai 39° C.
Situation 4
L'homme : Ce dessert est excellent.
La femme : Le mien aussi. On mange très bien ici.
L'homme : Et en plus, ce n'est pas cher.
Situation 5
La secrétaire : Monsieur Durand est occupé. Il est en rendez-vous. Je peux prendre un message ?
M. Gaillard : Oui, c'est gentil, merci. Pourriez-vous lui dire que Monsieur Gaillard a appelé s'il vous plaît ?
La secrétaire : Oui, bien sûr, c'est noté.

TRANSCRIPTIONS > documents du DVD

UNITÉ 1 Et vous ?

1 Page 24, Ana, Francesco, Adriana et Noé (épisode 1)

Ana : Ola ! Bonjour !
Francesco : Buongiorno ! Bonjour !
Adriana : ¿Qué hubo ? Bonjour !
Noé : Ola ! Bonjour !
Noé : Bonjour ! Je m'appelle Noé, je suis espagnol, j'ai 37 ans et je suis pilote d'avion.
Ana : Coucou, je m'appelle Ana. Je suis avocate, j'ai 28 ans et je suis brésilienne.
Francesco : Bonjour à tous, je m'appelle Francesco. J'ai 34 ans, je suis architecte, et mon pays, c'est l'Italie.
Adriana : Salut, moi c'est Adriana. Je suis colombienne. J'ai 31 ans, et mon métier, c'est médecin.

UNITÉ 4 Les soldes, c'est parti !

4 Page 66, Vive les soldes !

Ça y est, c'est le début des soldes d'hiver dans ce grand magasin parisien ! Les vestes et les chemises sont en solde jusqu'à - 50 % ! Quelle est votre taille ? Vous faites du 36, du 40, du 44 ? Pas de souci, il y a toutes les tailles au début des soldes !
Les chaussures aussi sont en solde avec des prix jusqu'à - 40 %. Mais attention ! Vous êtes nombreux ! Quelle est votre pointure ? Vous faites du 38 ? Ou vous chaussez du 44 ? C'est plus facile pour vous !
Il y a beaucoup de styles et de couleurs. Et pour les clients intéressés, les rayons bijoux et parfums proposent aussi des bons prix. Alors rendez-vous dans vos magasins préférés du 11 janvier au 21 février.

UNITÉ 5 C'est quoi le programme ?

5 Page 80, Tâches ménagères : qui fait quoi ?

D'après une enquête, les adolescentes et les adolescents étudient, dorment, surfent sur Internet le même nombre d'heures. Mais l'égalité s'arrête là.
Eh oui, les jeunes filles passent environ 1 h 25 par jour à s'occuper des tâches ménagères. Elles aident à faire la cuisine, le ménage ou les courses. Les garçons font d'autres activités. Ils passent seulement 48 minutes par jour à s'occuper des tâches ménagères. Les garçons ont plus de temps libre.
Alors, la différence homme/femme : un cliché ?

UNITÉ 6 Félicitations !

6 Page 94, Les Bouglione, un air de famille

Immortaliser la nouvelle génération du cirque Bouglione… Ils sont les petits-enfants, arrière-petits-enfants et même arrière-arrière-petits-enfants de Rosa et Joseph Bouglione, qui ont bâti la renommée du cirque depuis les années 1940.
Quand Rosa ne peut pas venir au cirque, alors c'est le cirque qui vient à elle.
À bientôt 101 ans, la piste c'est toute sa vie.
« T'as pas de petite sœur, toi ? »
« Non, j'ai qu'un grand frère. »
Rosa vit aujourd'hui à deux pas du cirque d'hiver, propriété de la famille depuis 1934. Avec son mari Joseph qu'elle a épousé en 1928, et qui est mort il y a 24 ans, elle a sillonné la France et le monde, et développé de grands spectacles à l'américaine.
« Là c'est mon mari… Là c'est ma fille Odette… qui a 83 ans… »
Aujourd'hui, les petits-enfants de Rosa ont renoué avec la tradition des grands spectacles de cirque de leurs grands-parents.
Les arrière-petits-enfants de Rosa sont déjà en piste. Mais ils ont encore des choses à apprendre…

UNITÉ 7 Chez moi

7 Page 108, Au Salon Maison et Objet

Au départ, on dirait un tableau… et en réalité, c'est un fauteuil. Et il y a le même en version canapé… Idéal pour la conversation.
Bienvenue donc au salon Maison et Objet. Ici, normal, tout est fait pour attirer votre attention…
De la tentation « design chic » ou pas, finalement, c'est à vous de juger. Aujourd'hui, la déco, c'est devenu une quête, un Graal. Trouver l'objet insolite sur lequel on va flasher, et peut-être même s'attacher. Mais attention, seulement pour quelques années. Les meubles de famille c'est terminé, il faut renouveler régulièrement son intérieur.
Et dans ce marché ultra-concurrentiel, les designers se battent à coup d'idées choc. Chez Meccano, on vient d'inventer les meubles à monter comme un jeu de construction.
« Nous avons 22 éléments. Avec les 22 éléments, vous créez tout le mobilier que vous souhaitez. De la chaise à la console à la table… »
Monter, démonter… Le truc, c'est surtout de gagner de la place.
Alors il y a des bureaux qui se transforment en bancs, et inversement.
Un objet nomade, comme cette enceinte high-tech made in France et dernier cri. On peut l'emmener sur la terrasse, dans le jardin avec les amis. Ça fonctionne en bluetooth, donc ça marche avec tous les appareils.
En France, un ménage dépense environ 330 euros par an pour se meubler.

UNITÉ 8 Bonnes vacances !

8 Page 122, Embarquement immédiat

23 kilomètres au nord de Paris : Roissy-Charles-de-Gaulle, le premier aéroport français.
Ici, chaque année se croisent 61 millions de voyageurs, presque l'équivalent de la population française.
Il y a ceux qui atterrissent, dans la joie ou la fatigue de l'arrivée.
Et ceux sur le départ, dans l'excitation, la décontraction, ou l'angoisse du décollage : « C'est rare que je pleure dans un aéroport mais là, en l'occurrence, on n'a pas pu faire autrement ».
Entre terre et ciel…
« France 25-61 autorisé atterrissage piste 27 gauche ».
Tous partagent un même objectif : faire atterrir et décoller à l'heure des avions pour le monde entier.
Roissy-Charles-de-Gaulle, embarquement immédiat.

UNITÉ 9 Pas de chance !

9 Page 136, Je n'ai pas de chance !

Jérémy : Oh non, le méchant chat !
Non, je ne me suis pas brossé les dents. Et oui, mon chat a fait pipi dans mes chaussures... Bonne journée à vous !
Non ! Non ! Pas la panne ! Pas aujourd'hui ! Vite ! le métro !
Je vais prendre le métro ! Je vais prendre le métro ! J'ai raté le métro. Et je suis en retard.
5 minutes, c'est trop long ! Maintenant, il faut courir !
Aïe ! Ouille, ouille ! Oh ! là, là ! Je me suis fait mal...
Pourquoi je ne suis pas resté au lit, moi... ?

UNITÉ 10 Beau travail !

10 Page 150, Premiers jours à l'université

La journaliste : Alors comment est-ce que vous appréhendez ces premières journées de rentrée ? Au niveau de l'organisation ? Vous êtes angoissé ? Vous êtes content ? Comment vous vous sentez ?
Wilson : En fait je suis un peu perdu parce que je n'ai pas trop d'infos sur ma section à moi.
Audrey : Je suis arrivée aujourd'hui, je ne viens pas du tout de Strasbourg, je ne connais pas du tout.
Léana : Au début c'était un peu angoissant, forcément avant d'arriver. Et puis après on rencontre des gens qu'on connaît déjà à la base, on en rencontre des nouveaux.
Ying-Wing Nadine : C'est bien, un peu stressée mais sinon, les gens se présentent bien.
Mingole : On découvre en même temps la ville... en même temps que le système scolaire français. On est originaires du Québec.
Le journaliste : Et vous êtes bien accueillis ici à Strasbourg ?
Mingole : Pour l'instant, oui, on espère que ça va rester de même. Parce que c'est important.
Adel : Quand on est curieux, quand on cherche un peu à s'orienter, on arrive à trouver les informations. Après voilà, il faut faire l'effort de rechercher les informations. Parce que c'est vrai, c'est pas évident de les trouver du premier coup.
Gleb : J'adore l'ambiance, l'université, le campus et toutes les choses, la « petite France » est vraiment magnifique.
Kevin : Il y a beaucoup de monde, c'est un peu stressant, il faut un peu courir partout, mais sinon ça se passe bien, c'est une rentrée comme les autres.

UNITÉ 12 C'était bien ?

12 Page 178, Ana, Francesco, Adriana et Noé (épisode 2)

Ana : Moi j'ai commencé à apprendre le français en 2009, à l'Alliance française à Rio... pour le plaisir.
Adriana : Moi j'ai pris des cours à l'université en Colombie pendant 4 ans, et ensuite je suis venue en France continuer mes études de médecine à la fac de Toulouse en 2010.
Francesco : Et moi j'ai commencé à étudier le français au lycée, à l'âge de 16 ans.
Noé : Et moi j'ai appris le français en France pour mon travail. J'ai vécu 6 ans à Lyon, et à l'époque j'ai travaillé pour une compagnie française... une compagnie aérienne française.
Noé : Moi j'aime beaucoup les pronoms *en* et *y*, c'est des pronoms qui n'existent pas en espagnol. Et puis aussi j'aime beaucoup les sons, les voyelles du français... « u », « e », « an »... les nasales aussi, je trouve que c'est vraiment très joli.
Adriana : Oui, je suis d'accord avec Noé. En plus, les Français, il paraît... aiment beaucoup notre accent. Parce qu'il y a souvent des gens qui me disent : « Oh, j'adore quand tu parles français ».
Francesco : En Italie, on dit *ciao* pour dire bonjour et au revoir, mais ici on dit *ciao* seulement pour dire au revoir donc... ça peut être parfois compliqué.
Ana : Les Français aiment beaucoup parler ou discuter. Et comme parfois ils ne sont pas d'accord, ils peuvent parler pendant des heures et des heures.
Adriana : Ah oui, et des heures aussi ils passent à table ! Parce qu'ils adorent rester des heures et des heures à manger.
Ana : Un petit conseil : relisez vos livres préférés en français.
Noé : N'ayez pas peur, allez-y, parlez en français !
Francesco : Demandez à vos amis de vous corriger !
Adriana : Passez beaucoup, beaucoup de temps avec des Français !

Références Iconographiques

Couverture Zero Creatives/GettyImages **1** Jean-Louis Liennard **2** 1, 8, 16, 24, 31 Olivier Le Moal-Fotolia.com **2** 12, 23 www.francophonie.org **2** 2, 11, 19, 26, 32 Maxim_Kazmin-Fotolia.com **2** 4, 10, 17, 22 by_studio-Fotolia.com **2** 5, 13, 20, 27, 34 brad_calkins-Fotolia.com **2** 6, 25 saran_porong-Fotolia.com **2** 7, 14, 29 Aldecastudio-Fotolia.com **12** 1hc Harri Tahvanainen/GettyImages **12** 1hg ITVF/laufer-Fotolia.com/© La Poste **12** 2.1 Jacques Palut-Fotolia.com **12** 2.2 Mivr-Fotolia.com **12** 2.3 Alistair Dick-Fotolia.com **12** 3bc St Op.-Fotolia.com **12** 3bg John Smith/Corbis **12** 3hc James Warren-Fotolia.com **12** 3hd Michael Damkler-Fotolia.com **12** 3hg razihusin-Fotolia.com **13** bc Kate Mitchell/www.agefotostock.com **13** bg Monet-Fotolia.com **14** 2c « Zazie dans le métro », Clément Oubrerie © Éditions Gallimard Jeunesse **14** 2b Nathan Alliard/Photononstop **14** 2a Eric Audras/PhotoAlto/Photononstop **14** 2d Atlantide Phototravel/Corbis **14** 2hd Médiathèque SNCF **14** 2md nico75-Fotolia.com **15** hd Jetta Productions/GettyImages **15** mg Raidus Images/Photononstop **16** bc François Renault/Photononstop **16** bd majoros166-Fotolia.com **16** bg Hagen411-Fotolia.com **16** hc jovannig-Fotolia.com **16** hd Alain Le Bot/Photononstop **16** hg Christophe Lehenaff/Photononstop **16** hhc Berdoulat Jerome-Fotolia.com **16** mc Hagen411-Fotolia.com **16** md vouvraysan-Fotolia.com **16** mg CSP-Yvonne Wierink/www.agefotostock.com **17** 2c © Printemps de Bourges, tous droits réservés. **17** 2a Foire de Paris/Foire d'Automne **17** 2d Création : www.pariselle.fr © 2015 **17** 2b Graph : F. Deniel/Direction de la communication Angers-Angers Loire Métropole **20** 4d, 4mg SNCF Médiathèque-Patrick Messina **20** 4g DreamPictures/GettyImages **20** 4md SNCF Médiathèque-Ronan Guillou **20** 5 somartin-Fotolia.com **20** hd SNCF Médiathèque-Claire Curt **20** hm SNCF Médiathèque-Sylvain Cambon **21** Nancy Edmonds/GettyImages **22** 3bcg, 3bcd olgasiv - Fotolia.com **22** 3bd, 3hg Chany167-Fotolia.com **22** 3hcd manstock007-Fotolia.com **22** 3hcg Ihor Obraztsov/123rf **22** 3hd, 3bg alder-Fotolia.com **22** hd Cathy Yeulet/123rf **22** hg Alex Ishchenko-Fotolia.com **22** hm atic12/123rf **23** 1a Denis Raev/123rf **23** 1b FikMik-Fotolia.com **23** 1c Kara-Fotolia.com **23** 1d SolisImages-Fotolia.com **23** 1e Shariff Che'Lah/123rf **23** 1f vadymvdrobot-Fotolia.com **23** 3bc Kenjiro Matsuo/Aflo/Nippon News/Corbis **23** 3bd Hubert Boesl/dpa/Corbis **23** 3hc AAPimages/Panckow/dpa/Corbis **23** 3hd Bertrand Rindoff Petroff/GettyImages **23** 3mc Kurt Krieger/Corbis **23** 3md Photoshot/www.abacapress.com **23** hg Roman Sotola/123rf **24** 5bc Stasique-Fotolia.com **24** 5bd Andres Rodriguez/123rf **24** 5hc Dominique Ducouret-Fotolia.com **24** 5hd rh2010-Fotolia.com **24, 178** hg, hd Jérôme Isaac **25** a Baltel/Sipa **25** b Ross Gilmore/GettyImages **25** c Lydie Lecarpentier/Réa **25** d Ian Gavan/GettyImages/Afp **26** bg Jetta Productions/GettyImages **26** hd www.francophonie.org **28** hd Antonio Guillem/123rf **28** mc milamon0-Fotolia.com **28** md Din/GettyImages **29** 1hc Tetra Images-Bryan Mullennix/GettyImages **29** 1hd fazon-Fotolia.com **29** 1hg Yury Gubin-Fotolia.com **29** 1mc Nabil Biyahmadine-Fotolia.com **29** 1md banauke/123rf **29** 1mg Carson Ganci/Design Pics/Corbis **29** bg Photopqr/l'Alsace/Maxppp **30** bd Bertrand Langlois/Afp **31** b Kiko Jimenez/Westend61/Corbis **31** h Eric Gaillard/Reuters **32** bc Eric Fougere/VIP Images/Corbis **32** bd, bg Dominique Charriau/GettyImages **32** hc, hd Eric Fougere/VIP Images/Corbis **32** hg Atef Safadi/epa/Corbis **34** Bordeaux Tourisme et Congrès **34** f Paul Turner/GettyImages **35** Romain Cintract/hemis.fr **36** GéoAtlas-Graphi-Ogre **37** bd ulise6-Fotolia.com **37** hg Pierre Glaizes/Réa **38** Conseil Régional Environnement Montréal, www.cremtl.qc.ca **39** bd Atomium (ASBL Atomimun, dit), Atomium de Bruxelles © Adagp, Paris, 2016/laurent6494-Fotolia.com **39** hcd Philippe Renault/hemis.fr **39** hcg wajan/123rf **39** hd Philippe Renault/hemis.fr **39** hg jovannig/123rf **39** mcd Benoit Daoust/123rf **39** mcg Vichaya Kiatying-Angsulee/123rf **39** md Philippe Renault/hemis.fr **39** mg Isantilli/123rf **40** a Antoine Antoniol/GettyImages/Afp **40** b, c Coblat-Fotolia.com **40** bd GéoAtlas-Graphi-Ogre **40** mc Braderie de Lille **41** Keolis, Lille **42** 1a Artem Konovalov/123rf **42** 1b Nikada/Istock **42** 1c Kiril P. Brin/Furan-Fotolia.com **42** 1d joyfull/Shutterstock **42** bd Monkey Business-Fotolia.com **42** hg Minerva Studio-Fotolia.com **42** md Dmitry Kalinovsky/Shutterstock **42** mg Production Perig-Fotolia.com **43** bd madpixblue-Fotolia.com **43** hc Production Peris-Fotolia.com **43** hd Pierre Bessard/Réa **45** b Vicky Padgett/GettyImages **45** h Patrick Escudero/hemis.fr **46** Médiathèque SNCF **48** 5bg Andre-Fotolia.com **48** 5bmc Benoît Jouvelet-Fotolia.com **48** 5bmg Gilles Paire-Fotolia.com **48** bd egorxfi-Fotolia.com **48** bmd jerome signoret-Fotolia.com **48** hd1 chrisbric-Fotolia.com **48** hd2 Design Pics/Photononstop **48** hd3 Patrick Allard/Réa **48** hd4 White Star/Monica Gumm/imagebroker/www.agefotostock.com **48** hd5 Christian Guy/imagebroker/www.agefotostock.com **48** hg Ruaud/Andia.fr **50** bc Franck Crusiaux/Réa **50** bd Pascal Sittler/Réa **50** hc Marta Nascimento/Réa **50** hg Richard Damoret/Réa **50** md, mg Pascal Sittler/Réa **51** 1bd Richard Griffin-Fotolia.com **51** 1bg Mediagfx-Fotolia.com **51** 1hg sajhs04/Dreamstime.com **51** 1md guy-Fotolia.com **51** 1mg seen-Fotolia.com **51** 4bc Carole Mineo-Fotolia.com **51** 4hd Brad Pict-Fotolia.com **51** 4bd Atlantis-Fotolia.com **51** bg Aurélia Galicher **52** 3.1 Sharpshot-Fotolia.com **52** 3.2 koosen-Fotolia.com **52** 3.3 Dmitry Rukhlenko/123rf **52** 3.4 red150770-Fotolia.com **52** 3.5 Marc Chesneau-Fotolia.com **52** bd Helioshammer/Dreamstime.com **52** hg publié dans http://cuisine.journaldesfemmes.com/recette/304057-tarte-provencale-aux-courgettes **53** hd, hg © Peter Menzel/Cosmos extrait du livre "Hungry Planet" **53** mcd Andrey Starostin-Fotolia.com **53** mcg Marc Bruxelle/Alamy **53** md Philippe Ranault/hemis.fr **53** mg M.studio-Fotolia.com **54** 2a Jean-Marc Romain/Photononstop **54** 2b Chris Sattlberger/Blen Images/Photononstop **54** 2c Simon Marcus/Flirt/Photononstop **54** bd FotografiaBasica/Istock **55** hmd verdateo/123rf **55** hd dmitryphotos/Istock **55** hg dizolator-Fotolia.com **55** hmg gerenme/Istock **56** 1 J.C. Dallet/www.agefotostock.com **56** 12 Rido-Fotolia.com **56** 2, 3, 7, 13 monte_foto-Fotolia.com **56** 4,11 Michael Simons/123rf **56** 5 engy7-Fotolia.com **56** 6, 8, 10 subbotina/123rf **56** 9 pointImages-Fotolia.com **57** bc A Lein-Fotolia.com **57** bd L.Bouvier-Fotolia.com **57** bg David Smith-Fotolia.com **57** hd Image Source G/Photononstop **57** mc M Studio-Fotolia.com **57** md Alessio Orrú-Fotolia.com **57** mg woyzzeck-Fotolia.com **59** b David Shopper/Corbis **59** h StefanieB-Fotolia.com **62** bc rohappy-Fotolia.com **62** bd Dean Drobot/123rf **62** hc Alex Butscom-Fotolia.com **62** hd gromovataya/123rf **62** mcg Viorel Sima/123rf **62** mcd Evgeniya Porechenskaya/123rf **62** mg, md Tinatin1/Istock **63** Konrad Bak/Alamy **64** a, b lord_zigner-Fotolia.com **64** abd adisa-Fotolia.com **64** abg Tarzhanova-Fotolia.com **64** ahd Popova Olga-Fotolia.com **64** ahg Irabell/Istock **64** bbd Alexandra Karamyshev-Fotolia.com **64** bbg Jitalia/Istock **64** bhd Liaurinko-Fotolia.com **64** bhg Bonetta/Istock **65** 1 Naomii Kaltman/Corbis **65** bc sereznly/123rf **65** hbd Loïc Francois-Fotolia.com **65** hhd Geoatlas-Graphi-Ogre **65** md1 mszucs-Fotolia.com **65** md2 efired/123rf **65** md3 Bazals Kovacs/Istock **65** md4 aaron007/Istock **65** md5 Leonid Tito/123rf **65** md6 vicnt/Istock **65** mg1 ijdigital/123rf **65** mg2 froemic-Fotolia.com **65** mg3 Gray wall studio-Fotolia.com **65** mg4 vetre-Fotolia.com **66** David Cantiniaux, Rémi Khelif/AFPTV/AFP **67** 4a Emmanuel Valentin/Afp **67** 4b Studio Harcourt Paris/Afp **67** 4c Jacky Naegelen/Reuters **67** hc paleka/123rf **67** md Franck Fife/Afp **68** bc, bd whitestorm-Fotolia.com **68** bg Valeriy Lebedev/123rf **68** h Darty **68** mc scanrail/123rf **68** md Robert Lehmann/123rf **70** Avec l'aimable autorisation de la Mairie de Colomiers **71** 3a Csak István-Fotolia.com **71** 3b milamon0-Fotolia.com **71** 3c pagadesign/Istock **71** 3d Okea-Fotolia.com **71** 4a vankad-Fotolia.com **71** 4b wabeno/123rf **71** 4c yuri4u80-Fotolia.com **71** 4d okinawakasawa-Fotolia.com **73** b Fitle.com **73** h Rémy Malingrëy/Iconovox **74** a Xinhua/Zuma/Réa **74** b Jetta Productions/GettyImages **74** c Xavier Popy/Réa **74** hd p66-Fotolia.com **76** Lorraine Perret/Anne Jacob **77** hc giadophoto-Fotolia.com **77** hd Radu Razvan Gheorghe/123rf **78** 3a Georgii Dolgykh/123rf **78** 3b Gina Sanders-Fotolia.com **78** 3c Monkey Business-Fotolia.com **78** 3d Goran Bogicevic/123rf **78** 3e Alexandr Chubarov/123rf **78** hd1 sharpnos-Fotolia.com **78** hd2 tulpahn-Fotolia.com **78** hd3, 8 tulpahn-Fotolia.com **78** hd4 ylivdesign-Fotolia.com **78** hd5 klesign-Fotolia.com **78** hd6 kreizihorse-Fotolia.com **78** hd7 blankstoc-Fotolia.com **79** 2a Kho/123rf **79** 2b photophonie-Fotolia.com **79** 2c Yin Yang/Istock **79** 2d Imagehit Limited/123rf **79** 2e Wavebreak Media Ltd/123rf **79** md giadophoto-Fotolia.com **80** 1 Piktoworld-Fotolia.com **80** hg France 2/France Télévisions **82** "The Skype logo and user interface are trademarks of Microsoft and are used with the permission of Microsoft." **82** hd Daniel Thierry/GettyImages **82** hg Yuriy Brykaylo/123rf **82** mc Wavebreak Media Ltd/123rf **82** md Justin Lane/epa/Corbis **82** mg contrastwerkstatt-Fotolia.com **83** Eugenio Marongiu/123rf **84** Le Court-Circuit **85** e Ludovic-Réa **85** d Juan Carlos Hidalgo/epa/Corbis **85** b Jens Kalaene/epa/Corbis **85** a Maskott/Corbis **85** c Derek Meijer/Alamy **87** b « Que Faire à Paris », le site de la Ville de Paris pour dénicher bons plans culturels, sorties et activités. www.quefaire.paris **87** h Milan Szypura/Haytham-Réa **90** hd D'après Marguerite Abouet et Clément Oubrerie, « Aya de Yopougon », 2007 (double-page: les peronnages) © Éditions Gallimard Jeneusse, www.gallimard-jeunesse.fr **90** hg « Aya de Yopougon, 6 », (Collection « Bayou»), Marguerite Abouet et Clément Oubrerie, 2007 © Éditions Gallimard Jeneusse, www.gallimard-jeunesse.fr **92** Tania Hagemeister **93** 4a joingate/123rf **93** 4b Josef Polc-123rf **93** 4c baibaz-Fotolia.com **94** Gabrielle Chatelain-Moor, Elodie Le Maou/AFPTV/AFP **95** bd popocorn-Shutterstock.com **95** hbg Ville de Fontenay-aux-Roses **95** hd Sophie Roube **95** hbd Jean-Pierre Muller/Afp **95** hg « Le père Noël », 2014, réal. : Alexander Coffre, avec : Tahar Rahim, Victor Cabal, Collection Christophel © Quad Productions/Jean Claude Lother **95** hhc harmonycom-Fotolia.com **96** hd « La famille Belier », 2014, réal. : Eric Lartigau, Collection Christophel © Jerico/Mars distribution/DR **96** hg « Une famille a louer », 2015, réal. : Jean Pierre Ameris, Collection Christophel © Pan Europeenne Production/Versus production **97** Myrleen Pearson/Alamy **99** 1g Gstudio Group-Fotolia.com **99** 2bd Ada Summer/Corbis **99** 2hd Daniel Grill/Tetra

Images/Corbis **99** 2hg Wavebreak Media LTD/Wavebreak Media Ltd./Corbis **99** bg Heide Benser/Corbis **101** b Diverse Images/UIG/GettyImages **101** h kudryashka-123 rf **102** schinsilord-Fotolia.com **104** Studio Mike-Fotolia.com **105** hd 3darcastudio-Fotolia.com **105** hg lidokkk174-Fotolia.com **107** 2 goa novi-Fotolia.com **107** 3a rgbdigital.co.uk-Fotolia.com **107** 3b Chsherbinin Nikolay-Fotolia.com **107** 3c emevil-Fotolia.com **107** 3d Chlorophylle-Fotolia.com **107** 3e Andrey Bandurenko-Fotolia.com **107** 3f Mikhail Kalakutskiy-Fotolia.com **108** France Télévisions **109** bc Tibor Bognar/Corbis **109** bd Reggie Casagrande/GettyImages **109** bg Akg-images/De Agostini Picture Lib./A. Dagli Orti **109** hc Gabriele Rigon **109** hd © Joana Choumali **109** hg Julien Faure/Réa **109** mc Architecture and Vision **109** md collection "GRAPHIK de Ousmane Mbaye © Haidar Chams **109** mg Lorenvu/Sipa **110** 3a blankstock-Fotolia.com **110** 3b Scriblr-Fotolia.com **110** 3c Unclesam-Fotolia.com **110** 3d T. Michel-Fotolia.com **110** 3e Glaser-Fotolia.com **110** 3f Scriblr-Fotolia.com **110** 3g Yannik Labbe-Fotolia.com **110** hg Nicolas Tavernier/Réa **111** bg Fotolia.com **111** hd Wavebreak Media/www.agefotostock.com **111** mc jusep-Fotolia.com **112** 3a granata68-Fotolia.com **112** 3b stevecuk-Fotolia.com **112** 3c Alta Oosthuizen-Fotolia.com **112** hc EDF **113** 1 Oliver Ring/Alamy **113** 3bd Cultúra Creative/Photononstop **113** 3hd Globalphotogroup-Fotolia.com **113** 3md Wavebreakmedia LTD/Wavebreak Media Ltd./ Corbis **113** b Kurhan-Fotolia.com **115** b yvart-Fotolia.com **115** h Aurel-Iconovox **116** KostaKostov-Fotolia.com **116** bc pbnew-Fotolia.com **116** bd Tiler84-Fotolia.com **118** hc Seb Hovaguimian-Fotolia.com **118** hg Eric Teissedre/Photononstop **118** mc Francis Cormon/hemis.fr **118** mg Seb Hovaguimian-Fotolia.com **119** 3.1 sljubisa-Fotolia.com **119** 3.2 nuiiun-Fotolia.com **119** 3.3 rashadashurov-Fotolia.com **119** 3.4 pking4th-Fotolia.com **119** 3.5 blankstock-Fotolia.com **120** bc Daisy Daisy-Fotolia.com **120** hd giorgos245-Fotolia.com **120** mc Zoe-Fotolia.com **121** 1a Tony Tremblay/ GettyImages **121** 1b Hero Images/GettyImages **121** 1c Joel Damase/Photononstop **121** 1d Stephan Zabel/Istock **121** 2.1 pking4th-Fotolia.com **121** 2.2, 2.7 ayax-Fotolia.com **121** 2.3, 2.4 iuliia-Fotolia.com **121** 2.5 mrswilkins-Fotolia.com **121** 2.6 teracreonte-Fotolia.com **121** 2.8 Scriblr-Fotolia.com **121** bc Soulsisz-Fotolia.com **121** bd mag-Fotolia.com **121** bg Skolend-Fotolia.com **122** Galaxie Presse **123** a « Voyage en Inde » © 2014 Bamboo Edition, Béka & Marko **123** b « L'extravagant voyage du jeune et prodigieux TS Spivet », 2013, réal. : Jean Pierre Jeunet, Collection Christophel © Gaumont **123** bd Maxim Zarya/123rf **123** c ©Nicolas Nebot-Dreamfactory **123** d « Entrance to the Grand Canal », Felix Ziem,Taft Museum of Art, Cincinnati, Ohio, USA Bequest of Charles Phelps and Anna Sinton Taft/Bridgeman Images **123** e « L'Usage du monde », Nicolas Bouvier © Éditions La Découverte, 1952, 2014 **124** 4a Bon Appetit/Alamy **124** 4b Jérôme Rommé-Fotolia.com **124** 4c Mauritius/Photononstop **124** 4d Grant Rooney/www.agefotostock.com **124** 4e Ingenui/Istock **124** 4f Sasha64f/Istock **124** 4g Pierre Jacques/hemis.fr **124** hg Camille Moirenc/hemis.fr **124** hd Visions Of Our Land/GettyImages **125** hbc rufar-Fotolia.com **125** bd djekker-Fotolia.com **125** hhc deniskomarov-Fotolia.com **125** hhd rufar-Fotolia.com **125** hmc Antonioguillem-Fotolia.com **125** hmd Julián Rovagnati-Fotolia.com **127** 2a Bernd Jürgens-Fotolia.com **127** 2b ferrantraite/Istock **127** 2c GoodLifeStudio/Istock **127** 2d savoieleysse-Fotolia.com **127** 3 lord_zigner-Fotolia.com **127** 3b Franck Guiziou/Corbis **127** 3h Emmanuel Berthier/Corbis **127** bd Guido Vrola/123rf **128** bc Romain Quéré-Fotolia.com **128** bg wattanaphob-Fotolia.com **128** mc Ericos-Fotolia.com **128** md Pavel Chernobrivets-Fotolia.com **128** mg Roman Sigaev-Fotolia.com **129** b Michel Denis-Huot/hemis.fr **129** h luigi giordano-Fotolia.com **130** b fischers-Fotolia.com **130** h Brad Pict-Fotolia.com **132** hd BraunS/ GettyImages **132** mg Philip and Karen Smith/GettyImages **133** Derek Trask/GettyImages **134** hd WavebreakMediaMicro-Fotolia.com **134** mc Chalabala-Fotolia.com **135** 1a Iakov Filimov/123rf **135** 1b carballo-Fotolia.com **135** 1c tomazl/Istock **135** 1d John Schults/Reuters **135** 1e Luka Lajst/Istock **135** 3a, 3b bowie15/123rf **135** 3c PeopleImages/Istock **135** 3d BillionPhotos.com-Fotolia.com **136** La chaîne de Jeremy/Camarilla Productions **137** 3.1 Cyrano-Fotolia.com **137** 3.2 Krzysztof Jaroma/123rf **137** 3.3 enki/123rf **137** 4.1 Gianluca Fabrizio/Istock **137** 4.2 mates-Fotolia.com **137** 4.3 Andrzej Tokarski/123rf **137** 4.4 pixbox/123rf **137** 4.5 Maria Mora **137** hd lofik/123rf **138** 3.1, 2, 3 pict rider-Fotolia.com **138** 3.4 Lack-O'Keen-Fotolia.com **138** bd Timurock-Fotolia.com **138** bg Science Photo Library-Tek Images/GettyImages **138** hd Jacques Loic/Photononstop **140** « La Page Blanche », Bagieu - Boulet © Éditions Delcourt, 2012 **141** 1 Martial Red/Shutterstock **141** 3a Halfpoint-Fotolia.com **141** 3b Piotr Marcinski/123rf **141** 3c Monkey Business-Fotolia.com **141** 3d Photographee.eu-Fotolia.com **141** 3e Sentello-Fotolia.com **141** 3f Narog Jongsirikul/123rf **141** hg Andre Nadeau/123rf **143** b « Le Corniaud », 1965, réal. Gérard Oury avec André Bourvil, Louis de Funès, Collection Christophel © Les Films Corona **143** h Timurock-Fotolia.com **144** Exposition « Dis-moi dix mots » - édition 2014-2015 © Canopé-CNDP / Institut français - 2014 / Polysémique **146** 8a Frender-Fotolia.com **146** 8b Kara-Fotolia.com **146** 8c everythingpossible/123rf **146** 8d Casterberry-Fotolia.com **146** hg Leonardo Patrizi/GettyImages **146** mg Génération Erasmus **148** Franck Guiziou/hemis.fr **149** 1.1 Minerva Studio-Fotolia.com **149** 1.2 Pixsooz-Fotolia.com **149** 1.3 anyaberkut-Fotolia.com **149** 1.4 weseetheworld-Fotolia.com **149** 1.5 Fred Marvaux/Réa **149** hg Frederic Maigrot/Réa **149** hc Richard Damoret/Réa **149** hg Lydie Lecarpentier/Réa **150** Université de Strasbourg-Département de Production Audiovisuelle et Diffusion **151** h FACLAB-Site de Gennevilliers Université de Cergy Pontoise **151** md Delux-Fotolia.com **152** hd Nicolas Tavernier/Réa **152** hg La Voix-l'Étudiant **153** Albert-Iconovox **154** human/Istock **155** d Hero Images/Corbis **155** a Thodonal-Fotolia.com **155** c Blue Jean Images/Corbis **155** b WavebreakMedia Ltd/Corbis **157** b Caiaimage/Martin Barraud/GettyImages **157** hc Susan Chiang/GettyImages **157** hd Hero Images/GettyImages **157** mc Hinterhaus Productions/GettyImages **157** md Sigrid Gombert/GettyImages **158** Hill Street Studies/GettyImages **160** b flas100-Fotolia.com **161** « Le retour à la terre », tome 1, Jean-Yves Ferri & Manu Larcenet, 2010 © Dargaud **162** Knape/GettyImages **163** 1b John Rattle/123rf **163** 1h René Mattes/hemis.fr **163** 1m Shmel-Fotolia.com **163** 2a Nickolay Khoroshkov/123rf **163** 2b Garel/Réa **163** 2c Brad News Images/GettyImages **164** Studio Kailis pour Zélie/Collectif Ville Campagne **165** 7a emuck-Fotolia.com **165** 7b Swetlana Wall-Fotolia.com **165** 7c konradlew/Istock **165** b Auguste Lange-Fotolia.com **165** bd anankkml-Fotolia.com **165** hd Simon Lambert/Haytham-Réa **165** md BillionPhotos.com-Fotolia.com **166** hc aletia2011-Fotolia.com **166** hd dglimages-Fotolia.com **166** hg Westend61/GettyImages **167** bd technotr/ Istock **167** hd dotshock/123rf **167** md Janos Gaspar/123rf **168** Grand Parc Miribel-Jonage **169** 1a Patrick Allard/Réa **169** 1b Pascal Shirley/Gallery Stock/ Photononstop **169** 1c Claudius Thiriet/Biosphoto **169** hd lifeonwhite.com-Fotolia.com **169** mc Eric Isselée-Fotolia.com **169** md Photo-SD-Fotolia.com **171** b Westend61/GettyImages **171** hcd Tim UR-Fotolia.com **171** hcg volff-Fotolia.com **171** hd Leonid Nyshko-Fotolia.com **171** hg Frédéric Boutard-Fotolia.com **172** g John Sylvester/www.agefotostock.com **172** a Romain Cintract/hemis.fr **172** b B. O'Kane/Alamy **172** bd Patrimoine Mondial de l'Unesco **172** c Eric Lafforgue/www.agefotostock.com **172** d Denis Bringard/hemis.fr **172** e Sébastien Boisse/Photononstop **172** f Jeff Pachoud/Afp **172** h pavel068-Fotolia.com **172** i Philippe Roy/hemis.fr **172** j Jean-Paul Azam/hemis.fr **174** bcd sidesign-Fotolia.com **174** bd Roy Mehta/GettyImages **174** h PolyglotClub.com **176** bc Debbie Vanstory/www.abacapress.com.com **176** bd Giuseppe "Pino" Fama/Demotix/Corbis **176** hc Doug Peters/PA Photos/www.abacapress.com **176** mc Efre S. Landaos/Press Line Photos/Corbis **176** md DPA/www.abacapress.com **180** Fanatic Studio/GettyImages **181** Matthieu Spohn/GettyImages **182** hc Elle/Scoop **182** hd Chris Burkard/Massif-Eric Tourneret-George Steinmetz/Cosmos-Olivier Touron/Divergence-Gaël Turine/Agence Vu/Géo-Prisma Media Groupe **182** mc Lou Doillon © Hidiro pour Les Inrockuptibles **182** md So Foot & So Press **185** b Vincenzo Lombardo/GettyImages **185** h Chris Ladd/GettyImages **186** bg Télérama **186** bd Une de Studio Ciné Live © Altice Media, janvier 2016 **186** md Psychologies **186** mg Alternatives Economiques **189** a Andrey Popov-Fotolia.com **189** b Ramil Gibadullin-Fotolia.com **189** c Antoine Doyen/Challenges-Réa **189** d AntonioDia-Fotolia.com **189** e Directphoto/www.agefotostock.com **189** f studiophotopro-Fotolia.com **190** bc Iuliia Metkalova-Fotolia.com **190** hc rnl-Fotolia.com **190** hg, bg Markus Mainka-Fotolia.com **190** mc, bd Grecaud Paul-Fotolia.com **190** mg guy-Fotolia.com **191** GéoAtlas-Graphi-Ogre **193** mc Foto 28/Alamy Stock Photo/hemis.fr **193** md Clément Philippe/www.agefotostock.com **193** mg Kalpana Kartik/Demotix/Corbis **195** bd f/2.8 by Arc-Fotolia.com **195** bg Firmafotografen/Istock **195** hc Robert Kneschke-Fotolia.com **195** hd mrcmos-Fotolia.com **195** hg scibak/Istock **195** mc magraphics-Fotolia.com **195** bc kim-Fotolia.com **icône** compréhension orale: DigiClack-Fotolia.com **icône** compréhension écrite: orcjuly-Fotolia.com **icône** production orale: AldanNa-Fotolia.com **icône** production écrite: artizarus/123rf

Références Texte et Audio 138 piste 99 CHU de Nimes **179** piste 127 Jérôme Isaac